COMMENT JÉSUS EST DEVENU DIEU

Du même auteur

à la fin de l'ouvrage, p. 327

Frédéric Lenoir

Comment Jésus est devenu Dieu

Fayard

ISBN : 978-2-213-63673-3

La Sagesse de Dieu, j'entends une sagesse plus qu'humaine, s'est revêtue de notre nature dans la personne de Jésus-Christ, et Jésus-Christ a été la voie du salut.

Baruch SPINOZA
Traité théologico-politique

PROLOGUE

« Pour vous, qui suis-je ? » Près de deux mille ans après sa mort, cette interrogation de Jésus à ses disciples (Marc 8, 29) n'a rien perdu de sa force. Bien au contraire, les réponses si nombreuses apportées au fil des siècles n'ont fait qu'épaissir un peu plus le voile qui entoure l'identité de cet homme. Qui est Jésus ? Un prophète ? Un illuminé charismatique ? Un maître spirituel ? Le Messie attendu par les juifs ? Une manifestation du principe divin ? Un fou qui se croyait missionné par Dieu ? Un sage ? L'incarnation de Dieu ?

Que l'on soit touché par la vie et le message de Jésus, ou simplement curieux de l'impact extraordinaire que cet homme, mort crucifié à moins de trente-six ans, a eu dans l'histoire du monde, cette question demeure capitale. L'historien des religions y est aussi confronté, et pour une raison précise : Jésus est le seul fondateur de religion, le seul grand sage ou mystique de l'histoire qui laisse planer un doute sur son identité véritable. Moïse, Confucius, le Bouddha, Socrate ou Mohammed ne se sont jamais présentés autrement que comme de simples mortels. Qu'ils soient considérés comme des sages ou des prophètes, ce sont toujours des êtres humains à part entière : aucune parole laissant planer une ambiguïté sur leur nature n'a été mise dans leur bouche par leurs disciples immédiats. Jésus fait exception. À un double titre.

Les premiers témoignages écrits à son sujet (Évangiles synoptiques et lettres de Paul) entendent montrer qu'il est à la fois un homme et plus qu'un homme. Qu'il a un lien particulier à Dieu. Son rapport singulier au divin en fait un être à part dans l'histoire de l'humanité. Ces mêmes textes affirment aussi de manière unanime que ses disciples ont vu Jésus ressusciter d'entre les morts. Événement proprement « incroyable », qui a pourtant confirmé et fortifié leur foi défaillante après la mort tragique du maître. Un tel témoignage – qu'il soit vrai ou faux – est unique dans l'histoire des religions : nulle part ailleurs il n'est affirmé que le fondateur d'une religion ou un grand maître spirituel soit revenu d'entre les morts, apparaissant pendant quarante jours à ses disciples avec un corps à la fois charnel (il mange, on peut toucher ses plaies) et lumineux (il traverse les portes closes).

Comme nous le verrons bientôt, Jésus lui-même – selon les propos qui lui sont attribués – reste très évasif sur son identité. Il refuse de répondre clairement à ses accusateurs, obsédés par cette question : « Es-tu le Christ, le Fils du Béni ? » l'interroge le grand-prêtre de Jérusalem. « Es-tu le roi des juifs ? » lui demande le gouverneur romain Ponce Pilate. « C'est toi qui le dis », leur répond Jésus de manière énigmatique, scellant ainsi sa condamnation. Quand il parle de lui, Jésus évoque les noms interprétables à l'infini de « Fils de Dieu » et de « Fils de l'homme », et s'arroge un statut particulier, celui d'« envoyé » d'un Dieu qu'il appelle son « Père » et auprès duquel il revendique une intimité particulière.

Pour autant, il ne se fait jamais l'égal de Dieu. Il vient de Dieu, sa naissance est présentée comme miraculeuse, il ressuscite d'entre les morts, mais les premiers témoignages écrits dans les décennies qui suivent sa mort n'évoquent jamais explicitement sa divinité. Il faudra attendre le début du IIe siècle et la rédaction de l'Évangile de Jean pour que Jésus soit présenté comme l'incarnation de Dieu. Il n'est plus alors seulement le Fils bien-aimé du Père, l'envoyé de Dieu, le Messie, mais Dieu lui-même ayant assumé la nature humaine. « Au commencement était le Verbe. Et le Verbe était auprès de Dieu. Et le Verbe était Dieu [...]. Et le Verbe s'est fait chair. Et il a demeuré parmi nous », écrit l'auteur du quatrième Évangile dans son prologue. Ainsi est née la théorie de l'homme-Dieu.

Une telle affirmation, qui heurte aussi violemment la foi juive que la raison humaine, va susciter maints débats au sein du christianisme naissant. Comment Dieu peut-il s'incarner sans perdre son statut totalement transcendant ? Dieu peut-il souffrir et mourir ? Comment concilier humanité et divinité en la personne de Jésus ? Si Jésus est Dieu, pourquoi parle-t-il de son Père qui l'a envoyé ? Existe-t-il plusieurs personnes divines ? Si oui, comment peut-on encore parler de l'unicité de Dieu, fondement du monothéisme ?

À la suite du juif Philon d'Alexandrie, les penseurs chrétiens utilisent les catégories conceptuelles de la philosophie grecque pour tenter de résoudre ces paradoxes et de mieux comprendre et formuler l'identité de Jésus. Toute une grammaire théologique s'édifie ainsi au cours des IIe et IIIe siècles. Les définitions foisonnent, chaque grande école de pensée chrétienne – Alexandrie, Antioche, Constantinople, Rome – tentant de formuler la mystérieuse identité de Jésus. Les esprits s'échauffent et les querelles s'enveniment, avec leur lot d'exclusions et d'anathèmes. Tant que les chrétiens demeurent une minorité persécutée par le pouvoir romain attaché au polythéisme, ces querelles n'ont d'autre enjeu que l'expression de leur foi. Jusqu'au moment où un événement inattendu bouleverse la donne, au début du IVe siècle : l'empereur Constantin décide non seulement de faire cesser les persécutions contre les chrétiens, mais, bien plus encore, d'unifier l'empire sous l'égide de cette religion qu'il juge vertueuse et apte à lutter contre la décadence de la société romaine.

Il a cependant tôt fait de réaliser que les divisions des chrétiens sur la nature de Jésus minent son projet. Il est impératif que les disciples du Christ s'accordent entre eux sur cette question cruciale. C'est donc pour des raisons éminemment politiques qu'il convoque à Nicée, en 325, un concile réunissant toutes les autorités religieuses chrétiennes disséminées sur son vaste empire et même en dehors de celui-ci. Il les conjure de se mettre d'accord sur le point essentiel qui les divise depuis deux siècles : qui est Jésus ? Un homme choisi par Dieu, voire élevé au rang divin par le Père, ou Dieu lui-même fait homme ?

Il faudra encore plus d'un siècle de disputes et de polémiques terribles, trois nouveaux conciles, et toujours la même implacable volonté des successeurs de Constantin de contraindre les théologiens chrétiens à s'accorder, pour qu'un consensus finisse par s'établir parmi une très large majorité, instaurant le dogme chrétien fondamental entre tous : la théologie trinitaire. Dieu est à la fois un et trois : le Père, le Fils et l'Esprit. Le Fils (ou *Logos*) possède une double nature, divine et humaine, Jésus étant l'incarnation humaine du *Logos* divin. Jésus est donc considéré comme vrai Dieu et vrai homme, engendré et non pas créé, de même substance (*ousia*) que le Père. Cette formulation théologique complexe devient la base de la foi chrétienne et l'est toujours, quelles que soient les Églises : catholiques, orthodoxes ou protestantes. Pour autant, toutes les autres formulations n'ont pas disparu ; elles ont donné naissance à des Églises dissidentes qui subsistent encore en Arménie, en Inde, en Éthiopie, en Irak, en Syrie ou en Égypte. Ces chrétientés minoritaires demeurent les témoins vivants d'autres conceptions du christianisme originel qui laissait, sur l'identité profonde de Jésus, un grand point d'interrogation. Il y a fort à parier que, sans le volontarisme politique des empereurs romains, le christianisme serait resté pluriel et que tous les possibles sur l'identité de Jésus auraient continué à cohabiter.

Constantin et ses successeurs ont-ils rendu service au christianisme en en faisant la religion officielle de l'empire et en souhaitant à tout prix sa cohésion doctrinale ? Difficile de répondre. D'un côté, en forçant les chrétiens à s'entendre sur le fondement de leur foi, ils ont renforcé leur unité ainsi que leur force religieuse et leur influence politique au sein de la société. Dans le même temps, ils ont introduit au sein de l'Église le germe de l'intolérance (une seule conception de foi peut être admise) et le goût du pouvoir (la société régie par la foi), deux traits qui connaîtront bien vite des conséquences dramatiques : persécution des juifs et des païens, puis des hérétiques, avec, comme point d'orgue, la mise en place de l'Inquisition médiévale : on condamne et on brûle les dissidents pour maintenir l'unité de la société sous l'égide de l'Église. De telles pratiques sont à l'évidence en totale contradiction avec le message de Jésus qui prône la séparation des pouvoirs politique et religieux, la non-violence et l'amour du prochain. Faut-il dès lors parler de Constantin comme du « treizième apôtre », comme l'ont appelé de nombreux Pères de l'Église pour souligner le rôle décisif qu'il joua dans l'essor du christianisme ? Ou d'un nouveau Judas ayant favorisé la jeune religion chrétienne en lui faisant perdre son âme ?

La question de l'identité de Jésus est le fil rouge qui permet de comprendre le développement du christianisme au cours des premiers siècles de son histoire. Elle conduit non seulement à appréhender la foi chrétienne dans toute sa complexité, mais aussi à saisir les enjeux intellectuels et politiques de la naissance du christianisme en tant que religion universelle. C'est l'histoire stupéfiante d'un petit groupe de croyants convaincus qui, en l'espace de quelques décennies, passe du statut de secte réprimée et méprisée par la majorité des élites intellectuelles, à celui de principale religion de l'empire, absorbant et reformulant tout l'héritage intellectuel de l'Antiquité pour donner naissance à une nouvelle civilisation fondée sur la foi en Jésus.

Cette histoire se joue en trois actes qui constituent les trois grandes parties de cet ouvrage :

Acte 1 : Ier siècle. Vie et mort de Jésus, naissance de l'Église primitive composée tout d'abord uniquement de juifs, puis de convertis venus du paganisme. Jésus apparaît comme un homme à part, envoyé par le Dieu unique pour sauver l'humanité.

Acte 2 : IIe et IIIe siècles. Le temple de Jérusalem est détruit, et la rupture entre juifs et chrétiens est consommée ; le christianisme se développe dans tout l'empire et les théologiens s'interrogent sur l'identité profonde de Jésus : est-il homme ou Dieu ? Les chrétiens sont méprisés et font l'objet de persécutions.

Acte 3 : IVe siècle et première moitié du Ve siècle. Le christianisme devient la religion officielle de l'empire et tente, sous la pression des empereurs, de trouver son unité doctrinale. Plusieurs grands conciles œcuméniques élaborent une orthodoxie et condamnent les hérésies.

Entre le premier concile, qui réunit les apôtres à Jérusalem autour de l'an 50 pour débattre du rapport de la foi chrétienne à la Loi juive, et le concile de Chalcédoine, en 451, qui apporte la formule dogmatique trinitaire définitive, quatre siècles s'écoulent. Quatre siècles d'intenses débats, de querelles d'interprétation, mais aussi de mise à l'épreuve et de maturation de la foi. Quatre siècles qui ont forgé le christianisme et lui ont donné tous les visages – humble, charitable, persécuté, mais aussi intolérant et persécuteur – que l'on retrouvera par la suite dans toute sa longue histoire. Quatre siècles qui, compte tenu du destin ultérieur de la civilisation chrétienne occidentale, ont changé la face du monde.

Après avoir livré ce récit historique en trois actes, je reviendrai de manière plus personnelle, dans l'épilogue de ce livre, sur la question centrale : qui est Jésus ? Nous verrons que si cette question ne suscite plus de vives polémiques, elle n'a pourtant rien perdu de son actualité et continue de se poser à la conscience de nos contemporains, chrétiens ou non. J'ai déjà publié en 2007 un ouvrage sur Jésus, *Le Christ philosophe*. Mon propos consistait à montrer comment le message éthique des Évangiles – égale dignité de tous, justice et partage, non-violence, émancipation de l'individu vis-à-vis du groupe et de la femme vis-à-vis de l'homme, liberté de choix, séparation du politique et du religieux, fraternité humaine – avait profondément influencé l'humanisme moderne, et ce malgré l'institution ecclésiale qui s'était en grande partie détournée de ces principes. Privilégiant cette dimension philosophique et morale des Évangiles, j'avais volontairement laissé au second plan la question de l'identité de Jésus et de son lien particulier à Dieu. De nombreux lecteurs m'ont alors écrit pour me rappeler à juste titre qu'il s'agit pourtant bien là du thème principal de la foi chrétienne. Cette question est aussi mienne depuis plus de vingt-cinq ans et je souhaitais en parler de manière centrale dans un nouvel ouvrage. C'est ici chose faite.

Première partie

Jésus vu par ses contemporains

(Ier siècle)

LES SOURCES

[illegible]

Jésus vu par [illegible]

[illegible]

1

Les sources

Avant d'aborder la question de l'identité de Jésus, il convient d'évoquer en quelques mots, pour ceux qui seraient peu familiers du sujet, la diversité des sources : comment connaît-on l'existence et le message de Jésus ?

D'abord par quelques sources extérieures au christianisme lui-même, à travers les témoignages de certains auteurs classiques, parmi lesquels Suétone. Au début du IIe siècle, il rapporte dans sa *Vie de Claude* que l'empereur décida, en l'an 49 (ou 41[1]) environ, de chasser les juifs de Rome. La raison en était que ces derniers « se soulevaient continuellement à l'instigation de Chrestos [Christ] ». Il existe donc, à cette époque, des personnes se réclamant du Christ, ce que confirmera un peu plus tard une lettre de Pline le Jeune à l'empereur Trajan, vers 111-112. Le gouverneur y avoue sa perplexité devant ces chrétiens « qui chantent un hymne au Christ comme à un Dieu », et il demande à son souverain quelle attitude adopter envers eux. Vers 120, l'historien romain Tacite relève quant à lui la présence à Rome de gens « détestés pour leurs turpitudes,

1. Les historiens sont partagés sur la date exacte de cet événement.

que la foule appelait chrétiens. Ce nom leur vient de Christ que, sous le principat de Tibère, le procurateur Ponce Pilate avait livré au supplice »…

À côté de ces écrits classiques, des textes émanant de la communauté juive confirment aussi l'existence de Jésus. À la fin du Ier siècle, l'historien juif Flavius Josèphe raconte ainsi qu'en 62 « le nommé Jacques, frère de Jésus dit le Christ », fut condamné à la lapidation. Et d'ajouter, dans ses *Antiquités juives*, que Jésus était « un homme sage […], un faiseur de prodiges, un maître des gens qui recevaient avec joie la vérité. Il entraîna beaucoup de juifs et beaucoup de Grecs. Et quand Pilate […] le condamna à la croix, ceux qui l'avaient aimé précédemment ne cessèrent pas. […] Jusqu'à maintenant encore, le groupe des chrétiens n'a pas disparu[1] ». Deux références à Jésus figurent aussi dans le Talmud de Babylone, le présentant comme un « faiseur de prodiges » qui a « égaré Israël[2] ».

Mais l'essentiel de la documentation se trouve dans les textes les plus anciens du Nouveau Testament, qui sont l'œuvre sinon de contemporains de Jésus et de témoins oculaires de sa vie, du moins de leurs successeurs immédiats. Les vingt-sept livres qui le composent ont été écrits entre la fin des années 40, soit une vingtaine d'années après la mort de Jésus, et les années 120. Parmi eux, la correspondance rédigée par l'apôtre Paul – les premiers textes à parler de Jésus – et les quatre Évangiles constituent une très précieuse source d'information sur le Galiléen.

Rien ne destinait pourtant Paul à devenir le témoin privilégié de la genèse du christianisme, d'autant moins qu'il

1. *Antiquités juives*, 18, 63-64.
2. Traité du Sanhédrin, verset 43a et verset 170b.

n'a jamais rencontré Jésus de son vivant. De son vrai nom Saül, il est né à Tarse, dans l'actuelle Turquie, à l'orée de notre ère. Issu d'une riche famille de marchands juifs bénéficiant de la citoyenneté romaine, il évolue au sein de cette diaspora[1] qui connaît aussi bien la Torah que la littérature classique, et s'exprime en hébreu et en grec. Élevé dans un milieu pharisien[2] très pieux, il manifeste dans un premier temps une violente hostilité à l'encontre du mouvement des disciples de Jésus, qu'il combat sans relâche. C'était sans compter avec un extraordinaire revirement du destin. Parti vers Damas sur ordre du grand prêtre de Jérusalem pour y châtier les disciples de Jésus, il est frappé d'une vision bouleversante : celle du Christ ressuscité. « Saül, Saül, pourquoi me persécutes-tu ? » lui demande celui-ci. C'était vers 36, environ six ans après la mort de Jésus. L'événement « retourne » littéralement l'intransigeant cavalier – il tombe à bas de sa monture. Pour lui, c'est désormais une évidence : Jésus est bien le Messie annoncé par les Écritures, celui que les juifs attendent depuis si longtemps. De persécuteur du christianisme naissant, il en devient l'infatigable promoteur, voyageant sans relâche de l'Asie Mineure à la Méditerranée. Il meurt en martyr à Rome vers 68.

Paul est l'auteur de plusieurs lettres appelées épîtres ; il s'agit de missives en prose destinées à être lues à toute la communauté des croyants. Les historiens distinguent les épîtres authentiques – celles dont il est vraiment l'auteur

1. La communauté des juifs vivant en dehors d'Israël.

2. Au temps de Jésus, le judaïsme n'est pas un courant uniforme. Il est constitué de multiples groupes qui proposent autant d'interprétations sur le Temple et la Torah. Les pharisiens constituent un groupe juif parmi d'autres (esséniens, sadducéens, zélotes, baptistes, etc).

et qui datent toutes des années 50 : la Première Épître aux Thessaloniciens, l'Épître aux Galates, l'Épître aux Philippiens, l'Épître à Philémon, la Première et la Seconde Épître aux Corinthiens, et l'Épître aux Romains – de celles rangées sous son autorité mais qui, très vraisemblablement, ne sont pas de lui : la Seconde Épître aux Thessaloniciens, l'Épître aux Éphésiens, l'Épître aux Colossiens, l'Épître à Tite, les deux Épîtres à Timothée et, enfin, celle aux Hébreux. Si les lettres de Paul offrent un accès privilégié au message de Jésus, elles fournissent en revanche fort peu d'informations sur la vie du maître : cela montre qu'une tradition orale circule de manière très dynamique et que l'apôtre ne juge pas utile de rappeler des événements connus de tous.

Heureusement, quelques années plus tard, les évangélistes mettent par écrit les principaux épisodes de la vie de Jésus, témoignages fondamentaux pour comprendre de l'intérieur comment les personnes proches du Nazaréen le perçoivent.

L'Évangile[1] le plus ancien est celui de Marc. Ce dernier, auquel la tradition de l'Église attribue la paternité du texte, n'est pas un apôtre, mais un disciple de Pierre dont il se fait l'interprète dans cette « biographie » de Jésus réalisée sans doute dans la seconde moitié des années 60. L'Évangile de Marc est le plus bref de tous, le plus proche des faits historiques, aussi. Il a probablement été écrit à Rome dans un style rugueux, incisif, qui ne s'embarrasse pas de détails merveilleux. Le livre – qui semble s'adresser à des chrétiens d'origine païenne, son auteur prenant la peine d'expliciter les usages juifs – présente d'emblée Jésus-Christ comme le « Fils de Dieu » (Marc 1, 1). En

1. Ce mot signifie « bonne nouvelle » : en l'occurrence, celle de la Résurrection de Jésus-Christ et du salut promis aux hommes.

relatant les paroles, les guérisons et autres prodiges, ainsi que la Passion et la Résurrection de Jésus, il entend montrer que cet être d'une singularité inouïe possède bien une filiation divine. Silence total, en revanche, sur la naissance et l'enfance de Jésus, que viendront largement combler les livres de Matthieu et de Luc.

Rédigé aux environs des années 80 en Syrie, l'Évangile de Matthieu a été placé sous l'autorité d'un publicain (collecteur d'impôts) devenu apôtre, mais on ignore qui l'a écrit en réalité. Ce qui est sûr, c'est que ce texte ample et rythmé est l'œuvre d'un écrivain d'origine juive maîtrisant parfaitement le grec. Il reflète les préoccupations des judéo-chrétiens qui commencent à être malmenés dans les synagogues (n'oublions pas, en effet, que Jésus était juif et que ses premiers disciples l'étaient tout autant). Son but est donc de prouver que le Christ accomplit les promesses faites au peuple hébreu et réalise les prophéties de l'Ancien Testament.

À peu près contemporain de Matthieu, l'Évangile de Luc s'adresse à des chrétiens d'origine païenne. La tradition en attribue la paternité à Luc, « le médecin bien-aimé » (Colossiens 4, 14), qui est un disciple de Paul, originaire d'Antioche, en Syrie, et très marqué par la culture grecque (c'est d'ailleurs peut-être en Grèce qu'il a écrit son Évangile). Il est souvent présenté comme le premier historien du christianisme et est également l'auteur des Actes des apôtres, récit haut en couleur qui raconte la naissance et le développement de l'Église primitive. Luc se distingue des autres évangélistes par sa précision : il raconte par le menu la vie de Jésus, de sa naissance (en s'attardant sur son enracinement familial) à sa mort, puis à sa résurrection. La finalité du travail de Luc est de montrer que, si Jésus est bien le Messie annoncé par les textes juifs, sa vocation est universelle : le salut est offert aussi bien aux juifs qu'aux païens.

Notons que ces trois Évangiles de Marc, Matthieu et Luc sont dits « synoptiques » (le grec *synopsis* signifie « vue d'ensemble ») : comme ils suivent grosso modo la même trame narrative, il est possible de comparer leurs similitudes et leurs divergences en les disposant en trois colonnes parallèles.

Très éloigné des Évangiles synoptiques apparaît le quatrième Évangile, celui de Jean, tant par sa forme que dans son message. Rédigé plus tard (vers 100) – c'est pourquoi je ne l'évoquerai que dans la deuxième partie de ce livre –, il est mis sous le nom de l'apôtre Jean (fils de Zébédée) que certains ont identifié au « disciple bien-aimé » évoqué dans cet Évangile. En fait, il est impossible d'en déterminer l'auteur véritable. Élaboré dans un style très poétique, cet Évangile a en tout cas été écrit par un chrétien d'origine juive qui donne de Jésus une image parfois bien différente de celle développée dans les Évangiles synoptiques : certains épisodes sont omis (par exemple la Transfiguration, la tentation du Christ dans le désert), alors que d'autres sont ajoutés (les noces de Cana, la rencontre avec la Samaritaine, plusieurs voyages à Jérusalem et non pas un seul...). Le portrait de Jésus qui y est livré reflète la lente maturation de la pensée chrétienne : c'est dans l'Évangile de Jean que, pour la première fois, le Nazaréen est assimilé à Dieu luimême. La tradition attribue également à l'apôtre Jean la rédaction de trois lettres adressées à des communautés chrétiennes d'Asie Mineure, ainsi que celle de l'Apocalypse, vers 100. Spectaculaire, ce dernier récit, qui se présente comme une série de visions symboliques, annonce aux chrétiens persécutés le triomphe final du Christ sur les forces du mal.

Aux écrits du Nouveau Testament – les seuls reconnus comme authentiques par l'Église lors d'un concile réuni à Carthage à la fin du IVe siècle – s'ajoutent d'autres sources chrétiennes dites « apocryphes » (secrètes, cachées). J'y reviendrai longuement dans la deuxième partie de ce livre consacrée aux IIe et IIIe siècles, car ces sources, beaucoup moins disertes sur la vie de Jésus, ont été écrites bien après les quatre Évangiles, et sont surtout essentielles pour comprendre les querelles théologiques des siècles ultérieurs.

On le voit, les documents qui nous renseignent sur Jésus ne manquent pas. Peu de personnages antiques peuvent se vanter d'avoir donné lieu à une telle profusion d'écrits, du moins pour ce qui est des textes parvenus jusqu'à nous. Ces sources doivent toutefois être étudiées avec une nécessaire distance critique, en raison notamment de leur manque d'objectivité, qu'il s'agisse des sources romaines ou juives – en général hostiles à la jeune communauté chrétienne – ou de celles émanant des premiers disciples de Jésus : fascinés par leur maître, il est évident qu'ils ont pu, à dessein ou non, enjoliver leur récit. Pour imparfaite qu'elle soit, cette documentation atteste de manière indéniable l'existence de Jésus et permet de se faire une idée assez précise des grands moments de sa vie publique. Mais permet-elle de statuer sur son identité profonde ? C'est là que l'affaire se corse…

2

Un homme pétri de paradoxes

Qui est Jésus ? Pour répondre à cette question, commençons par le commencement en essayant de cerner ce que ses contemporains disent de lui. Détour, donc, par les textes les plus anciens de la communauté chrétienne, à savoir les lettres de Paul et les trois Évangiles synoptiques.

Or, ces écrits en donnent une vision extrêmement contrastée. Loin de trancher sur son identité, ils peinent à définir Jésus. Insaisissable, le Nazaréen apparaît en premier lieu comme un être humain à part entière, mais éminemment paradoxal.

Un homme ordinaire

C'est entre l'an 7 et 4 avant notre ère qu'une certaine Marie donne naissance à un petit garçon qu'elle décide de prénommer Yeshoua – « Dieu sauve », en hébreu. Au VIe siècle, le moine Denys le Petit s'est en effet trompé en calculant la date de naissance de Jésus : celui-ci n'est pas né en l'an 0, pas plus qu'un 25 décembre, jour hautement symbolique du solstice d'hiver. En vérité, il faut l'admettre : établir une chronologie exacte de la vie de Jésus est impossible. La seule chose que l'on sache avec une quasi-certitude, c'est qu'il est né un peu avant – 4 (année de la mort de Hérode le Grand sous lequel Jésus est venu au monde selon Matthieu) et qu'il est mort lors de la Pâque juive, très probablement en 30, donc âgé de trente-cinq ou trente-six ans.

Un doute plane sur son lieu de naissance. Si les évangélistes Matthieu et Luc indiquent que l'enfant est né à Bethléem, la ville du roi David – dont le règne, au Xe siècle avant notre ère, représente un âge d'or pour Israël –, il s'agit peut-être là d'une extrapolation visant à magnifier la naissance de Jésus, comme nous le verrons plus loin. De fait, nombreux sont les historiens qui pensent que Jésus est plus probablement né à Nazareth. Quoi qu'il en soit, c'est dans cette ville qu'il passe toute son enfance et sa jeunesse – c'est d'ailleurs de là que lui viendrait son surnom de « Nazaréen[1] ».

Nazareth se situe en Galilée (nord de l'actuel Israël), entre les rivages de la Méditerranée, le lac de Tibériade et le fleuve Jourdain. C'est une région fertile et verdoyante, parsemée d'arbres fruitiers et d'oliviers, irriguée de cours d'eau. Une région où il fait bon vivre : à l'époque de Jésus, elle ne se trouve pas placée sous l'autorité directe de l'Empire romain, contrairement à sa voisine, la Judée. Mais si la Galilée est administrée par son propre roi (de la dynastie juive des Hérodiens), il ne faut pas se leurrer : ce dernier est l'instrument du pouvoir romain. La réputation

1. Matthieu (2, 23) rattache cet adjectif à la ville de Nazareth. Mais le terme « nazaréen » demeure cependant énigmatique. Dans l'Ancien Testament (Nombres 6, 1-21), le mot *nazir* désigne une personne « séparée », c'est-à-dire consacrée à Dieu ; Samson en est un parfait exemple. Plusieurs exégètes se posent donc la question de savoir si Jésus était ou non un *nazir*.

de cette province n'est pas bonne aux yeux des juifs lettrés de Judée : « Es-tu de la Galilée, toi aussi ? Étudie ! Tu verras que ce n'est pas de la Galilée que surgit le prophète », répliquent sèchement les pharisiens à Nicodème, venu défendre Jésus (Jean 7, 52). « Galilée, Galilée, tu hais la Torah[1] ! » s'écrie le grand rabbin Johanan ben Zakkaï, vers 70 : convertie tardivement au judaïsme, la population de cette région reste entachée d'une réputation d'impiété qui aura la vie dure. Il n'est donc pas étonnant que Jésus soit considéré par l'élite religieuse de son temps comme un provincial ignare et méprisable.

Issu d'un milieu modeste, le jeune homme exerce le métier de charpentier que lui a inculqué son père, Joseph. « Ce n'est pourtant que le charpentier », s'étonnent les habitants de Nazareth en l'écoutant enseigner dans une synagogue (Marc 6, 3). Voué à exercer une activité manuelle, Jésus n'a sans doute pas passé beaucoup de temps sur les bancs de l'école. Il s'exprime en araméen, la langue du peuple, plutôt qu'en hébreu – même s'il en connaît sûrement les bases. Évoluant dans une société cosmopolite, il maîtrise peut-être même quelques rudiments de grec et de latin. En tout cas il sait lire, puisque l'Évangile de Luc (4, 16-20) le montre faisant la lecture de versets d'Isaïe dans la synagogue de Capharnaüm.

Comme tout un chacun – particulièrement en Orient où les liens familiaux sont très forts –, l'homme de Nazareth évolue parmi les siens. Il a des frères et des sœurs. Le Nouveau Testament en dénombre au moins six – quatre

1. On appelle Torah les cinq premiers livres de la Bible juive, c'est-à-dire le Pentateuque. Ces livres racontent l'histoire de l'humanité et du peuple juif de la Création à la mort de Moïse. Il s'agit de la Genèse, de l'Exode, du Lévitique, des Nombres et du Deutéronome.

frères : Jacques, Joset, Jude et Simon ; les sœurs, elles, ne sont jamais nommées. Cette mention d'une fratrie est étonnante, quand on sait à quel point Matthieu et Luc, puis l'Église insisteront sur la virginité de Marie. Aussi a-t-on interprété cette indication de multiples manières : pour les uns, ces « frères et sœurs » seraient les enfants que Joseph aurait eus d'un premier mariage ; pour les autres (en particulier les protestants libéraux), il s'agirait d'enfants que Marie et Joseph conçurent après la naissance de Jésus – ce qui préserve le dogme de la naissance virginale du premier-né, mais qui va à l'encontre de l'affirmation de la virginité perpétuelle de Marie ; d'aucuns, enfin, mettent en avant le fait qu'en hébreu et en araméen, le terme signifiant « frère » peut aussi bien désigner des cousins... Toujours est-il que certains membres de la famille de Jésus seront appelés à jouer un rôle important au sein de la communauté chrétienne naissante de Jérusalem après la crucifixion.

À quoi pouvait donc bien ressembler l'homme de Nazareth ? Si son apparence physique nous échappe, il est décrit par les sources anciennes comme profondément humain, cédant volontiers à la bonne chère et même présenté comme un « glouton et un ivrogne » par ses ennemis (Matthieu 11, 19). Amateur de viande et de vin qui symbolisent la fête dans l'Antiquité, Jésus apparaît comme un bon vivant. Mais pas moins mortel. C'est probablement le 7 avril 30 que le Nazaréen a été crucifié. Comme tout un chacun, cette mort, Jésus la redoute au plus haut point. Priant, la veille de son supplice, au mont des Oliviers, ne demande-t-il pas à Dieu : « Père, si tu veux, éloigne de moi cette coupe [c'est-à-dire son sacrifice] ! Cependant, que ce ne soit pas ma volonté, mais la tienne qui se fasse ! » (Luc 22, 42). Son angoisse est telle qu'il en vient à suer des gouttes de sang (Luc 22, 44) – ce phénomène, appelé hématidrose par les médecins, est causé par un stress intense. Et, sur la croix, il lance ce cri de détresse : « Mon Dieu, mon Dieu, pourquoi m'as-tu abandonné ? » (Matthieu 27, 46). Jésus subit en effet le mode d'exécution le plus humiliant qui soit à l'époque, celui réservé traditionnellement aux esclaves et aux voleurs à main armée : la crucifixion, source d'atroces souffrances et d'humiliation suprême, le corps nu des condamnés étant exhibé sur la potence. Cette mort explique en partie pourquoi nombre de païens et de juifs refuseront catégoriquement de déceler en Jésus ne serait-ce qu'une parcelle de divinité. Un dieu ou un fils de Dieu ne meurt pas, expliqueront-ils. Et encore moins à la manière d'un esclave ! L'idée d'un Christ crucifié est tout simplement « scandale pour les juifs et folie pour les païens », écrit Paul (1 Corinthiens 1, 23).

Un juif pieux

On a parfois tendance à l'oublier, mais Jésus n'est pas, à proprement parler, le fondateur du christianisme. Le Nazaréen est juif. Comme ses coreligionnaires, il est circoncis, suivant en cela la prescription faite en Genèse 17, 10-12 : « Et voici mon alliance qui sera observée entre moi [Yahvé] et vous, c'est-à-dire ta race après toi [Abraham] : que tous vos mâles soient circoncis. Vous ferez circoncire la chair de votre prépuce, et ce sera le signe de l'alliance entre moi et vous. Quand ils auront huit jours, tous vos mâles seront circoncis, de génération en génération. » L'évangéliste Luc raconte cet épisode de la circoncision de l'enfant Jésus (2, 21).

En juif convaincu, Jésus est strictement monothéiste : il croit en un Dieu unique, celui de la Torah. Or, dans le monde antique, cette croyance est loin d'être universellement partagée, et les juifs considèrent avec dédain les païens du monde gréco-romain qui adorent, eux, une multitude de dieux. Mais, si la majorité des païens, de leur côté, perçoivent le monothéisme comme une bizarrerie incompréhensible, une certaine curiosité commence pourtant à se manifester à son endroit : on note ainsi le développement d'un mouvement qui, au sein du polythéisme, tend à privilégier un seul dieu au détriment des autres. Et, surtout, certains païens – les « craignant-Dieu » – clament haut et fort leur attirance vis-à-vis du judaïsme : ils vénèrent Yahvé et fréquentent les synagogues de la diaspora dans l'optique d'une conversion.

Jésus pose lui aussi les yeux sur ces païens, même si les Évangiles sont assez contradictoires à ce sujet. « N'allez pas chercher les païens et n'entrez dans aucune ville des Samaritains. Allez plutôt vers les brebis perdues de la maison d'Israël[1] », écrit le juif Matthieu lorsqu'il évoque Jésus envoyant les douze apôtres en mission (Matthieu 10, 5-6) – alors que Luc, citant cette même parole, ne mentionne aucune restriction.

Dans l'ensemble, Jésus respecte les prescriptions qu'impose la Loi juive. Ainsi Matthieu (9, 20) indique qu'il porte à son manteau les franges (appelées *tsitsit*) nouées en houppe, comme le prescrivent le Lévitique et le Deutéronome : « Yahvé dit à Moïse : parle aux fils

1. À l'époque de Jésus, les Samaritains étaient des juifs qui ne reconnaissaient pas l'autorité du temple de Jérusalem – lieu essentiel de la vie juive – et n'acceptaient que la Loi écrite (les cinq livres de la Torah), au détriment de la Loi orale (le Talmud).

d'Israël. Tu leur diras de se faire une houppe aux pans de leurs habits dans toutes les générations, et de mettre à la houppe du pan un cordon de pourpre violette. Ce sera votre houppe et, quand vous la verrez, vous vous souviendrez de tous les commandements de Yahvé et les pratiquerez. » Il arrive également à Jésus de manger en observant les impératifs alimentaires (Luc 7, 36). À la manière des pharisiens, le Galiléen croit en la résurrection. Enfin, Jésus fréquente le temple de Jérusalem, cœur battant de la religion juive jusqu'à sa destruction en 70 de notre ère. Si le premier temple, construit au Xe siècle avant notre ère par le roi Salomon, avait été détruit en 587 par le Babylonien Nabuchodonosor II, un second temple fut érigé en 538, considérablement agrandi et embelli à l'époque de Hérode le Grand, peu de temps avant la naissance du Nazaréen. Profondément attaché à la pureté de ce sanctuaire divin, Jésus en chassera violemment les marchands qui s'affairaient dans son enceinte (Marc 11, 15-19).

L'homme de Nazareth n'a jamais affirmé vouloir créer une nouvelle religion. Fidèle à ses racines, il déclare clairement : « N'allez pas croire que je sois venu abolir la Loi ou les prophètes ; je ne suis pas venu abolir, mais accomplir » (Matthieu 5, 17). Ce qu'il souhaite avant tout, c'est réformer la foi d'Israël qu'il juge pervertie par les siens. Par conséquent, même si le salut doit être apporté à tous, c'est d'abord aux siens – « aux brebis perdues de la maison d'Israël » – qu'il réserve le privilège de son enseignement.

Là encore, le message que véhicule Jésus s'inscrit dans la plus pure tradition juive : c'est l'annonce de l'avènement du règne de Dieu. C'est l'invitation à la conversion sincère (et non superficielle) des cœurs, « car le Règne de Dieu est là, tout proche » (Matthieu 4, 17). Jésus pense que Dieu est à l'œuvre pour transformer le monde et instaurer Sa toute-puissance sur la terre. Cette judéité que Jésus assume et revendique comme sienne a d'ailleurs agi contre lui au moment de son procès. Ponce Pilate – le procurateur de la Judée, qui gouverne la région pour le compte de l'empereur romain – n'éprouve en effet que mépris envers les juifs. Totalement irrespectueux de leurs croyances qu'il ne cherche d'ailleurs pas à comprendre, le gouverneur ne se privera pas de se moquer de ce « roi des juifs » aussi saugrenu à ses yeux que le sont ses coreligionnaires.

Un homme inclassable

Jésus est juif, cela est entendu. Mais, quand on cherche à rattacher le Nazaréen à l'un des nombreux courants qui constituent le judaïsme à cette époque, les choses deviennent extraordinairement complexes. C'est que l'homme est résolument inclassable.

Par certains aspects, il se montre proche des pharisiens, ces intellectuels fins connaisseurs des textes, avec qui il partage plusieurs idées : amour du prochain, jugement final, résurrection des morts, notamment. Mais c'est pour mieux les traiter de « pharisiens hypocrites », de « race de vipères » (Matthieu 23), auxquels il promet malheurs et tourments, car ils ne mettent pas leur parole en pratique et s'enorgueillissent de leur savoir.

Serait-il plus proche des esséniens, ces ascètes qui vivent en communauté loin des villes, à Qumrân, obsédés par la pureté, et dont la vie et la pensée nous sont parvenues grâce à la découverte des fameux manuscrits de la mer Morte ? Comme eux il prône le célibat et, comme chez eux, sa critique à l'encontre du temple de Jérusalem est radicale. Mais, contrairement aux esséniens, le Galiléen se plaît à se frotter au commun des mortels (même aux « impurs » que sont les lépreux et les prostituées), il fréquente le temple et arpente sans relâche villes et campagnes.

Certains lui ont trouvé des affinités avec le groupe des baptistes – dont le représentant le plus connu est assurément le cousin de Jésus, Jean le Baptiste, lequel a probablement fréquenté les communautés esséniennes. Il est vrai que l'homme de Nazareth a été son disciple. Il en a reçu le baptême. À l'instar des baptistes, il rejette le sacrifice sanglant, rite majeur du judaïsme. Cependant, Jésus semble avoir pris rapidement ses distances vis-à-vis de ce mouvement, et abandonne la pratique du baptême. En outre, alors que les baptistes se distinguent par un ascétisme marqué – Jean le Baptiste ne se nourrit, dit Marc, que « de sauterelles et de miel sauvage » –, Jésus, on l'a vu, aime manger et boire.

Éloigné, donc, des baptistes, il l'est davantage encore des sadducéens – aristocratie sacerdotale qui domine le temple de Jérusalem et le Sanhédrin[1] – dont il exècre le conservatisme et le mépris dans lequel ils tiennent le petit peuple.

Jésus est-il proche des sicaires[2] (plus tard appelés « zélotes »), ces nationalistes « zélés » qui traquent sans relâche l'occupant romain ? Quelques historiens ont pu le penser ; ils interprètent la trahison de Judas comme le geste désespéré d'un disciple, finalement déçu que son maître n'aille pas plus loin dans l'activisme politique contre les

1. Instance religieuse suprême qui siégeait à Jérusalem.
2. Le latin *sica* signifie « poignard ».

Romains. Mais, en fait, Jésus n'a jamais appelé au soulèvement contre l'occupant, bien au contraire : il invite ses concitoyens à « rendre à César ce qui est à César », c'est-à-dire à acquitter l'impôt qui lui est dû (Matthieu 22, 21). Le Royaume qu'il annonce n'est pas de ce monde (Jean, 18, 36), et il est aux antipodes, par sa parole et son comportement, d'un agitateur politique.

Jésus échappe ainsi à toute tentative de classification. Au fond, ce qui caractérise le mieux l'homme de Nazareth, c'est la liberté radicale qu'il s'octroie vis-à-vis de tout et de tous. C'est en cela que son attitude me semble proprement révolutionnaire. Révolutionnaire, en effet, l'interprétation totalement personnelle qu'il donne de la Torah. Tout en affirmant être venu l'« accomplir », il prend ses distances par rapport à certains de ses aspects, et non des moindres. Pour lui, les ablutions rituelles, si importantes dans le judaïsme, ne servent à rien si elles ne s'accompagnent pas d'un sincère effort de purification du cœur : « L'extérieur de la coupe et du plat, vous le purifiez, alors que votre intérieur à vous est plein de rapine et de méchanceté ! Insensés ! Celui qui a fait l'extérieur n'a-t-il pas fait aussi l'intérieur ? » (Luc 11, 39-40).

Idem pour le shabbat : bien que l'activité de l'homme doive alors être suspendue afin d'imiter le repos de Dieu après la Création, et qu'il s'agisse là d'un des Dix Commandements (Exode 20, 8-11), Jésus autorise ses disciples affamés à arracher des épis de blé en ce jour sacré, au grand dam des pharisiens ! Mais le Galiléen de rétorquer que « le shabbat a été fait pour l'homme, et non l'homme pour le shabbat » (Marc 2, 27).

Quant au temple de Jérusalem, Jésus ne mâche pas ses mots à l'encontre de ce lieu symbolisant la présence de Dieu au milieu de son peuple : « Vous en avez fait un repaire de brigands ! » s'insurge-t-il (Marc 11, 17). La faute à ces changeurs et à ces « marchands du temple » dont il dénonce le trafic et ne se prive pas de renverser les tables avant de prophétiser la destruction du sanctuaire : « Tu vois ces grandes constructions ? Il n'en restera pas pierre sur pierre qui ne soit jetée bas » (Marc 13, 2).

Cette liberté, toutefois, Jésus ne se l'arroge pas par anticonformisme ou anarchisme. Elle ne fait qu'exprimer son rejet le plus total d'une sainteté artificielle que semble cautionner un ritualisme desséché. Pour lui, la Loi n'a de raison d'être que si elle permet la bonification intérieure : « Aimer le prochain comme soi-même vaut mieux que tous les holocaustes et tous les sacrifices », résume un scribe rapportant la parole de Jésus (Marc 12, 33).

De fait, le Nazaréen apparaît comme un idéaliste dont le leitmotiv est l'amour du prochain. Un amour offert non seulement à ceux qui nous sont proches, mais aussi aux plus humbles et aux plus faibles. Mieux : un amour également dispensé à nos propres ennemis – car, s'interroge-t-il, « quel mérite y a-t-il à aimer ceux qui nous aiment ? » (Matthieu 5, 46). Jésus incite les hommes à oser exprimer au grand jour des sentiments jusque-là refoulés, pour en arriver à un changement collectif : « Montrez-vous compatissants, comme votre Père est compatissant. Ne jugez pas, et vous ne serez pas jugés ; ne condamnez pas, et vous ne serez pas condamnés ; remettez, et il vous sera remis. Donnez, et l'on vous donnera » (Luc 6, 36-38).

Que l'on se garde néanmoins de voir en lui un utopiste du type *peace and love* : certains de ses propos sont empreints d'une violence qui tranche radicalement avec la douceur de son message. « Ne croyez pas que je sois venu apporter la paix, mais l'épée », lui fait dire Matthieu. Tout aussi surprenantes, ces paroles rapportées par Luc (12, 51) :

« Pensez-vous que je sois apparu pour établir la paix sur la terre ? Non, je vous le dis, mais bien la division. » Exigence extrême de la foi qui doit conduire à des choix radicaux : « Si quelqu'un vient à moi sans haïr son père, sa mère, sa femme, ses enfants, ses frères, ses sœurs, et jusqu'à sa propre vie, il ne peut être mon disciple » (Luc 14, 26). Rien d'étonnant à ce qu'un tel discours, qui prône l'amour tout en faisant usage de paroles aussi tranchantes, en ait laissé plus d'un perplexe. Maints épisodes des Évangiles soulignent d'ailleurs que même les apôtres ont parfois du mal à comprendre les paroles du maître : « Vous ne saisissez pas cette parabole ? » s'étonne le Galiléen (Marc 4, 13). Difficile, en effet, de saisir un homme aussi paradoxal ! D'autant plus que ses propos s'accompagnent de facultés et de gestes peu communs, montrant qu'à évidence Jésus est tout, finalement, sauf un homme ordinaire.

3

Un être extraordinaire

Si, dans les témoignages des premiers chrétiens, Jésus apparaît comme pleinement humain, c'est un homme tout compte fait bien différent du commun des mortels qui s'y trouve dépeint. Le Galiléen est hors normes, pour ne pas dire extra-ordinaire. Ses actes, ses propos laissent ses contemporains perplexes. D'où lui viennent l'autorité de son discours et la puissance de ses gestes ?

Un maître de sagesse

Pour certains, d'évidence, Jésus est un maître de sagesse. C'est d'ailleurs sous le qualificatif d'« homme sage » et de « maître » que l'historien juif Flavius Josèphe le présente à la fin du Ier siècle. Sa figure se rapproche de celle du *rabbi*, titre honorifique désignant, en hébreu, les sages les plus importants – à l'image de Hillel, éminent représentant du judaïsme pharisien à l'époque de Hérode le Grand, qui résuma la Torah par cette règle d'or : « Ne fais pas à autrui ce que tu ne voudrais pas qu'on te fît. »

Si les aphorismes[1] de Hillel ont marqué les esprits, ceux de Jésus sont tout aussi percutants. Car l'homme paraît posséder une compréhension innée des Écritures. Il a consacré une bonne partie de ce qu'on appelle son ministère public – les deux années environ durant lesquelles il a circulé à travers le pays avant d'être crucifié – à enseigner à ses semblables le sens des textes, au grand étonnement de ses auditeurs. « Il advint, quand Jésus eut achevé ses discours, que les foules étaient frappées de son enseignement » (Matthieu 7, 28). « Ce n'est pourtant que le charpentier ! » s'exclament-elles.

Jésus parle bien. Mieux, même, que les scribes. Il délivre « un enseignement nouveau, plein d'autorité » (Marc 1, 27), qui laisse ébranlés ou médusés ses auditoires. Les raisons de ce succès ? Un style bref, saisissant, qui use avec pertinence du paradoxe : « Heureux, vous les pauvres, car le Royaume de Dieu est à vous. Heureux, vous qui avez faim maintenant, car vous serez rassasiés » (Luc 6, 20-21). Ses paroles ont l'efficacité de proverbes. Il utilise aussi à merveille la parabole[2] qui lui permet, en partant des réalités les plus ordinaires – un semeur qui jette le blé en terre (Matthieu, 13, 3), une femme qui pétrit le pain (Matthieu 13, 33) –, d'exprimer de manière simple, accessible à tous, le mystère de Dieu. À n'en point douter, Jésus est un enseignant hors pair. Certains spécialistes ont même vu en lui un philosophe cynique, à la manière de Diogène de Sinope qui, au IVe siècle avant notre ère, arpentait les rues de Corinthe et d'Athènes.

---

1. Phrase résumant en quelques mots une vérité admise.
2. Discours allégorique et familier sous lequel se cache un enseignement moral ou religieux.

Mais, en fait, Jésus est bien plus qu'un « ami de la sagesse ». Le seul enseignement que le Galiléen entend distiller, c'est celui que lui souffle Dieu.

Un thaumaturge

Orateur charismatique, Jésus possède un autre don hors du commun : celui de guérir, et même d'accomplir des miracles. Marc (6, 56) raconte : « En tout lieu où il pénétrait, villages, villes ou fermes, on mettait les malades sur les places et on le priait de les laisser toucher ne fût-ce que la frange de son manteau, et tous ceux qui le touchaient étaient sauvés. » Les récits de ces miracles occupent dans les Évangiles une place très importante et contribuent à nimber Jésus d'une aura mystérieuse. Il existe dans toutes les religions des personnages extraordinaires – en particulier les grands mystiques – qui semblent doués d'un tel pouvoir thaumaturgique[1], lequel attire la population, friande de ce genre d'exploits. Insistant sur la compassion que Jésus ressentait envers tous, les Évangiles décrivent Jésus guérissant de nombreux malades : un sourd-muet (Marc 7, 31-37), un aveugle (Marc 8, 22-26), un paralytique (Marc 2, 3-12), pour ne citer qu'eux. Mais ils affirment aussi que ce pouvoir semblait n'opérer que dans les cas où son auditoire « croyait » en lui. Matthieu l'écrit explicitement (13, 58) : à Nazareth, Jésus « ne fit pas beaucoup de miracles, à cause [du] manque de foi [de la population] ».

« Nul n'est prophète en son pays », constate le Galiléen qui refuse également d'accomplir des miracles « sur com-

1. Cet adjectif vient du grec *thaumatourgos* qui signifie « faiseur de miracles, guérisseur ».

mande », par exemple lorsque des scribes cherchent à le défier (Marc 15, 31-38). Il n'empêche : ces actes révélant les pouvoirs de Jésus ne peuvent que marquer les esprits, à tel point que Flavius Josèphe le définit lui-même comme un « faiseur de prodiges ». Mais d'où lui viennent ces dons ?

Une prétention époustouflante

Jésus a bien une idée sur la question : « C'est par le doigt de Dieu que j'expulse les démons » (Luc 11, 20). Il semble donc bien se percevoir comme le représentant de Dieu. C'est de Dieu, dit-il, qu'il tient son autorité. Une autorité qui justifie le fait que, lorsqu'il enseigne, il ne se réfère jamais, contrairement à l'usage de son temps, à un maître plus ancien qui l'aurait formé. Il ose déclarer : « Vous avez entendu qu'il a été dit : "Tu aimeras ton prochain et tu haïras ton ennemi". Eh bien ! Moi, je vous dis : aimez vos ennemis ! » (Matthieu 5, 43-44) – assumant sans sourciller l'inadéquation entre ses paroles et celles des Anciens.

Jésus s'arroge ainsi le droit de tout chambouler, y compris le sacro-saint repos du shabbat : « Je suis le maître du shabbat », revendique-t-il (Marc 2, 28). La prétention est immense, puisque, selon la Torah, c'est Dieu lui-même qui a instauré le shabbat (Genèse 2, 1-3) ! Et, pour comble, le Nazaréen s'adjuge le droit de pardonner les péchés, ce qui constitue pourtant l'apanage de Yahvé.

Si, dans un premier temps, Jésus a eu recours au baptême pour opérer le pardon, il renonce rapidement à cette pratique : à ses yeux, l'eau ne saurait absoudre les fautes. Et d'affirmer que lui, au contraire, « a le pouvoir de remettre les péchés sur la terre » (Marc 2, 10). « Mon enfant, tes péchés sont remis », dit-il au paralytique. Stupeur des auditeurs devant de tels propos : « Comment parle-t-il ainsi ? Il blasphème ! Qui peut remettre les péchés, sinon Dieu seul ? » vocifèrent les gens (Marc 2, 7).

En manifestant cette incroyable prétention, le Nazaréen se place dans une posture intermédiaire entre Dieu et l'être humain : « Tout m'a été remis par mon Père, et nul ne connaît le Fils si ce n'est le Père, et nul ne connaît le Père si ce n'est le Fils et celui à qui le Fils veut bien le révéler », explique-t-il (Matthieu 11, 27). Ainsi donc, il ne se considère pas comme un homme semblable aux autres. Il revendique haut et fort sa différence, clame son intimité avec ce Dieu qu'il appelle en araméen *Abba*, c'est-à-dire « Papa ». Un Père qui, affirme-t-il, déborde d'amour pour ses enfants, et en qui il faut avoir une totale confiance. Un Père pour qui Jésus, lui aussi, est empli d'amour.

Mais les adversaires de Jésus sont loin d'être convaincus par cette histoire de filiation. Pis : tous ses propos, perçus comme outrageusement prétentieux, les scandalisent et ne font que renforcer leur volonté de le supprimer, ainsi que l'explique Luc (6, 11) : « Eux furent remplis de rage, et ils se concertaient sur ce qu'ils pourraient bien faire à Jésus. »

Ange ou démon ?

Soit le personnage inquiète, soit il fascine – en tout cas, il ne laisse jamais indifférent. Comment le Nazaréen peut-il accomplir ces prodiges ? Comment expliquer un tel langage ?

Dans le monde juif antique, les hommes charismatiques sont considérés de manière très ambivalente. L'opprobre est jeté sur les magiciens : leur talent, dit-on, leur vient du démon. Immanquablement, cette accusation frappe Jésus : « Il est possédé d'un esprit impur », s'écrient les scribes (Marc 3, 30) ; « C'est par le prince des démons qu'il expulse les démons ! » (Marc 3, 22). Ses frères mêmes s'inquiètent : « Il est fou » (Marc 3, 21). Manifestement préoccupés par la santé mentale de ce frère qui guérit à tour de bras, exorcise sans répit et tient des propos pour le moins dérangeants, ils le somment de rentrer avant de prendre leurs distances vis-à-vis de lui. Le jour de la crucifixion, seule sa mère Marie est présente ; le reste de la famille l'a abandonné.

Mais, opposé aux sceptiques, un puissant courant de partisans du Galiléen se constitue peu à peu. À leurs yeux, cet homme n'est en rien l'instrument du Malin, bien au contraire. Ses miracles sont autant de signes montrant que Dieu se penche avec bienveillance sur les hommes, ce qu'il a d'ailleurs fait dans le passé par l'intermédiaire des prophètes, mais aussi de saints personnages.

Quelques décennies avant la naissance de Jésus, un thaumaturge avait ainsi déclenché une vénération populaire sans précédent grâce à ses pouvoirs exceptionnels : Honi (ou Onias), dit « le Traceur-de-cercles[1] ». L'efficacité de sa prière lui avait permis de mettre fin à une longue période de sécheresse. Les rabbins interprétèrent cet exploit comme la preuve que Honi entretenait avec Dieu une relation privilégiée, et ils le surnommèrent d'ailleurs « fils de Dieu ». Une notoriété qui ne lui porta cependant pas

1. Ce nom à connotation magique vient de ce que Honi, pour obtenir de Dieu qu'il fasse tomber la pluie, avait tracé un cercle autour de lui et menacé Yahvé de ne pas en sortir tant que sa prière n'aurait pas été exaucée.

chance : sollicité par un parti politique juif qui souhaitait utiliser ses dons contre des opposants, il refusa et fut exécuté.

Autre personnage avec qui Jésus est souvent mis en parallèle : son contemporain Hanina ben Dossa – d'ailleurs originaire de Galilée, lui aussi. Homme d'une grande piété se distinguant par une absolue concentration dans la prière, il était doté d'un impressionnant pouvoir de guérison. Sa réputation de thaumaturge était telle que les maîtres pharisiens n'hésitaient pas à faire appel à lui, et certains l'honoraient même comme le Messie.

Les miracles, quand ils ne sont pas le fruit de la magie, sont considérés comme le privilège des hommes de Dieu, celui de ses « fils ». À l'instar de Honi et de Hanina ben Dossa, Jésus n'est-il pas bel et bien le fils de Dieu ? Mais, dans la Bible hébraïque, l'appellation « fils de Dieu » est donnée aux anges qui, à cette époque, sont particulièrement en vogue dans les croyances juives. La question se pose donc inévitablement : Jésus est-il un ange ? Le Nazaréen n'indique-t-il pas lui-même qu'il « viendra dans la gloire de son Père avec les saints anges » (Marc 8, 38) ? D'homme extraordinaire, Jésus prend de plus en plus l'allure d'un être proprement surnaturel…

4

Un personnage surnaturel

Ces écrits primitifs font aussi état de certains miracles qui passent l'entendement bien plus encore que les guérisons, et surtout d'événements surnaturels à la naissance et à la mort de Jésus. Les Évangiles de Matthieu et de Luc évoquent ainsi les conditions miraculeuses de la naissance de Jésus, tandis que les trois Évangiles synoptiques, les Actes des apôtres et les lettres de Paul parlent tous d'un événement stupéfiant : sa résurrection d'entre les morts.

Une naissance merveilleuse

Pour Matthieu et Luc, Jésus est un être surnaturel dès l'instant de sa conception. Selon eux, en effet, cet enfant n'est pas né de la semence humaine, mais du Saint-Esprit de Dieu. Il a été conçu sans relation sexuelle, d'une mère totalement vierge. Sa naissance est précédée d'annonciations angéliques. Le fiancé de Marie, Joseph, est averti en songe de la grossesse très particulière de la jeune femme : l'enfant a été « engendré de l'Esprit saint », et « c'est lui qui sauvera son peuple de ses péchés » (Matthieu 1, 18-21). La future mère reçoit quant à elle la visite de l'ange

Gabriel – le même dont Mohammed affirmera six siècles plus tard avoir reçu la révélation coranique : « Sois sans crainte, Marie, la rassure-t-il, car tu as trouvé grâce auprès de Dieu. Voici que tu concevras dans ton sein et enfanteras un fils, et tu l'appelleras du nom de Jésus. Il sera grand et sera appelé Fils du Très-Haut » (Luc 1, 30-32).

Une naissance, pourtant, qui se fait dans des conditions extrêmement modestes, puisque Marie accouche dans une étable (Luc 2, 7). Des anges viennent toutefois prévenir les habitants des alentours : « Aujourd'hui vous est né un Sauveur, qui est le Christ Seigneur, dans la ville de David. » C'est ainsi que des mages (selon Matthieu) ou des bergers (selon Luc) accourent se prosterner devant le « roi des juifs qui vient de naître » (Matthieu 2, 1).

La rumeur de cet heureux événement va se répandre comme une traînée de poudre, provoquant la fureur du roi Hérode le Grand[1], qui n'a nulle envie de voir son autorité concurrencée. Aussi ordonne-t-il le massacre de tous les enfants de moins de deux ans dans la région de Bethléem. Mais Jésus échappe à ce funeste sort : ayant été averti par un ange du projet de Hérode, Joseph emmène femme et enfant en Égypte.

Anges, miracles, prophéties : autant de manifestations qui veulent signifier d'emblée que Jésus est un être singulier, élu de Dieu. Bien entendu, on ne peut trancher sur le caractère véridique ou non de tels récits qui relèvent du domaine de la foi et non de l'histoire. Néanmoins, de nombreux spécialistes affirment que le thème de la naissance virginale de Jésus ne figurait pas dans la tradition orale antérieure aux Évangiles de Matthieu et de Luc, et c'est pourquoi il en est absent de Marc. Il s'agirait d'une

1. Dates de son règne : 37-4 avant notre ère.

mention ultérieure destinée à édifier la foi des fidèles, reprenant d'ailleurs un motif bien connu dans l'Antiquité : la mythologie est remplie de personnages ayant été conçus dans des circonstances pour le moins étranges, tels les fameux jumeaux Romulus et Remus dont la mère, Rhéa Silvia, était tombée enceinte par l'intervention du dieu Mars. Les écrits bouddhistes font eux aussi état de miracles et d'événements surnaturels lors de la naissance du futur Bouddha. Il s'agit d'un genre littéraire si fréquent dans le monde antique, visant à accréditer le caractère « exceptionnel » de la destinée d'un personnage important, que la plupart des exégètes doutent de la véracité de ces récits.

Une vie marquée du sceau divin

On ne sait d'ailleurs pas grand-chose de l'enfance du Galiléen – si ce n'est qu'il manifesta très tôt un intérêt pour la religion et des capacités intellectuelles remarquables, comme en atteste l'épisode de Jésus parmi les docteurs du temple de Jérusalem, évoqué par Luc (2, 41-50). Mais plusieurs faits, selon tous les évangélistes, vont confirmer par la suite que cet homme est bel et bien l'Élu de Dieu. En particulier son baptême par Jean le Baptiste, relaté dans les quatre Évangiles canoniques.

Il a vraisemblablement eu lieu sur les rives du Jourdain, au début de la vie publique de Jésus qui était alors âgé d'une trentaine d'années. La description qu'en donne Matthieu (3, 13-17) est particulièrement détaillée. Le cousin de Jésus refuse d'abord d'accomplir ce geste sur lui : « C'est moi qui ai besoin d'être baptisé par toi, et toi, tu viens à moi ! » – pour le Baptiste, d'évidence, Jésus n'a rien à apprendre de lui. Mais le Galiléen insiste. « Ayant été baptisé, Jésus remonta aussitôt de l'eau ; et voici que les cieux s'ouvrirent : il vit l'Esprit de Dieu descendre comme une colombe et venir sur lui. Et voici qu'une voix venue des cieux disait : "Celui-ci est mon Fils bien-aimé, qui a toute ma faveur" » (Matthieu 3, 16-17). Ce récit n'est pas sans rappeler certains écrits de l'Ancien Testament : ainsi le prophète Ézéchiel raconte (1, 1) que « le ciel s'ouvrit et [qu'il fut] témoin de visions divines ». L'ouverture céleste est le signe que Dieu va parler à celui qu'il a choisi. Ce baptême est crucial dans le destin de Jésus qui y reçoit confirmation de son élection et de sa mission ; Marc commence d'ailleurs son Évangile par cet épisode.

Non moins surnaturel apparaît le récit de la Transfiguration du Nazaréen, rapporté par les Évangiles synoptiques. Jésus choisit trois disciples – Pierre, Jean et Jacques – et les invite à le suivre au sommet d'une montagne dont le nom n'est pas mentionné (la tradition chrétienne l'identifiera plus tard au mont Thabor). Alors que le maître est absorbé dans la prière, « l'aspect de son visage devint autre, et son vêtement d'une blancheur fulgurante. Et voici que deux hommes s'entretenaient avec lui : c'étaient Moïse et Élie qui, apparus en gloire, parlaient de son départ, qu'il allait accomplir à Jérusalem » (Luc 9, 29-31). Les compagnons de Jésus assistent, hébétés, à la scène tandis qu'une voix leur clame : « Celui-ci est mon Fils, l'Élu, écoutez-le. » Sous le choc, « ils gardèrent le silence et ne rapportèrent rien à personne de ce qu'ils avaient vu ». L'événement évoque également plusieurs récits de l'Ancien Testament. Il a lieu « après six jours » – chronologie identique à celle de la montée de Moïse au Sinaï pour aller y chercher la conclusion solennelle de l'Alliance de Dieu avec son peuple (Exode 24, 16). Et ce n'est sans doute pas un hasard si les deux prophètes qui parlent à Jésus – Moïse et Élie – sont précisément ceux qui ont, eux aussi, connu l'expérience de la révélation divine au Sinaï (Exode 19, 20 et 1 Rois 19, 9-13). Si les cieux qui s'ouvrent sont le signe de l'élection divine, la montagne en est le lieu.

Les Évangiles le disent sans ambiguïté : Jésus est bien mû par la force du Saint-Esprit. Il est donc en mesure d'accomplir des gestes tout à fait irréalisables pour le commun des mortels. Si les guérisons et autres exorcismes qu'il parvient à réaliser font déjà de lui un être extraordinaire, d'autres miracles manifestent carrément une puissance surnaturelle. Jésus est bien plus qu'un simple guérisseur : il marche sur les eaux et provoque, ce faisant, l'épouvante de ses disciples qui « crurent que c'était un fantôme et poussèrent des cris » (Marc 6, 49). Par deux fois il multiplie les pains (Matthieu 14, 15-21 et 15, 32-38) et ressuscite des morts (Marc, 5, 35-43 et Luc 7, 11-17). Mais, au-delà des miracles et des événements hors du commun, c'est dans sa propre mort que Jésus va donner la pleine mesure de son caractère surnaturel.

Ressuscité d'entre les morts

L'exécution du Galiléen aurait dû sonner le glas du « phénomène Jésus ». Du moins le pensaient ceux qui le firent condamner et exécuter. Car l'homme dérange par trop. Avec ses prêches enflammés, ses guérisons spectaculaires, il attire des foules considérables. Il représente une menace pour l'ordre public, aussi bien aux yeux des Romains – ils détestent par-dessus tout les mouvements collectifs qui leur font craindre quelque révolte – que des notables juifs – la popularité de cet homme qui ne cesse de les critiquer menace directement leur autorité. Qui plus est, il blasphème et se fait prophète de malheur en annonçant la destruction du temple ! Pour les deux partis, c'est évident, il faut en finir avec ce perturbateur, et vite.

De fait, le « procès » – si on peut appeler ainsi le simulacre d'interrogatoire que subit Jésus, d'abord par le Sanhédrin, puis par Ponce Pilate, selon Marc (14, 53-65 et 15, 1-15) – est vite expédié. Les propos de Jésus achèvent d'exaspérer le grand prêtre qui, de colère, « déchire ses tuniques ». Le Galiléen affirme, en effet, sans détour : « Vous verrez le Fils de l'homme siégeant à la droite de la Puissance et venant avec les nuées du ciel » (Marc 14, 62). « Crucifie-le ! » tonne la foule, excitée par les grands prêtres, à Pilate (Marc 15, 11-13). Affublé de la pancarte portant le motif de la peine – « Jésus le Nazaréen, roi des juifs » –, le condamné doit porter sa croix jusqu'au lieu du supplice, le mont Golgotha, à Jérusalem. Cloué sur le bois, dans une agonie horrible, Jésus s'éteint en clamant un ultime témoignage de sa confiance envers le Très-Haut : « Père, en tes mains je remets mon esprit » (Luc 23, 46). S'ensuit une rapide mise au tombeau du défunt afin de ne pas laisser le corps en croix pendant la fête de la Pâque.

Une fin aussi brutale, aussi avilissante, ne pouvait que plonger les disciples du Nazaréen dans le plus profond désespoir. Et s'ils s'étaient trompés ? Si Jésus n'avait été, somme toute, qu'un homme comme les autres ? Le doute s'empare d'eux. La crainte également : ne risquent-ils pas, du fait de leur proximité notoire avec le Galiléen, de s'attirer des ennuis ? Pierre lui-même, avant le supplice, n'avait pas hésité à renier Jésus à trois reprises (Luc 22, 54-62). Toujours est-il que ceux qui avaient cru en lui se trouvent totalement désemparés. « Nous espérions, nous, que c'était lui qui allait délivrer Israël », confessent les disciples d'Emmaüs, effondrés. Point final ? Ou nouveau départ ?

C'est alors qu'au matin de Pâques, le surlendemain de sa mort, se produit *le* miracle par excellence. Les femmes venues embaumer le corps trouvent la pierre tombale roulée et le tombeau du maître vide. Mieux : plusieurs témoins, à commencer par Marie de Magdala, voient de leurs propres yeux Jésus ressuscité. Un Jésus de chair et d'os, qui plus est, et non pas un fantôme sans consistance : « Voyez mes mains et mes pieds ; c'est bien moi ! Palpez-moi ! » (Luc 24, 39). L'incrédule Thomas peut toucher ses plaies. Et les apôtres partagent un vrai repas avec Jésus qui se sustente d'un « morceau de poisson grillé » (Luc 24, 42).

L'annonce de la résurrection du Nazaréen fait l'effet d'une bombe. Cet événement constitue, pour les disciples apeurés, une révélation : celle que le Galiléen jouit d'un indicible lien avec le Tout-Puissant. « Dieu l'a ressuscité des morts », dit Paul (Romains 10, 9). Il lui a accordé une faveur absolument unique. Ainsi Jésus disait vrai, lui qui avait annoncé par trois fois à ses disciples incrédules qu'il allait mourir et ressusciter au troisième jour.

L'événement engendre une incroyable effervescence autour de la personne du Galiléen qui, de propagateur d'un message, devient objet de prédication. Du coup, la question de sa nature profonde se pose de façon encore plus prégnante. Tandis que, quarante jours après sa résurrection, cessent les apparitions de Jésus, « enlevé au ciel et assis à la droite de Dieu » (Marc 16, 19), le mystère planant sur son identité, lui, reste entier.

5

L'accomplissement des Écritures juives : « le Fils de l'homme »

Pour tenter de dissiper ce mystère, voyons comment Jésus est nommé au fil des premiers écrits chrétiens. On se rend compte que le Nazaréen y est gratifié d'une multitude de titres : prophète, serviteur, Messie ou Christ, Fils de l'homme, Fils de Dieu, entre autres. Que révèle l'emploi de ces titres sur l'idée que ses premiers disciples se font de son identité ?

Un prophète

Les contemporains de Jésus assimilent volontiers cet homme exceptionnel à un prophète. « C'est le prophète Jésus, de Nazareth, en Galilée », déclarent les foules lors de son entrée à Jérusalem (Matthieu 21, 11). « Un grand prophète s'est levé parmi nous et Dieu a visité Son peuple », annoncent les témoins de la résurrection du fils de la veuve de Naïn (Luc 7, 16). Certes, d'aucuns, tel Simon, se montrent plus sceptiques : « Si cet homme était prophète, il saurait qui est cette femme qui le touche, et ce qu'elle est : une pécheresse ! » (Luc 7, 39). Il n'empêche : la foule s'enthousiasme et le titre prophétique est assurément l'un des plus anciens à être conférés à Jésus.

Qu'est-ce qu'un prophète ? Le mot vient du grec *prophêtês* qui désigne l'interprète d'un dieu, celui qui transmet ses volontés, en un mot : son porte-parole. Mû par la divinité, il est à son service. Ce personnage n'est pas spécifique au monothéisme juif : les religions antiques, de l'Égypte à la Grèce en passant par l'Iran ou la Phénicie, ont conservé la trace de quelques-uns de ces hommes fascinants dont les noms ont pu parvenir jusqu'à nous. Ainsi le prophète égyptien Nefer-rohu, vers l'an 2000 avant notre ère, dont les prophéties empreintes de gravité auront trouvé un étonnant écho dans la Bible hébraïque. Car ce livre, qui entend montrer le lien qui unit Yahvé à Son peuple, apparaît comme une véritable « somme » du prophétisme. Du début à la fin, la parole de Dieu résonne par le biais des oracles : « Ainsi parle le Seigneur ! » (Amos 1, 3 ; Isaïe 1, 20 ; Jérémie 2, 3). Par l'envoi de prophètes – Élie, Isaïe, Jérémie, Ézéchiel, pour ne citer qu'eux –, le Tout-Puissant intervient dans l'Histoire afin de guider les hommes et leur rappeler les engagements de l'Alliance qu'il a conclue avec eux. La tâche n'est pas de tout repos, et nombre de prophètes se trouvent confrontés à l'incompréhension, voire à l'hostilité de leurs coreligionnaires. Au point, parfois, d'être tués : une légende juive tardive raconte qu'Isaïe est mort en martyr sous le règne du roi Manassé (VIIe siècle avant notre ère) qui, excédé par les reproches que lui adressait le prophète, l'aurait fait couper en deux avec une scie.

Jésus, un prophète ? L'intéressé lui-même ne semble pas proscrire ce titre : se sentant rejeté par les habitants de Nazareth, la ville où il a grandi, il déplore « qu'un prophète n'est méprisé que dans sa patrie, dans sa parenté et dans sa maison » (Marc 6, 4). Et, apprenant que Hérode veut l'éliminer, il se hâte de se diriger vers la capitale de la Judée car, dit-il, « il ne convient pas qu'un prophète périsse hors de Jérusalem » (Luc 13, 33).

Précisons qu'à son époque les prophètes ne sont pas en odeur de sainteté. Certains groupes juifs – en particulier celui des sadducéens – déclarent que le temps de la prophétie s'est achevé avec Zacharie et Malachie. « Les cieux sont maintenant fermés », affirment-ils. Probablement parce que, en cette période politique mouvementée, marquée par l'occupation romaine, d'innombrables pseudo-prophètes parcourent le pays, exhortant aux armes, menaçant ainsi l'ordre public et faisant craindre aux notables une terrible répression antijuive. Jésus lui-même met en garde contre les « faux prophètes qui viennent à vous déguisés en brebis, mais au-dedans sont des loups rapaces » (Matthieu 7, 15).

La plupart de ces « prophètes politiques » connaissent une fin tragique. L'un des plus fameux est un certain Theudas : vers 44 de notre ère, il rassembla un nombre considérable de disciples qu'il mena au bord du Jourdain où, assura-t-il, il allait renouveler le miracle du partage des eaux accompli par Josué juste avant la conquête de la Terre promise. Mais, loin de franchir le fleuve, la plupart des adeptes périrent ou furent capturés par les troupes du gouverneur. Theudas, lui, fut décapité[1].

Jésus n'a sans doute aucune envie d'être assimilé à l'un de ces prophètes qui pullulent. Mais ses disciples, eux, sont persuadés qu'il s'agit d'un vrai et grand prophète, ainsi qu'en témoigne la confession des pèlerins d'Emmaüs après la mort tragique de leur maître : « Cet homme était prophète puissant en œuvres et en paroles devant Dieu et

1. D'après Flavius Josèphe, *op. cit.*, 20, 97-98.

devant tout le peuple » (Luc 24, 19). Et de le comparer à Moïse, le guide du peuple hébreu, auquel Yahvé avait annoncé : « Je leur [les Hébreux] susciterai, du milieu de leurs frères, un prophète semblable à toi, je mettrai mes paroles dans sa bouche et il leur dira tout ce que j'ordonnerai » (Deutéronome 18, 18). Jésus est le nouveau Moïse annoncé par les Écritures, pensent les uns : « C'est un des anciens prophètes qui est ressuscité » (Luc 9, 8) ; d'autres voient en lui un nouvel Élie, lequel s'était imposé comme le champion du culte de Yahvé face à celui du dieu cananéen Baal au IXe siècle avant notre ère : comme Élie (1 Rois 17, 17-24), Jésus est un thaumaturge ; comme Élie, que Dieu ravit au ciel dans un char de feu (2 Rois 2), Jésus est monté aux cieux. Cette Ascension le rapproche également d'autres personnages emblématiques de la culture juive, en particulier Hénoch, l'arrière-grand-père de Noé, qui fut « enlevé » par Dieu et devint immortel (Genèse 5, 24). Or, autour du passage à notre ère, Hénoch suscite un véritable engouement dans la littérature apocryphe[1] qui se plaît à mettre en scène ses visions célestes.

De tels personnages fascinent : compte tenu de leur intimité avec Dieu, ils sont détenteurs de secrets qu'ils peuvent révéler aux hommes, et de pouvoirs surnaturels qu'ils sont à même d'utiliser pour soulager les souffrances de leurs contemporains : « Le soir venu, on présenta [à Jésus] beaucoup de démoniaques ; il chassa les esprits d'un mot, et il guérit tous les malades afin que s'accomplît l'oracle d'Isaïe le prophète : Il a pris en charge nos infirmités

1. On qualifie d'apocryphe un écrit qui n'a pas été retenu dans le canon biblique. Cet adjectif vient du grec *apokryphos* qui signifie « caché, secret » : ces textes, en effet, ont l'ambition de divulguer un enseignement secret, souvent de nature ésotérique.

et il s'est chargé de nos maladies[1] » (Matthieu 8, 16-17). Pour ses disciples, Jésus prend place incontestablement dans la lignée de la prophétie.

Il s'y inscrit jusque dans sa mort et sa résurrection, à laquelle le Nazaréen lui-même fait allusion en se comparant à une figure légendaire de l'Ancien Testament, Jonas. Ce prophète angoissé s'était retrouvé prisonnier dans le ventre d'un gros poisson pour avoir refusé une mission que Dieu lui avait confiée, avant d'en ressortir et de se résoudre à accomplir cette tâche. « De même que Jonas fut dans le ventre du monstre marin durant trois jours et trois nuits, de même le Fils de l'homme sera dans le sein de la terre durant trois jours et trois nuits », annonce Jésus (Matthieu 12, 40). Prophétie, signalons-le en passant, partiellement inexacte, puisque Jésus n'aura passé que deux nuits et un jour dans le sépulcre. Sa mort tragique sonne néanmoins comme l'accomplissement lumineux de l'oracle d'Isaïe : « S'il offre sa vie en sacrifice expiatoire, il verra une postérité, il prolongera ses jours, et par lui la volonté de Yahvé s'accomplira » (Isaïe 53, 10).

Le Messie-Christ

Pourtant le Galiléen est plus qu'un prophète, si l'on en croit ses disciples : il est le Messie, le Christ. Rappelons que les deux termes signifient la même chose, *Christ* n'étant rien d'autre que la traduction en grec du mot hébreu *Mashiah*, « Messie ». Littéralement, le grec *khristos* veut dire « oint [au moyen d'une huile consacrée] » : l'onction des rois, traditionnelle chez les rois d'Israël, s'est

1. Isaïe 53, 4.

d'ailleurs perpétuée chez la plupart des souverains chrétiens. Le Messie est une personne qui, par volonté divine, a été ointe, dotée de pouvoirs charismatiques qui lui permettront de rétablir l'ancien royaume d'Israël.

À quoi ce royaume renvoie-t-il exactement ? Avant le règne du roi David, au Xᵉ siècle avant notre ère, la terre d'Israël était divisée en deux entités distinctes : au nord, le royaume d'Israël ; au sud, celui de Juda. Ces deux territoires auraient été réunis par David, qui établit sa capitale à Jérusalem. La tradition affirme que c'est son fils, Salomon, qui y fit édifier le temple. Malheureusement, l'unité nationale ne survécut pas à Salomon. Dès lors, le rêve de tout souverain en terre d'Israël a été de redonner vie à la monarchie unifiée d'antan. Si des archéologues contestent la réalité historique de ce royaume soudé – qui ne serait que le fruit d'une idéalisation opérée au fil des siècles[1] –, qu'importe : David devint le paradigme du monarque exemplaire, dirigeant son pays sous l'autorité de Dieu. Et le peuple d'attendre le nouveau David, ce Messie qui restaurerait le royaume d'Israël dans toute sa splendeur en boutant l'étranger hors de ses frontières.

Pour autant, il serait inexact de dire que tous les juifs de l'époque de Jésus désirent l'arrivée du Messie : c'est plutôt le propre du peuple et de certains pharisiens. Car, dans le contexte de l'occupation romaine, la prudence s'impose. Les élites, en particulier les sadducéens, ont été échaudées par la survenue de soi-disant « messies » qui, à l'instar des faux prophètes, ont conduit le peuple juif à la

1. Voir en particulier Israël Finkelstein, Neil A. Silberman, *Les Rois sacrés de la Bible. À la recherche de David et Salomon*, Paris, Bayard, 2006.

déroute en produisant « le pire des carnages sur leur propre pays[1] ».

Le Nouveau Testament (Actes 5, 37) a gardé souvenir de l'un d'eux : Judas le Galiléen. Nourrissant des ambitions royales, il défraya la chronique en fondant un parti révolutionnaire – celui des sicaires-zélotes – qui perpétra sans relâche des actes de sédition contre les Romains. À ses yeux, Dieu était le seul maître d'Israël : les juifs ne devaient donc obéir qu'à lui seul et à aucun autre pouvoir temporel. Ce nationalisme théocratique ne porta pas chance aux sympathisants du mouvement, poursuivis et châtiés avec la plus grande sévérité. L'appellation « Messie » sent donc plutôt le soufre. D'ailleurs, elle constituera l'un des principaux chefs d'accusation contre Jésus lors de son procès : on le condamnera en tant que « roi des juifs ».

C'est sans doute la raison pour laquelle il prend d'infinies précautions lorsque ses disciples le parent de ce titre prestigieux. Quand Pierre lui dit qu'il est le Christ, Jésus l'enjoint « de ne parler de lui à personne » (Marc 8, 29-30). « Les menaçant, il [Jésus] ne leur permettait pas de parler, parce qu'ils savaient qu'il était le Christ » (Luc 4, 41). Mais si l'homme de Nazareth se garde bien de revendiquer ouvertement une prétention messianique, il n'en va pas de même de la jeune communauté chrétienne qui utilisera ce titre à l'envi après sa mort et sa résurrection. Tant et si bien que le nom de ceux qui croient en Jésus – les « chrétiens » – dérive du grec *khristos*. Marc ne décrit-il pas l'entrée du Galiléen à Jérusalem comme proprement messianique (11, 1-10) ? « *Hosanna*[2] ! […] Béni le Règne qui vient, celui de notre père David ! » s'enthousiasme la population.

1. Flavius Josèphe, *op. cit.*, 17, 285.
2. Ce mot hébreu signifie : « Sauve, je t'en prie ! »

Tout est fait, dès l'instant même de sa naissance, pour prouver qu'il est bel et bien le Messie. En effet, comme nous l'avons relevé précédemment, Matthieu et Luc indiquent que l'enfant n'est pas né à Nazareth – ville de ses parents –, mais à Bethléem où ils ont été contraints de se rendre à cause d'un recensement ordonné par l'empereur. C'est que, explique Luc, Joseph est originaire « de la maison et de la lignée de David », le grand roi étant natif de Bethléem. La généalogie de Joseph, et par conséquent celle de Jésus, est donc éminemment prestigieuse. « Aujourd'hui vous est né un Sauveur, qui est le Christ Seigneur, dans la ville de David », proclame l'ange en Luc 2, 11.

La filiation de Jésus était, de son vivant même, impossible à vérifier, Hérode le Grand ayant fait brûler les archives juives pour couper court à toute prétention de ce genre. Ce qui n'empêche pas Matthieu d'appeler Jésus le « fils de David » (1, 1) et d'établir, au début de son Évangile, une généalogie exhaustive comprenant quatorze générations d'Abraham à David, quatorze de David à la déportation du peuple juif à Babylone (en 587 avant notre ère) et quatorze jusqu'à Jésus !

Situer l'enfantement de Jésus à Bethléem présente en outre un intérêt majeur : celui de donner une traduction concrète à un oracle de l'Ancien Testament, Michée (5, 1) ayant annoncé qu'en ce lieu naîtrait le Messie, fils de David. Une prophétie que paraît confirmer le récit de la présentation de Jésus au temple : le nouveau-né y est accueilli en Messie par un homme pieux du nom de Syméon : « Vois ! Cet enfant doit amener la chute et le redressement d'un grand nombre en Israël » (Luc 2, 34), tandis que sa venue est acclamée par une prophétesse chantant ses louanges « à tous ceux qui attendaient la délivrance de Jérusalem » (Luc 2, 38). Jésus est perçu comme un sauveur – c'est d'ailleurs la signification de son prénom : « C'est lui qui sauvera son peuple » (Matthieu 1, 21). D'où la question qui taraude ses disciples : « Est-ce maintenant le temps où tu vas restaurer la royauté en Israël ? » (Actes 1, 6). Mais, comme l'explique Paul, « le Royaume de Dieu n'est pas une affaire de nourriture ou de boisson, il est justice, paix, et joie dans l'Esprit saint » (Romains 14, 17). En d'autres termes, c'est une royauté toute spirituelle que Jésus est venu annoncer.

Tout au long de ces premiers textes du christianisme primitif, on peut donc lire le souci des auteurs de montrer que Jésus est venu accomplir les Écritures juives, lesquelles ont annoncé de manière prophétique sa venue et les principaux événements de sa vie. Les évangélistes mettent dans la bouche de Jésus lui-même des paroles qui accréditent cette thèse. Lors de son arrestation, alors qu'un de ses disciples veut passer le serviteur du grand prêtre au fil de l'épée, Jésus s'interpose : « Rengaine ton glaive [...]. Car comment alors s'accompliraient les Écritures selon lesquelles il doit en être ainsi ? » (Matthieu 26, 52-54). Et, au lendemain de la résurrection, tandis qu'il donne ses dernières instructions aux apôtres, le Galiléen précise : « Il faut que s'accomplisse tout ce qui est écrit de moi dans la Loi de Moïse, les Prophètes et les Psaumes » (Luc 24, 44).

Jésus semble bel et bien s'identifier au « Serviteur souffrant » annoncé par Isaïe (53), le Messie véritable, celui qui ne vient pas restaurer par sa toute-puissance un royaume terrestre, mais qui, en sacrifiant sa vie, va non seulement assurer le salut de son peuple, mais aussi celui de l'humanité entière.

Jésus face à lui-même

C'est probablement la raison pour laquelle l'expression qu'il utilise le plus volontiers pour parler de lui-même est celle de « Fils de l'homme. » Elle est mentionnée quatre-vingt-deux fois dans les Évangiles canoniques, placée sur les lèvres de Jésus qui parle du « Fils de l'homme » à la troisième personne du singulier. Si cette appellation semble bien peu évocatrice de nos jours, ce n'était pas le cas à l'époque du Nazaréen. Elle vient d'un grand texte prophétique de la Bible, le livre de Daniel (7, 9-14). Décrivant une vision, le prophète indique qu'« avec les nuées du ciel venait comme un Fils d'homme ; il arriva jusqu'au Vieillard [Dieu], et on le fit approcher devant lui. Et il lui fut donné domination, gloire et royaume, et tous les peuples, nations et langues le servirent. Sa domination est une domination éternelle [...] ».

La venue du Fils d'homme inaugure, à la fin des temps, une ère nouvelle. Tout le contraire, en somme, de ce que cette expression pourrait avoir l'air de souligner à première vue – prise au pied de la lettre, elle paraît mettre d'accent sur l'humanité du personnage concerné. Or il n'en est rien : Jésus utilise cette appellation pour revendiquer la puissance exceptionnelle qu'il a reçue de Dieu. La faculté, par exemple, de pardonner les péchés : « Le Fils de l'homme a le pouvoir de remettre les péchés sur la terre », dit-il au moment de procéder à la guérison d'un paralytique (Marc 2, 10). Également le droit, on l'a vu, de transgresser le shabbat : « Le Fils de l'homme est maître même du shabbat » (Marc 2, 28).

Le Nazaréen s'assimile donc explicitement à cet élu de Dieu envoyé à la fin des temps pour juger les nations. Ne se présente-t-il pas, en effet, comme l'anticipateur de cette fin des temps, celui qui, par son action, fait que le Règne de Dieu est déjà là ? « Voici que le Royaume de Dieu est au milieu de vous », annonce-t-il aux pharisiens (Luc 17, 21). À qui veut l'entendre, il prévient que son rôle sera décisif lors du Jugement final : « Je vous le dis : quiconque se déclarera pour moi devant les hommes, le Fils de l'homme aussi se déclarera pour lui devant les anges de Dieu ; mais celui qui m'aura renié à la face des hommes sera renié à la face des anges de Dieu » (Luc 12, 8-9).

Pourtant, disciples et évangélistes, quant à eux, ne nomment jamais Jésus « le Fils de l'homme », comme si cette expression ne pouvait émaner que du Galiléen lui-même, tant elle manifeste l'incroyable puissance de sa personne et de sa mission.

6

Le dépassement des Écritures juives : « le Fils de Dieu »

Très vite, en effet, l'« affaire Jésus » va revêtir une tout autre dimension et sortir du cadre de pensée et d'interprétation du judaïsme. C'est ce que dénotent certains noms donnés à Jésus : loin de l'ancrer dans les Écritures juives, ils l'en sortent singulièrement. Leur emploi, souvent choquant aux yeux des juifs, répond à un objectif précis : montrer que l'action salvatrice du Nazaréen ne s'adresse pas uniquement aux « brebis perdues de la maison d'Israël », mais à l'humanité entière, voire « à toute la Création ».

Le plus puissant

Le prophète Jean-Baptiste l'avait annoncé : « Pour moi, je vous baptise avec de l'eau, mais vient le plus puissant que moi [Jésus] ; lui vous baptisera dans l'Esprit saint et le feu » (Luc 3, 16). Le Galiléen surpasse tous ceux qui l'ont précédé, aussi grands soient-ils – et le Baptiste n'était pas le moindre puisque, selon Flavius Josèphe, on le considérait de son vivant même comme l'une des plus hautes figures de la vie religieuse juive. Les Évangiles veulent montrer que Jésus surpasse aussi… Moïse ! Car c'est Dieu, par le bâton de Moïse, qui fendit les eaux de la mer Rouge. C'est Dieu, et non directement Moïse, qui donna la manne dans le désert. Au contraire, le Nazaréen, lui, marche sur les eaux et multiplie les pains de par sa propre puissance. Les deux plus grands prophètes du judaïsme, Moïse et Elie, viennent témoigner de la gloire donnée par Dieu à Jésus au moment de la Transfiguration, et Paul (2 Corinthiens 3, 7) concède que si la face de Moïse est parée de gloire, cette gloire, précise-t-il, n'est que « passagère ».

À n'en point douter, Jésus est plus qu'un prophète. Plus puissant que Jean-Baptiste, plus grand que Moïse, Jésus est par ailleurs « d'autant plus supérieur aux anges que le nom qu'il a reçu en héritage est incomparable au leur » (Hébreux 1, 4). Quel est donc ce mystérieux nom ?

Le Fils de Dieu

« Celui-ci est mon Fils bien-aimé ; écoutez-le », avait prévenu le Tout-Puissant (Marc 9, 7). Dès lors, il n'est guère surprenant que Jésus appelle Dieu son « Père » (*Abba*), soulignant par là la relation privilégiée qu'il a avec lui. Pour autant, le titre de « Fils de Dieu » n'est pas, dans le monde antique, aussi rarement employé qu'on pourrait le penser de prime abord. Il est bien connu des païens chez qui il est appliqué au roi d'Égypte ainsi qu'à l'empereur de Rome, qualifié de *Divi filius*. Avec un tel titre, le message est clair : l'autorité du souverain émane de Dieu. Dans la littérature juive aussi, le titre « Fils de Dieu » sonne familier aux oreilles. Il peut désigner à la fois certains êtres célestes

– les anges (Genèse 6, 2) –, les rois d'Israël et de Juda (notamment David et sa lignée), certains grands personnages (en particulier les patriarches), et même le peuple d'Israël dans son ensemble : « Mon fils premier-né, c'est Israël », est-il écrit en Exode 4, 22.

Aux yeux des chrétiens, toutefois, cette expression va revêtir un sens fondamentalement différent de celui qu'elle a dans le monde païen et dans les Écritures juives : elle signifie que Jésus entretient une relation « unique » à Dieu. Dans le Nouveau Testament, le titre « Fils de Dieu » revient à de très nombreuses reprises, et il s'agit vraisemblablement d'un des plus anciens noms donnés à Jésus. « Vraiment, tu es Fils de Dieu », reconnaissent ses compagnons après qu'ils l'ont vu marcher sur les eaux (Matthieu 14, 33). C'est d'ailleurs le seul titre qui fasse l'unanimité parmi les évangélistes : tous l'ont utilisé.

S'il permet de souligner le lien singulier qui unit le Nazaréen à Dieu, ce nom ne le place pourtant pas sur un pied d'égalité avec le Tout-Puissant : « Le Fils lui-même se soumettra à Celui qui a tout soumis », dit très explicitement Paul (1 Corinthiens 15, 28). Ce que Jésus reconnaît d'ailleurs volontiers : « Tout m'a été donné par mon Père », affirme-t-il. Mais, en dépit de cette soumission reconnue, se dire « Fils de Dieu » en se prévalant d'un lien unique avec le Père est véritablement blasphématoire aux yeux des notables juifs. Lorsque, au grand prêtre qui l'interrogea, Jésus confirme qu'il est bien le « Fils de Dieu », le religieux s'insurge : « Il a blasphémé ! […] Là, vous venez d'entendre le blasphème ! » (Matthieu 26, 65). Pourtant, ce qui est blasphème pour les uns devient profession de foi pour les autres : « Vraiment, celui-ci était fils de Dieu ! » s'exclament le centurion et les hommes qui gardent Jésus sur la croix (Matthieu 27, 54).

Des noms donnés à Dieu lui-même

Soumis à l'autorité de son Père, Jésus reçoit pourtant, dans le Nouveau Testament, des titres qui sont habituellement réservés à Dieu lui-même ; cela en dit long sur ce qu'il représente aux yeux des croyants… C'est le cas du nom « saint » qui, dans l'Ancien Testament, qualifie éminemment Dieu : « Vous serez donc saints parce que Je suis saint », dit Yahvé (Lévitique 11, 45). Or, Paul adresse sa Première Épître aux Corinthiens à « ceux qui ont été sanctifiés en Christ Jésus et appelés à être saints » (1, 2). De même, Jésus se qualifie lui-même d'« époux » (Matthieu 9, 14-15). Or, c'est l'un des noms donnés à Yahvé (Isaïe 54, 5-6) pour désigner son alliance avec Israël. On imagine combien ces noms attribués à Jésus ont pu choquer des religieux juifs respectueux de la tradition. À tel point que les disciples de Jésus – pour éviter de tenir un discours qui risquait de les desservir ? – abandonnèrent rapidement ces dénominations par trop radicales. À l'exception d'une seule : celle de « Seigneur », qui allait avoir un avenir très prometteur…

Jésus, le Seigneur

« Dieu l'a fait et Seigneur et Christ, ce Jésus que vous avez crucifié », déclare solennellement Pierre (Actes 2, 36). « Le Seigneur est ressuscité et il est apparu à Simon ! » s'émeuvent les disciples après avoir vu leur maître (Luc 24, 34). Jésus assimilé au Seigneur ? L'expression aussi est provocatrice. Car il s'agit, là encore, d'une dénomination attribuée à Dieu dans l'Ancien Testament – c'est d'ailleurs le grec *Kyrios*, « Seigneur », qui remplace le nom indicible de Yahvé dans la Septante[1], traduction en grec de la Bible réalisée au IIIe siècle avant notre ère. Son usage est également réservé au Tout-Puissant dans la littérature juive du début de notre ère – par exemple, dans l'Apocryphe de la Genèse : « Béni sois-Tu, Dieu Très-Haut, mon Seigneur pour tous les siècles. Car Toi, tu es le Seigneur et le souverain de l'univers » (20, 12-15). Du reste, le Nouveau Testament lui-même donne régulièrement ce nom à Dieu.

Titre d'excellence dans la culture juive, il est cependant très galvaudé en contexte païen. Le *kyrios* n'y est rien d'autre que le maître d'esclaves, le propriétaire ou le patron. Il désigne donc une fonction certes située au sommet de l'échelle sociale, mais toute profane. Jésus est-il comparé à un banal maître de maison ? Pas vraiment ! Car c'est sur la maison de Dieu que s'exerce son autorité, comme l'indique Paul dans l'Épître aux Éphésiens (2, 19-22). Du reste, dans l'Orient païen, le titre de *kyrios* est aussi attribué aux dieux : on y loue le *kyrios* Osiris et la *kyria* Isis.

Le moins que l'on puisse dire, c'est que cette dénomination est ambiguë. Ce qui ne sera pas pour déplaire aux premiers disciples qui peuvent ainsi l'utiliser en ménageant la chèvre et le chou : dans le contexte très cosmopolite du début de notre ère, l'appellation peut sembler relativement anodine à ceux que Jésus laisse de marbre ; mais elle peut tout aussi bien être extrêmement honorifique pour les sympathisants du Nazaréen. Elle en dit long pour celui qui veut bien lire entre les lignes. À l'exception de Marc qui ne l'utilise que modérément, c'est l'un des noms le plus volontiers employés par les premiers chrétiens,

1. Ce nom vient du fait que sa traduction a été réalisée par soixante-dix ou soixante-douze érudits.

surtout par Paul sous la plume duquel il apparaît pas moins de cent quatre-vingt-dix fois ! Le titre, chez lui, résonne comme une profession de foi : « Que toute langue confesse que Jésus Christ est Seigneur », exhorte-t-il en Philippiens 2, 11. *Marana*[1] *Tha !* – « Notre Seigneur, viens ! » – est l'émouvant cri du cœur d'une jeune communauté qui pense que le retour de Jésus pour le Jugement final est imminent.

Une prédication assidue

Mais qu'est-ce qui a pu amener les disciples de Jésus à professer des idées susceptibles de choquer au plus haut point les juifs ? Pourquoi prendre le risque de se couper de leur communauté originelle, celle dont était issu leur maître lui-même ? C'est que, depuis l'Ascension de ce dernier, de l'eau a coulé sous les ponts. Quittons donc un moment le domaine de la christologie[2] pour voir ce qui se passe durant cette période sur le terrain.

Les Actes des apôtres sont à cet égard une source d'informations très précieuse, même si, bien sûr, ils reflètent le point de vue engagé des premiers chrétiens. Que nous apprennent-ils ? Que Jésus, juste avant son Ascension, demande à ses disciples d'être « [ses] témoins à Jérusalem, dans toute la Judée et la Samarie, et jusqu'aux confins de la terre » (1, 8) ; et que les apôtres vont mettre du cœur à l'ouvrage, emplis qu'ils sont de l'Esprit saint : les Actes racontent en effet que le jour de la Pentecôte – cinquante

1. L'araméen *Mar* signifie « Seigneur ».
2. Ce terme, qui utilise le suffixe grec *logos*, désigne l'étude de Jésus considéré comme le Christ et, de manière plus large, la recherche théologique sur l'identité de Jésus.

jours après la Résurrection de Jésus, et dix jours après son Ascension – « ils virent apparaître des langues qu'on eût dites de feu ; elles se partageaient, et il s'en posa une sur chacun d'eux. Tous furent alors remplis de l'Esprit saint et commencèrent à parler en d'autres langues, selon que l'Esprit leur donnait de s'exprimer » (2, 3-4). Ce phénomène appelé glossolalie – faculté de parler dans une langue que l'on ne connaît pas – avait été annoncé par Jésus : « Et voici les signes qui accompagneront ceux qui ont cru en moi : en mon nom ils chasseront les démons, ils parleront en langues nouvelles, ils saisiront des serpents, et s'ils boivent quelque poison mortel, il ne leur fera pas de mal ; ils imposeront les mains aux infirmes, et ceux-ci seront guéris » (Marc 16, 17-18).

Forts de ces dons, les apôtres n'ont plus peur et prêchent la bonne nouvelle de la résurrection de Jésus. « Dieu l'a ressuscité ! » clament-ils à tout va (2, 24), invitant les populations à se convertir. Si Eusèbe de Césarée s'est quelque peu emballé en affirmant qu'avant même 37 de notre ère « toute la terre retentit de la voix des évangélistes et des apôtres[1] », il est clair que les effets de cette prédication assidue sont loin d'être négligeables.

Lentement mais sûrement, le monde va dès lors prendre un nouveau visage. Suivant la volonté de Jésus de s'adresser d'abord aux juifs, c'est par la terre d'Israël, en particulier Jérusalem, que les disciples débutent leur action. Pierre est en première ligne. Rien d'étonnant à cela : le pêcheur, originaire lui aussi de Galilée, a toujours été considéré comme le premier des douze apôtres choisis par Jésus. Il s'est dévoué totalement à lui, au point d'être prêt à prendre le glaive pour le défendre lors de son arrestation

1. *Histoire ecclésiastique*, II, 3, 1.

(Jean 18, 10-11). Certes, l'homme a eu ses faiblesses : comme l'avait prévu Jésus, il l'a bel et bien renié par trois fois avant de quitter Jérusalem où les choses commençaient à sentir le roussi pour les disciples. Mais, raffermi dans sa foi grâce aux apparitions de Jésus, l'apôtre se ressaisit : c'est lui qui, le premier, prend la parole pour présenter la figure du Nazaréen aux juifs rassemblés lors de la Pentecôte ; grâce aux miracles que Pierre accomplit, il rallie à sa cause nombre de personnes (Actes 2-4). Jean et Jacques, les fils de Zébédée, ne sont pas en reste : eux aussi font partie du noyau originel que Jésus avait rassemblé autour de lui. Comme Pierre, ils ont assisté à la Transfiguration du Galiléen. Le trio, épaulé par les autres disciples, fait des émules. Une première communauté s'organise dans la Ville sainte.

Parmi les croyants en Jésus, deux grands groupes se distinguent rapidement : les « hébreux », juifs d'Israël s'exprimant en araméen ou en hébreu, dont le chef de file, après le départ de Pierre pour Rome, sera Jacques, le propre frère de Jésus ; les « hellénistes », qui sont des juifs de langue grecque issus de la diaspora, dont le chef de file est Étienne.

Les « hellénistes » seront les premiers missionnaires itinérants du christianisme évangélisant la Samarie (Actes 8, 4-8), les villes de la côte palestinienne, en particulier Césarée Maritime où réside le procurateur de Judée (8, 40), et même Antioche de Syrie, la troisième plus grande cité de l'Empire romain (11, 19-26) – c'est du reste en ce lieu que, pour la première fois, les disciples de Jésus recevront le nom de *christianoi*, « chrétiens », vers 80.

Parallèlement, les « hébreux » ne chôment pas. Pierre mène une intense activité missionnaire dans toute la Palestine, et surtout en Galilée. Plusieurs fois emprisonné, l'apôtre portera finalement ses pas vers l'Occident. C'est à Rome qu'il subit le martyre – crucifié la tête en bas, selon la légende –, probablement lors de la terrible persécution de Néron contre les chrétiens (64), accusés à tort d'être à l'origine de l'incendie de Rome.

Mais la vraie figure de proue de cette première prédication chrétienne, c'est Paul. L'homme n'a pourtant pas côtoyé Jésus de son vivant. La stupéfiante vision qu'il a eue du maître a fait néanmoins de lui un infatigable propagateur de la Bonne Nouvelle. Assisté, au début, du fidèle Barnabé – depuis longtemps l'homme de confiance des apôtres –, il va mener à bien trois voyages missionnaires dont la chronologie n'a pu être que partiellement reconstituée. Le premier, vers 44-48, le conduit d'Antioche à Chypre, puis en Asie Mineure – dont il est originaire et où il sait s'appuyer sur son réseau de connaissances. Partout il parvient à établir des communautés dans les cités les plus importantes : Antioche de Pisidie, Lystres, Iconium, Pergé, Derbé, Éphèse – où il rencontre Luc que la tradition identifiera à l'évangéliste. Le second voyage (vers 51-53) lui fait visiter ses communautés anatoliennes, traverser la Phrygie et même la Galatie (région de l'actuelle Turquie, peuplée à l'époque de Celtes). Il embarque pour la Macédoine où il fonde plusieurs Églises (Thessalonique, Philippes), avant de gagner la Grèce. À Athènes, sa mission tourne au ridicule : « Que peut bien vouloir dire ce perroquet ? » s'interrogent les passants de l'agora (Actes 17, 18), tandis qu'en l'entendant parler de « résurrection des morts » ses auditeurs se mettent à s'esclaffer (17, 32)… Au contraire, à Corinthe, son succès est total : il y réside dix-huit mois avant de regagner Éphèse. Enfin son troisième périple (53-57) le ramène en Asie Mineure, en Macédoine et en Grèce.

Non content des succès qu'il a remportés en Orient, Paul projette de se rendre à Rome et jusqu'en Espagne. Mais les circonstances vont en décider autrement, puisque c'est en prisonnier que l'apôtre débarque dans la Ville éternelle, victime d'un complot ourdi par des notables juifs viscéralement hostiles à ses idées… Que s'est-il donc passé ?

L'ouverture aux païens : un vrai problème

Paradoxalement, Paul – et, avec lui, d'autres missionnaires de la Bonne Nouvelle – a été victime de la réussite de sa prédication. Car il va rapidement se rendre compte que les païens – en particulier les « craignant-Dieu » attirés par le monothéisme – sont plus réceptifs à son message que les juifs eux-mêmes. Certes, Paul n'est pas le premier à avoir prêché aux gentils[1] ; les « hellénistes » avaient profité de leurs voyages pour tisser des contacts avec eux. Et Pierre lui-même, pourtant surnommé « l'apôtre des circoncis », n'a-t-il pas converti, à sa plus grande stupéfaction, un centurion romain, Corneille, baptisant à sa suite plusieurs autres non-juifs (Actes 10) ? Mais, avec Paul, l'affaire va prendre une ampleur nouvelle. Las de l'opposition qu'il suscite parmi les siens, l'apôtre en vient à penser que, puisque ces derniers repoussent la parole du Christ, « eh bien ! nous nous tournons vers les païens » (Actes 13, 46-47). Une telle décision est lourde de conséquences. En faisant entrer à tour de bras des païens au sein des jeunes communautés croyantes en Jésus, le risque majeur est de se déso-

1. Dans le monde antique, les juifs et les premiers chrétiens appelaient les païens « gentils ». Le latin *gentiles* signifie à la fois « étranger » et « païen ».

lidariser du destin d'Israël. Pour une bonne partie des chrétiens d'origine juive, voilà qui est purement et simplement inacceptable. Ils s'insurgent contre ce qui ressemble, selon eux, à une trahison envers leur maître.

Pourtant, peu à peu, le désir de diffuser à tous le message de Jésus finit par l'emporter sur les réticences culturelles. Mais que de querelles cela ne va-t-il pas engendrer ! Une question on ne peut plus épineuse se pose en effet : faut-il imposer la Loi de Moïse à ces convertis d'origine païenne dont le mode de vie est à des années-lumière de celui des juifs pratiquants ? Faut-il les obliger à se faire circoncire ? À pratiquer les observances rituelles : shabbat, nourriture *kasher*[1] ? Pour Paul, il faut libérer les sympathisants païens des prescriptions juives : Jésus seul est promesse de salut, non l'application de principes jugés désormais obsolètes. « Il n'y a plus ni juif ni Grec, il n'y a ni esclave ni homme libre, il n'y a ni homme ni femme ; car tous vous ne faites qu'un dans le Christ Jésus » (Galates 3, 28).

Mais une bonne partie des judéo-chrétiens ne l'entendent pas de cette oreille : « Si vous ne vous faites pas circoncire suivant l'usage qui vient de Moïse, vous ne serez pas sauvés », préviennent-ils (Actes 15, 1). Et les deux partis de s'opposer lors du fameux « incident d'Antioche », en 48.

1. Les règles de l'alimentation *kasher* (« valable ») sont décrites dans le Pentateuque. Elles consistent principalement à prohiber la consommation de certains animaux jugés impurs, du sang et des mélanges entre aliments carnés et lactés. Par ailleurs, les animaux doivent être abattus selon des règles précises. En contexte antique s'y ajoute l'interdiction formelle de manger les viandes sacrifiées aux divinités païennes (dites idolothytes), ce qui équivaudrait à un acte de foi vis-à-vis d'une idole.

Cet épisode est relaté – de manière pas tout à fait identique – dans les Actes des apôtres (15, 1-4) et dans l'Épître aux Galates (2, 11-14). Paul y raconte que, séjournant à Antioche en même temps que Pierre, il aperçoit ce dernier faire table commune avec les pagano-chrétiens, enfreignant là les règles juives de pureté qui interdisent la commensalité avec les païens. Soudain, pourtant, Pierre se dérobe : il craint en effet de s'attirer les foudres des judéo-chrétiens originaires de Jérusalem qui viennent de faire irruption dans la pièce... Une telle hypocrisie exaspère Paul. « Si toi qui es juif, tu vis comme les païens, comment peux-tu contraindre les païens à judaïser ? » lance-t-il à son camarade (Galates 2, 14). La controverse fait rage. Elle sera longuement débattue lors de la réunion de Jérusalem que l'on date des années 48 ou 49[1].

C'est la première fois qu'une assemblée réunit les membres les plus importants de cette Église en train de naître, et on va parfois jusqu'à qualifier cette réunion de « premier concile » de l'histoire du christianisme. Il faut impérativement statuer : l'unité des croyants est en jeu. Pierre lui-même semble s'être ravisé. S'exprimant devant les anciens de la communauté et les apôtres, il interroge les partisans de l'observance de la Loi mosaïque : « Pourquoi donc maintenant tentez-vous Dieu en voulant imposer aux disciples un joug que ni nos pères ni nous-mêmes n'avons eu la force de porter ? » (Actes 15, 10). Paul et Barnabé renchérissent, et c'est finale-

1. La chronologie n'est pas très claire : dans les Actes des apôtres, Luc dit que c'est l'incident d'Antioche qui provoque la réunion de Jérusalem, censée trancher le débat. Mais Paul, lui, dans sa lettre aux Galates, fait allusion à l'assemblée de Jérusalem avant d'évoquer l'incident d'Antioche, comme s'il lui était postérieur.

ment Jacques, le frère de Jésus, qui arbitre. Jugeant « qu'il ne faut pas tracasser ceux des païens qui se convertissent à Dieu », il propose « qu'on leur mande seulement de s'abstenir de ce qui a été souillé par les idoles, des unions illégitimes, des chairs étouffées et du sang » (Actes 15, 19-20). La circoncision paraît ainsi être reléguée au second plan.

C'est donc par un compromis qu'est résolue la toute première crise du christianisme. Et on voit poindre dans ce compromis un fait majeur : irrémédiablement – presque malgré lui –, le mouvement des disciples de Jésus va peu à peu se séparer de ses racines juives. Le discours sur Jésus, perçu comme l'accomplissement des prophéties juives, va peu à peu s'éclipser, en particulier chez Paul dont la critique à l'endroit des juifs se fait de plus en plus radicale : « Le cœur de ce peuple s'est épaissi », déplore-t-il (Actes 28, 27).

On comprend donc mieux pourquoi l'apôtre des incirconcis ne craint pas d'employer, pour Jésus, les titres de « Seigneur » et de « Fils de Dieu », quitte à s'attirer de sérieux ennuis. Excédés par les propos de Paul, les plus extrémistes des notables juifs s'arrangent pour le faire arrêter. C'est à Rome, en martyr, qu'il termine son voyage : la tradition dit qu'il fut décapité à la fin des années 60 sur la Via Ostiensis où sera érigée plus tard la basilique Saint-Paul-hors-les-murs…

La rupture avec le judaïsme

Alors que Pierre et Paul viennent de mourir, un événement cataclysmique va venir porter le coup de grâce aux relations entre judéo-chrétiens et pagano-chrétiens : la destruction de Jérusalem et du temple par les armées romaines en 70 de notre ère.

Dans la seconde moitié des années 60, le contentieux judéo-romain est en effet monté d'un cran. Il faut dire que les Romains n'épargnent rien aux juifs : vexations, fiscalité écrasante, provocations religieuses… Aussi, lorsque le procurateur Gessius Florus décide, en 66, de prélever dix-sept talents[1] sur le trésor du temple – geste de pure provocation –, c'en est trop : la population juive se révolte. S'ensuit un épouvantable carnage auquel répondent les exactions de zélotes prêts à en découdre. Une vraie guérilla urbaine ravage Jérusalem ; à celle qui oppose juifs et Romains s'ajoute malheureusement une bataille fratricide entre les différents courants du judaïsme. Car les israélites modérés ont bien compris qu'ils ne feraient pas le poids face à leur puissant occupant, rompu aux techniques de guerre les plus modernes. Ils exhortent donc leurs frères à l'apaisement pour rechercher une solution pacifique au conflit. En vain.

Jérusalem est à feu et à sang. Les insurgés remportent toutefois leurs premières victoires : ils parviennent à refouler les Romains à Césarée. Victoire admirable, compte tenu du déséquilibre des forces en présence, mais victoire éphémère. À Rome, la riposte s'organise : Néron confie le commandement de l'armée d'Orient à l'habile Vespasien, assisté de son fils Titus. Après avoir pacifié la Galilée, les troupes foncent vers Jérusalem.

Le répit provoqué par le suicide de Néron en 68 ne va pas durer. En janvier 70, Vespasien, promu au titre impérial, ordonne à son fils de mener l'assaut contre la cité rebelle. La ville est ravagée, le temple incendié – au grand

1. Le talent est une unité monétaire utilisée dans l'Antiquité.

désespoir de Titus, d'ailleurs, si l'on en croit Flavius Josèphe : « Titus, qui se reposait alors sous sa tente des fatigues du combat, s'élança tel qu'il était et courut vers le temple pour arrêter l'incendie. » Peine perdue : dans l'incapacité « de contenir l'impétuosité des soldats en délire, alors que le feu gagnait, César, entouré de ses lieutenants, se rendit à l'intérieur du temple et contempla le sanctuaire avec son contenu, trésor bien supérieur à ce que la renommée avait publié à l'étranger et non inférieur à sa glorieuse réputation parmi les gens du pays. C'est ainsi que le temple fut brûlé malgré César[1] ». Il est trop tard pour enrayer la fournaise : le temple s'écroule. Ses ruines et celles de la ville tout entière sont rasées. La population, quant à elle, est réduite en esclavage et vendue.

La destruction du temple de Jérusalem représente une tragédie nationale pour les juifs. Car ce site était beaucoup plus qu'un bâtiment millénaire. Il était le lieu même où devaient être accomplis les gestes de l'Alliance entre Yahvé et son peuple – en particulier les sacrifices sanglants. Toute la vie religieuse s'exerçait en son sein. Sa chute entraîne celle de la classe sacerdotale qui exerçait son pouvoir, religieux aussi bien que politique, à partir du temple. Les juifs se retrouvent désormais sans guide, sans point de repère. Ils vont être obligés de repenser radicalement leur religion pour trouver une manière de pallier l'interruption brutale de l'activité cultuelle.

À ce séisme, seuls deux courants vont survivre : celui des pharisiens et celui des judéo-chrétiens. Ces derniers, toutefois, ont pris leurs distances avec l'insurrection armée contre Rome : dès 66, ils fuient Jérusalem et se réfugient à Pella (aujourd'hui en Jordanie), cité de la

1. Flavius Josèphe, *La Guerre des juifs,* chap. 4.

Décapole[1], à l'est du Jourdain. L'Église de Jérusalem est donc déracinée et coupée des pharisiens dont le mouvement se rassemble, lui, à Jamnia, ville située à une quarantaine de kilomètres à l'ouest de Jérusalem. Le fossé entre les deux tendances ne va faire que se creuser, d'autant plus que les pharisiens, soucieux de reconstituer un semblant d'unité nationale, se montrent toujours plus hostiles aux dissidents. Le nom de Jésus constitue une pierre d'achoppement entre judéo-chrétiens et pharisiens : entre ceux qui reconnaissent en lui le Messie et ceux qui s'y refusent, il n'y a plus de conciliation possible.

1. La Décapole est constituée de dix villes situées à l'est du Jourdain, fondées par des colons grecs aux environs du IIe siècle avant notre ère. Leur liste varie d'un auteur antique à l'autre.

7

Prémices d'un débat à venir : Jésus, homme ou Dieu ?

Ce qui ressort de la lecture des textes les plus anciens du Nouveau Testament, c'est l'incroyable complexité de la figure de Jésus. Il est impossible de le définir avec précision. Assurément, le Galiléen « n'est pas un homme ordinaire », comme l'écrira le Père de l'Église Clément d'Alexandrie au IIe siècle. Puisqu'il a accompli des prodiges comme nul autre, puisque son avènement était annoncé dans les Écritures, puisque Dieu l'a ressuscité d'entre les morts, puisqu'il est apparu à Paul plusieurs années après son Ascension, il est manifestement plus qu'un simple mortel… mais, de là à le déclarer explicitement Dieu, il y a un pas que l'on hésite manifestement à franchir. Pourquoi ?

Le problème du monothéisme

De fait, les évangélistes et les premiers chrétiens se trouvent confrontés à un problème de taille : comment accorder le titre divin à Jésus sans remettre en question la base même du monothéisme ? Le premier commandement de Yahvé est clair : « Tu n'auras pas d'autres dieux devant moi » (Exode 20, 3). Et la prière du *Shema Israël*, récitée deux fois par jour, vient quotidiennement rappeler cet impératif : « Écoute, Israël : l'Éternel, notre Dieu, l'Éternel est un » (Deutéronome 6, 4). Assimiler Jésus à Dieu reviendrait à enfreindre purement et simplement l'ordre divin. Or, sortir le mouvement des disciples de Jésus du giron monothéiste n'aurait pas de sens.

Le Nazaréen n'est donc pas un second Dieu. Pas plus qu'il n'est un dieu parmi d'autres. Il n'a rien de comparable à l'une de ces divinités que Grecs et Romains se plaisent à ajouter régulièrement à leur panthéon. Un panthéon qui, du reste, séduit de moins en moins : depuis Platon et Aristote, la plupart des philosophes se sont mis en quête d'une divinité unique. L'identification d'un personnage contemporain avec une divinité aurait été tout aussi inconcevable pour un Grec que pour un juif du Ier siècle.

Une christologie balbutiante

Les écrits des premiers témoins montrent à quel point les disciples de Jésus marchent sur des œufs lorsqu'ils évoquent la figure de leur maître. À commencer par le nombre impressionnant des titres qui lui sont dévolus. « Les titres de Jésus se bousculent l'un l'autre, s'épaulent mutuellement, se corrigent aussi, dans la recherche éperdue d'une désignation toujours à reprendre », analyse Charles Perrot. Comme si aucun ne pouvait suffire à définir vraiment Jésus, à englober toute la singularité de son être. Prophète, il l'est certainement ; mais n'est-il que cela ? Messie, sans aucun doute, mais envoyé pour le salut d'Israël ou pour celui de l'humanité entière ? Fils de Dieu, c'est clair ; mais comment se situe-t-il exactement par rapport au Père ? Seigneur, oui, mais au sens que donnent à ce terme les gens des nations[1] ou les juifs ? Aucun de ces titres n'est parvenu à s'imposer à l'exclusion des autres, et les premiers chrétiens utilisent plusieurs désignations pour parler de Jésus.

Bien sûr, selon les lieux et les milieux d'origine des croyants, des affinités plus ou moins marquées par rapport à tel ou tel nom se manifestent. Ainsi l'Évangile de Marc – rédigé vraisemblablement à Rome, et qui s'adresse à des pagano-chrétiens – n'emploie que très rarement le titre de Seigneur, dépourvu de connotation religieuse en contexte romain, donc pas assez évocateur. En revanche, Luc, qui s'adresse pourtant, lui aussi, à des convertis d'origine païenne, affectionne particulièrement cette appellation : en Grèce où l'Évangile a peut-être été rédigé, elle est au contraire investie d'une nette connotation religieuse.

Bien sûr, le titre messianique est particulièrement favorisé chez les judéo-chrétiens : l'évangéliste Matthieu l'utilise à foison pour montrer que Jésus est avant tout le fils de David attendu par Israël. Ce qui n'empêche pas cette dénomination de rencontrer également un franc succès parmi les pagano-chrétiens, mais la signification du terme y est parée d'une coloration différente : il revêt, sous la plume de Marc, une dimension plus universaliste, l'évangéliste évitant de rattacher avec trop d'insistance Jésus à la lignée de David.

Idem pour la désignation de Jésus comme roi des juifs : fortement mise en avant chez Matthieu, elle a, chez Luc, un sens nettement plus spirituel – le Galiléen est bien roi,

1. Expression désignant les païens dans l'Antiquité.

mais celui d'une royauté toute céleste. D'un milieu à l'autre, un même titre peut donc être chargé d'une signification relativement différente.

Pour autant, les différentes communautés des disciples de Jésus ne se font pas de leur maître une idée radicalement opposée. Elle peut varier de manière assez subtile, mais, malgré tout, « la multitude de ceux qui étaient devenus croyants n'avaient qu'un cœur et qu'une âme », écrit Luc dans les Actes des apôtres (4, 32) ; « ils se tenaient tous d'un commun accord », renchérit-il également (5, 12). Cet accord, ce qui est fondamentalement à la base de leur foi, c'est la reconnaissance qu'au matin de Pâques Jésus a été ressuscité par son Père.

Il est d'ailleurs remarquable que les titres donnés à Jésus varient sensiblement selon que l'on se place durant son ministère public ou à la suite de la Résurrection. Certes, plusieurs noms sont attribués quel que soit le moment : Christ et prophète, en particulier. Mais il y a bien un avant et un après l'événement pascal. Avant, le Galiléen est plus volontiers nommé rabbi, maître et fils de David. Après, il devient Fils de Dieu, Seigneur. La Résurrection provoque un regard radicalement neuf sur Jésus, comme le traduisent fort bien Pierre – « Dieu l'a fait Seigneur et Christ, ce Jésus que vous avez crucifié » (Actes 2, 36) – ainsi que Paul : en Romains (1, 3-4), il explique que la Bonne Nouvelle de Dieu concerne Jésus, « son Fils, issu de la lignée de David selon la chair, établi Fils de Dieu, avec puissance selon l'esprit de sainteté, par sa résurrection des morts ». De descendant de David – donc envisagé d'un point de vue strictement humain, si prestigieuse que soit sa généalogie –, Jésus devient Fils de Dieu.

C'est du reste ce titre de « Fils de Dieu » qui fait le plus consensus : il fleurit dans tous les milieux, quelle que soit l'origine culturelle. Car il présente l'avantage de souligner à quel point Jésus appartient au mystère divin, sans pour autant le substituer au Tout-Puissant. En définitive, les deux noms qui ont remporté le plus de succès – Fils de Dieu et Seigneur – sont ceux qui étaient à même de s'adapter aux situations les plus diverses. Polysémiques, et donc malléables à l'envi, ils peuvent être compris différemment selon le point de vue adopté, tout en traduisant incontestablement l'absolue grandeur de Jésus.

Grandeur, oui… mais qu'en est-il au juste de sa divinité ? Un gouffre sépare en effet le titre « Fils de Dieu » de celui de Dieu à proprement parler…

C'est indéniable : les premiers chrétiens hésitent à donner le nom divin à Jésus. On murmure parfois timidement sa divinité, comme à mots couverts. Paul est celui qui a les formules les plus audacieuses : « [Jésus] est l'Image du Dieu invisible » (Colossiens 1, 15) ; « En lui habite corporellement toute la Plénitude de la Divinité » (Colossiens 2, 9). Le concept d'incarnation est presque exprimé par l'apôtre des gentils : « Lui étant dans la forme de Dieu n'a pas usé de son droit d'être traité à l'égal de Dieu, mais il s'est dépouillé, prenant la forme d'esclave. Devenant semblable aux hommes et reconnu à son aspect comme un homme, il s'est abaissé, devenant obéissant jusqu'à la mort, à la mort sur une croix. C'est pourquoi Dieu l'a élevé au-dessus de tout » (Philippiens 2, 6-8). Pour audacieux qu'il soit, Paul reste cependant prudent, comme le montre le vocabulaire employé : « dans la forme de Dieu », « comme un Dieu ».

À l'aube du IIe siècle, on tourne encore autour du pot pour évoquer la divinité de Jésus. Et même parmi ceux qui sont ouverts à cette idée, une foule de questions restent en suspens : comment le Galiléen a-t-il été engendré par le Père ? Est-il inférieur à Dieu le Père ? Comment se distribuent en lui la part d'humanité et la part de divinité ? Est-il d'abord homme ou d'abord Dieu ?

Le débat sur l'identité de Jésus est loin d'être clos. Disons même qu'il ne fait que commencer.

Deuxième partie

Jésus au pluriel

(IIe-IIIe siècles)

[illegible] chez les saints

[illegible]

1

Des chrétiens chez les païens

À l'aube du IIe siècle, une ère nouvelle s'annonce. Grâce au zèle infatigable des premiers disciples, un embryon d'Église s'est constitué. De secte marginale du judaïsme, le christianisme va peu à peu s'imposer comme une religion à part entière. Et comme une religion à vocation universelle : telle est, en effet, la signification du mot grec *katolikos* (catholique). Patiemment, elle va insuffler une nouvelle manière de penser le monde, de penser l'homme. De penser Dieu, aussi.

La figure de Jésus ne cesse de nourrir cette réflexion qu'on pourrait qualifier de boulimique, tant elle donne naissance à une multitude d'interprétations. Si celles-ci convergent parfois, elles divergent très souvent : de fait, il n'y a pas une, mais des figures de Jésus. Du coup, quand les points de vue sont trop éloignés, on se querelle, on se sépare, on s'excommunie mutuellement. Or, les chrétiens le savent bien : l'union fait la force. Il faut qu'ils accordent leurs violons. Une harmonie d'autant plus difficile à mettre au point que, le christianisme étant à cette époque illégal – les croyants sont régulièrement persécutés –, il est impossible d'organiser un concile[1] afin de définir l'expression commune de la foi. Mais, dans la diversité, une voix plus forte que les autres va progressivement se faire entendre : celle de la « Grande Église » qui travaille à imposer ses propres définitions, même si elles ne sont encore qu'à l'état d'ébauches.

L'expression « Grande Église », que j'utiliserai souvent dans la suite de ce récit, a été forgée par le philosophe païen Celse, le fameux auteur du *Discours véritable contre les chrétiens*, vers 178. Il emploie cette formule pour désigner un groupe de communautés chrétiennes confessant des doctrines similaires. La force de ce groupe réside dans son organisation. Grâce à ses structures d'autorité fondées sur la hiérarchie évêques-prêtres, la Grande Église va définir des critères d'orthodoxie et, par la même occasion, reléguer les groupes qui contestent ces critères au rang d'hérétiques. Elle va peu à peu s'imposer au détriment de tous les courants minoritaires. Les historiens modernes ont repris cette expression « Grande Église », forgée par Celse, pour désigner, sans jugement de valeur, le groupe chrétien majoritaire aux IIe-IIIe siècles.

L'expansion du christianisme aux IIe-IIIe siècles

Avant d'étudier dans les chapitres suivants les nombreuses querelles théologiques relatives à l'identité de Jésus, je voudrais dire quelques mots des communautés chrétiennes qui se développent dans le vaste Empire romain au cours des IIe et IIIe siècles.

1. Un concile est une assemblée d'évêques chargée de définir le dogme, la morale et/ou le canon chrétiens.

Paul l'avait bien senti : le christianisme est un vrai « scandale pour les païens ». Pourtant, tout scandaleux que soit son message – celui d'un Fils de Dieu mort en esclave –, il parvient à trouver des oreilles attentives dans le monde idolâtre. Son enracinement, bien sûr, ne s'y est pas fait du jour au lendemain, loin s'en faut. Pendant des décennies, il a fallu une bonne dose de courage aux premiers chrétiens pour oser diffuser une « bonne nouvelle » qui, dans bien des cas, suscitait, au mieux, ricanements, au pire, châtiments corporels jusqu'à ce que mort s'ensuive. Mais leur démarche s'est révélée payante puisque, à la fin du IIIe siècle, le christianisme devient même majoritaire en plusieurs régions de l'empire.

C'est par sauts de puce, de ville en ville, qu'il étend son influence dans un contexte de crise au sein du paganisme. Au début du IIe siècle, les grandes cités du bassin méditerranéen voient s'activer, dans leurs étroites ruelles ensoleillées, sur leurs places, leurs marchés, ces hommes et ces femmes qui témoignent d'une foi vraiment nouvelle : ils ne sont ni tout à fait juifs ni encore moins païens. On leur donne, vers 80, le sobriquet de « chrétiens » (*christianoi*, en grec), puisqu'ils se déclarent partisans du Christ. De ce mot employé ironiquement, ils vont faire un titre de gloire, et c'est à Antioche, vers 115, que l'évêque Ignace va forger le néologisme « christianisme » pour désigner la foi de ses coreligionnaires.

Ignace d'Antioche, c'est toute la fougue des premiers croyants incarnée en un seul homme. Ce pionnier de l'Église chrétienne, lui-même issu d'un milieu païen, va mettre un point d'honneur à imiter Jésus – jusqu'en sa mort dans un martyre que, loin de rejeter, il appelle de ses vœux. Enthousiaste et passionné, Ignace est l'auteur de sept lettres dont nous avons gardé la trace, témoignages exceptionnels de cette époque dite « des Pères apostoliques » – ces derniers sont censés être contemporains ou avoir été en relation avec les apôtres. Il va largement contribuer à donner à Antioche, ville syrienne (aujourd'hui Antakya, sur l'Oronte, en Turquie), une physionomie chrétienne. L'intimidant dieu Apollon, auquel est dédié un grand sanctuaire oraculaire, va progressivement devoir y composer avec la figure du Christ.

La capitale de la province romaine de Syrie (qui comptait au IIIe siècle dans les 300 000 habitants) constitue un point d'ancrage essentiel pour les missions chrétiennes. C'est de ses belles avenues à colonnades que sont partis des évangélisateurs en direction du petit royaume d'Édesse, au nord-est de la frontière syrienne, dans une région appelée l'Osrhoène (Mésopotamie romaine). Si la légende racontant que l'un des souverains d'Édesse échangea une correspondance avec Jésus en personne relève de la fiction, il est en revanche attesté que, vers 180, le roi Abgar IX se fit baptiser. Nombre de ses sujets le suivirent dans cette démarche. Le premier État officiellement chrétien sera toutefois l'Arménie au tout début du IVe siècle. Plus discrètement, la foi chrétienne a atteint l'Adiabène (Assyrie romaine) et même la Perse à la fin du IIIe siècle.

Au total, le solde des missions parties d'Antioche est donc résolument positif. L'aura de la troisième ville de l'Empire romain supplante d'ailleurs, en Orient, celle d'une Jérusalem en pleine déliquescence et qui a perdu jusqu'à son nom : après une nouvelle révolte du peuple juif contre l'occupant romain en 132-135, la ville a été détruite et rebaptisée Ælia Capitolina. Une communauté de chrétiens d'origine païenne s'y maintient tant bien que mal, faisant péniblement rayonner leur foi vers d'autres villes hellénisées de Palestine, en particulier Flavia Neapolis (aujourd'hui Naplouse) – dont est originaire un célèbre écrivain chrétien du IIe siècle, Justin –, tandis que les judéo-chrétiens se dirigent vers l'Arabie.

Toujours aussi dynamiques depuis la première vague de diffusion du christianisme, les Églises situées en Grèce actuelle et en Asie Mineure poursuivent leur consolidation dans les différentes régions de cette vaste contrée : Achaïe, Cappadoce, Pont, Galatie, Lycie, Pamphylie, Bithynie et Ionie. Multiculturelle, la ville de Corinthe, en Achaïe, peut se targuer d'avoir reçu la visite de l'« apôtre des incirconcis ». Forte d'un emplacement géographique idéal – elle contrôle l'isthme qui porte son nom et dispose de deux ports très actifs –, Corinthe connaît son apogée au IIe siècle. Elle ne parviendra pourtant pas à rivaliser avec la cité qui, face à elle, séparée d'un simple bras de mer, la nargue ouvertement : Éphèse.

Il faut dire que la capitale ionienne s'enorgueillit d'abriter l'une des sept merveilles du monde antique : le temple d'Artémis. Elle se flatte en outre d'avoir été une des cités d'élection de Paul qui y vécut entre 54 et 57, ainsi que de posséder le tombeau de l'apôtre Jean. Le plus jeune des disciples de Jésus y résida en effet plusieurs années, et c'est là, raconte la tradition, qu'il (ou ses disciples) aurait écrit son Évangile. Éphèse la bigarrée voit se côtoyer, en ses murs, Anatoliens, Grecs, Romains, juifs et chrétiens, tous attirés par la prospérité de cette cité aux mœurs raffinées, qui compte alors environ 250 000 habitants.

Non loin d'Éphèse, en Bithynie, l'expansion du christianisme plonge les autorités romaines dans l'embarras. Faut-il persécuter les chrétiens, demande le gouverneur Pline le Jeune à son empereur Trajan, vers 112, précisant avec inquiétude que cette croyance « s'est répandue aussi bien dans les bourgs que dans les campagnes » ? Voilà qui contredit l'idée reçue selon laquelle le christianisme primitif n'est qu'un phénomène urbain : certes, si les villes sont bien davantage touchées que les campagnes, ces dernières se montrent plus réceptives à la foi nouvelle qu'on ne l'a longtemps cru.

À la vitalité orientale répond celle de l'Égypte, tout spécialement d'Alexandrie la superbe. Forte d'une population cosmopolite nourrie de culture grecque – les autochtones égyptiens non natifs d'Alexandrie y sont interdits de séjour jusqu'au IIIe siècle ! –, la métropole abrite peut-être, à la fin du IIe siècle, jusqu'à 500 000 habitants : c'est la seconde plus grande ville de l'empire après Rome. Son orgueilleux phare y brille chaque nuit de mille feux pour le salut des navigateurs. Mais un message de salut plus spirituel, celui du Christ ressuscité, y est porté dès le Ier siècle par les « hellénistes », d'abord au sein de l'importante communauté juive de la ville, puis, plus tard, directement auprès des païens. À l'aube du IIIe siècle, une grande partie de la classe cultivée est acquise aux idées chrétiennes. Voilà encore un cliché mis à mal : non, le christianisme n'a pas attiré que des esclaves, des savetiers ou des cardeurs de laine, comme a pu l'écrire le polémiste Celse à la fin du IIe siècle ! En tout cas, ce qui était vrai au début de ce siècle, où les élites romaines méprisaient la nouvelle foi, ne le sera plus cent ans plus tard.

Il faut dire qu'à Alexandrie la nouvelle foi est auréolée du prestige du Didascalée, cette école d'exégèse et de théologie chrétiennes où les plus grands maîtres enseignent, en particulier Origène (vers 185-251) et Denys (mort en 264). Ils réalisent avec bonheur une synthèse de la pensée chrétienne et de la philosophie grecque, contribuant à faire d'Alexandrie un creuset religieux où toutes les tendances se côtoient, y compris au sein des croyants en Jésus. Les théologiens « orthodoxes » voisinent avec ceux qui le sont moins ; les joutes verbales y sont nombreuses. Quoi de plus naturel, dans cette cité connue pour être l'écrin d'une culture encyclopédique, abritée au sein de son musée et de sa fameuse bibliothèque qui recélait pas moins d'un demi-million de rouleaux de papyrus ! Des érudits juifs ne s'y étaient-ils pas réunis, au IIIe siècle avant notre ère, pour y traduire la Torah de l'hébreu en grec ? Toujours est-il que le christianisme gagne du terrain en Égypte, surtout dans la seconde moitié du IIIe siècle : plus de cinquante évêchés y sont recensés, ainsi que seize dans la Cyrénaïque voisine (actuelle Libye).

Plus à l'ouest encore, en Afrique du Nord, la jeune religion entame une remarquable percée. Ce n'est qu'à la fin du IIe siècle que les premières traces de la présence chrétienne peuvent être observées, avec pour pôle principal la ville de Carthage. L'ancienne cité punique, qui domine fièrement la Méditerranée, va d'ailleurs offrir au christianisme les deux premiers Pères latins[1] de l'Église : Tertullien (vers 160-225) et Cyprien (vers 205-258), dont le legs intellectuel sera capital pour l'Occident. Si, dans un premier temps, ce sont surtout les persécutions subies par les croyants en Jésus qui défraient la chronique – la seconde plus grosse ville de l'Occident romain reste résolument attachée au paganisme –, cela n'empêche pourtant pas la

1. Les Pères de l'Église sont les premiers théologiens du christianisme dont les écrits ou l'enseignement sont considérés comme déterminants dans l'élaboration de la doctrine. La liste n'en est pas officiellement établie, mais les Pères de l'Église sont classés en deux grands groupes : les Pères latins s'exprimant en latin et les Pères grecs s'exprimant en grec.

vague de fond chrétienne de saper inexorablement les bases de l'antique religion. « Nous [les chrétiens] remplissons vos places, vos marchés, vos amphithéâtres », prévient Tertullien. Les chiffres parlent d'eux-mêmes : en 256, on compte jusqu'à quatre-vingt-sept évêques en Afrique du Nord…

L'évangélisation de la Gaule est plus timide. Il existe toutefois des communautés chrétiennes à Lyon, Arles et Vienne dès la fin du IIe siècle. Lyon – l'antique Lugdunum, la « ville de la lumière », dominée par les collines de Fourvière et de la Croix-Rousse – brille par le charisme d'Irénée (vers 140-202), venu de Smyrne pour succéder au premier évêque de la ville, Pothin. Irénée compte parmi les plus éminents théologiens du IIe siècle et jouera un rôle déterminant dans l'élaboration du Nouveau Testament. Le sud-ouest de la Gaule sera évangélisé plus tard, au IIIe siècle, avec Toulouse comme figure de proue : le premier évêque de la cité, Saturnin, est martyrisé en 250 ; autour de sa dépouille se développe toute une nécropole dont on peut aujourd'hui encore admirer les vestiges sous l'actuel musée Saint-Raymond.

Plus au nord et dans les régions du Rhin et du Danube, un énorme travail reste encore à faire pour les missionnaires chrétiens. En Bretagne (Angleterre actuelle), à la fin du IIIe siècle, on ne compte que trois évêchés. Saisissant contraste avec le visage offert par l'Afrique du Nord ! L'Espagne connaît, elle, une diffusion plus soutenue du christianisme, surtout au sud (actuelle Andalousie), avec apparemment trente-sept communautés à l'extrême fin du IIIe siècle.

Mais, incontestablement, le vent est en train de tourner. Et c'est dans la capitale même de l'empire, à Rome, que l'on peut en prendre la pleine mesure. La mégapole – qui compte quelque 800 000 habitants au milieu du IIIe siècle – abrite parmi les plus anciennes communautés chrétiennes : Paul trouva réconfort auprès de ses fidèles lors de sa captivité dans la ville (Actes 28, 15). Selon les historiens, les croyants en Jésus y représentent entre 2 et 5 % de la population, soit environ trente à cinquante mille personnes, ce qui est loin d'être négligeable. L'Église romaine rayonne sur les autres Églises de la péninsule, relativement nombreuses en Italie centrale (Latium et Campanie), et bien au-delà. Car, dès le IIe siècle, son prestige est immense : Rome n'abrite-t-elle pas en son sein les dépouilles des apôtres Pierre et Paul qui y subirent tous deux le martyre à la fin des années 60 ? Pierre, sur qui Jésus avait décidé de bâtir son Église (Matthieu 16, 18), n'a-t-il pas été le premier évêque de la ville ? De ce fait, presque naturellement, l'Église de Rome jouit d'un prestige, si ce n'est d'une prééminence – plus ou moins bien acceptée – sur les autres communautés d'Occident et d'Orient : « Heureuse Église ! chante Tertullien le Carthaginois à son sujet, les apôtres lui ont versé toute leur doctrine avec leur sang. Pierre y subit un supplice semblable à celui du Seigneur[1]. Paul y est couronné d'une mort semblable à celle de Jean [Baptiste]. L'apôtre Jean y est plongé dans l'huile bouillante et en sort indemne[2]. Voyons ce que Rome a appris, ce qu'elle enseigne, ce qu'elle certifie en même temps que les Églises d'Afrique[3]. »

Pour ceux qui occupent d'importantes fonctions au sein du christianisme – ou qui y aspirent –, Rome est également la ville où il faut être vu : en cette époque de

1. La tradition dit qu'il fut crucifié la tête en bas, à sa demande.

2. Cette assertion, qui ne repose sur aucun témoignage historique fiable, est désormais rejetée par l'Église.

3. *De praescriptione*, 36.

grande diversité doctrinale, chacun vient y tester ses théories plus ou moins orthodoxes : d'où des affrontements, d'interminables discussions, mais aussi des accommodements. Le message évangélique se répand dans tous les secteurs de la Ville éternelle, du sordide quartier de Subure, où s'amasse une population laborieuse, jusqu'au palais de l'empereur : dès la fin du Ier siècle, le propre neveu de Vespasien a embrassé la foi nouvelle, suivant en cela son épouse Domitille ; la nourrice de Caracalla a fait de même. Cette diffusion n'est d'ailleurs pas sans poser problème : Cyprien de Carthage rapporte que Dèce « aurait plutôt supporté d'apprendre qu'un empereur rival s'élevait contre lui que de voir établir dans Rome un évêque de Dieu[1] ». Pourtant, en dépit des menaces, des persécutions, le christianisme va marquer de son sceau jusqu'à la topographie même de la ville, notamment son sous-sol peu à peu quadrillé de catacombes où ses adeptes enterrent leurs morts et se cachent pour échapper aux traques et aux représailles.

À l'orée du IVe siècle, le visage de l'Empire romain a donc sensiblement changé. Quoique encore illégal, le christianisme est une nouvelle donne religieuse et sociale avec laquelle il faut composer. Ce qui ne va pas aller de soi. Car c'est peu dire que les chrétiens n'ont pas la cote auprès des païens…

L'impopularité des chrétiens

« Il est une race nouvelle d'hommes nés d'hier, sans patrie ni traditions, ligués contre toutes les institutions reli-

1. Épître 55, 9, 1.

gieuses et civiles, poursuivis par la justice, universellement notés d'infamie, mais se faisant gloire de l'exécration commune : ce sont les chrétiens », dénonce Celse dans son *Discours véritable*, un traité antichrétien. De fait, les groupuscules de croyants en Jésus ont de quoi intriguer. Ils se tiennent à l'écart, se livrent à des cérémonies nocturnes et clandestines. On les accuse de misanthropie, on les soupçonne de se repaître du sang des enfants, de se livrer à des orgies. Autant d'accusations qui sont lancées depuis la nuit des temps à la face des minorités, simplement parce que leur différence dérange. Au Moyen Âge et à la Renaissance, cathares et juifs, pour ne citer qu'eux, en feront à leur tour la sinistre expérience…

Mais, dans la mentalité romaine, au crime de différence s'ajoute celui de nouveauté : novation rime ici avec suspicion. Aux yeux des Romains, seul ce qui est antique est légitime ; voilà pourquoi ils accordent au judaïsme le statut de religion licite : le dieu Yahvé est si ancien ! Alors que Jésus, lui, est né de la dernière pluie ! La croyance des chrétiens est à leurs yeux totalement absurde ; c'est une forme d'athéisme, puisqu'ils refusent d'honorer les dieux de leurs ancêtres – « superstition déraisonnable et sans mesure », analyse Pline le Jeune. Comment, en effet, peuvent-ils être assez naïfs pour croire qu'un dieu, quel qu'il soit, abandonnerait sa félicité céleste pour venir se mêler aux hommes et partager leurs souffrances ? Et, comble du grotesque, serait prêt « mourir » en croix pour mieux ressusciter ensuite, alors qu'en toute logique le corps a entamé son processus de décomposition ! Assurément, les dieux se livrent à des activités autrement plus délectables. Et les intellectuels païens de s'en donner à cœur joie pour railler les chrétiens, sorte de jobards qui ont gobé ce qu'un charlatan leur racontait : voilà, en substance, ce que dit Lucien de Samosate au milieu du IIe siècle dans son ouvrage *La Mort de Pérégrinus.*

Mais, aux yeux des adversaires du christianisme, les disciples de Jésus ne sont pas seulement crédules ; ils constituent un vrai péril pour l'empire. À force d'insulter les divinités traditionnelles en refusant de leur rendre hommage, en remettant en question la mythologie, en critiquant les rituels du paganisme, ne risquent-ils pas de déclencher quelque châtiment cataclysmique ? Par ailleurs, en se coupant du reste de la société, ils nuisent aussi à son unité, ce qui représente un danger considérable en cas d'agression extérieure. Aussi l'idée germe rapidement qu'il faut régler leur compte à ces trublions obstinés. Trouver un moyen de les faire renoncer à leur foi.

Des persécutions sporadiques

Aux IIe et IIIe siècles, les chrétiens vont ainsi régulièrement se trouver en butte aux persécutions. Est-ce si étonnant dans cette société antique littéralement imbibée par la violence, où l'atrocité est un spectacle quotidien ? D'autant que le pouvoir politique lui-même a donné le ton : lorsque, en 64, Néron a été soupçonné d'être à l'origine du gigantesque incendie qui a ravagé Rome, il a désigné les chrétiens comme boucs émissaires. La vindicte populaire s'est alors abattue sur eux, ainsi que le raconte Tacite[1] : « On commença à poursuivre ceux qui avouaient, puis, sur leur dénonciation, les chrétiens furent reconnus coupables, moins du crime d'incendie que de leur haine du genre humain. À leur exécution on ajouta des dérisions

1. *Annales*, XV, 45.

en les couvrant de peaux de bêtes, afin qu'ils périssent sous la morsure des chiens, et en les attachant à des croix pour qu'après la chute du jour, transformés en lampes humaines, ils fussent consumés. »

Cela dit, les empereurs ne sont pas tous enclins à persécuter les croyants en Jésus. Le sentiment qui les anime, c'est plutôt la perplexité devant l'obstination des chrétiens à ne pas vouloir renier leur foi, fût-ce au péril de leur vie. La réponse que Trajan adresse à Pline le Jeune est éloquente : à son gouverneur qui lui a demandé s'il fallait poursuivre les chrétiens, il avoue qu'« on ne peut établir en général un règlement qui ait pour ainsi dire une forme fixe. Il ne faut pas les rechercher ; s'ils sont déférés et convaincus, il faut les punir, de telle façon cependant que celui qui aura nié être chrétien [...], de quoi qu'il ait été soupçonné pour le passé, obtienne le pardon en raison de son repentir ». Un bien curieux jugement que l'acerbe Tertullien aura beau jeu de moquer : « Admirable sentence qui ne peut être que contradictoire ! Elle défend de rechercher [les chrétiens] comme s'ils étaient innocents, et elle ordonne de les punir comme s'ils étaient coupables. Elle les ménage et elle les menace. Elle ferme les yeux sur le crime, mais elle sévit quand même ! Ô justice, pourquoi te mettre dans un pareil embarras ? Si tu condamnes [les chrétiens], pourquoi ne pas les rechercher ? Si tu les recherches, pourquoi ne pas les acquitter[1] ? »

Le plus souvent hésitant, le pouvoir politique laisse plutôt la population elle-même s'en prendre aux chrétiens : après tout, c'est un bon exutoire aux problèmes du temps. Pourtant, au début du IIIe siècle, l'empereur va sortir de sa réserve : en 202, Septime Sévère promulgue

1. *Apologie*, 2, 6-8.

un édit interdisant strictement le prosélytisme juif et chrétien. C'est la première fois qu'une loi vise directement les croyants en Jésus. Puis, à partir de la seconde moitié du IIIe siècle, la législation antichrétienne va encore se durcir dans un contexte de crise politique importante, puisque l'empire est sous le coup des invasions barbares et de la menace perse – j'aurai l'occasion d'y revenir. Mais, faibles ou fortes, les persécutions ne pourront avoir raison de la foi des disciples de Jésus. Mieux : elle incite certains païens à se convertir, impressionnés qu'ils sont par le courage exemplaire de ces hommes et de ces femmes. Et Tertullien de relever que « le sang des martyrs est une semence de chrétiens ».

Il est vrai que l'attitude de certains d'entre eux est proprement sidérante. Voyons les propos d'Ignace d'Antioche dans une lettre adressée à la communauté chrétienne de Rome où il est conduit pour y subir le martyre, vers 115 : « Moi, c'est de bon cœur que je vais mourir pour Dieu, si du moins vous ne m'en empêchez pas. Je vous en supplie, n'ayez pas pour moi une bienveillance inopportune. Laissez-moi être la pâture des bêtes, par lesquelles il me sera possible de trouver Dieu. Je suis le froment de Dieu, et je suis moulu par la dent des bêtes, pour être trouvé un pur pain du Christ. Flattez plutôt les bêtes pour qu'elles soient mon tombeau, et qu'elles ne laissent rien de mon corps [...]. Puissé-je jouir des bêtes qui me sont préparées. Je souhaite qu'elles soient promptes pour moi. [...] Et si par mauvaise volonté elles refusent, moi, je les forcerai [...]. Que rien, des êtres visibles et invisibles, ne m'empêche par jalousie de trouver le Christ. Feu et croix, troupeaux de bêtes, lacérations, écartèlements, dislocation des os, mutilation des membres, mouture de tout le corps, que les pires fléaux du diable tombent sur moi, pourvu seulement que je trouve Jésus-Christ[1]. »

Tout aussi édifiante, la bravoure du vieil évêque de Smyrne, Polycarpe, sur le point d'être brûlé vif en 167 ; au proconsul qui lui intime de maudire le Christ, il répond : « Il y a quatre-vingt-six ans que je le sers, et il ne m'a fait aucun mal ; comment pourrais-je blasphémer mon roi qui m'a sauvé[2] ? »

Même émouvante abnégation de la part de Perpétue, jeune patricienne d'Afrique du Nord, d'origine païenne. Alors qu'elle vient de mettre au monde un petit enfant, que son père la supplie d'abjurer sa foi, elle reste fidèle au Christ et est jetée aux bêtes en compagnie d'une autre chrétienne, Félicité.

Le récit de la *Passion de Perpétue et de Félicité* décrit par le menu leur martyre : les persécutions ont suscité le développement de toute une littérature qui connaît un vif engouement chez les croyants. Il serait néanmoins caricatural d'imaginer que les chrétiens unanimes ont exalté le martyre de cette façon. Nombre d'entre eux, quand les menaces de persécutions se font plus précises, s'empressent d'aller sacrifier aux idoles, au grand désespoir des chefs de communautés : « La défaillance fut universelle, déplore Denys, l'évêque d'Alexandrie, vers 250, un grand nombre de personnages en vue se présentèrent d'eux-mêmes [...]. Tout le monde voyait que c'étaient des lâches aussi timides devant le sacrifice que devant la mort[3]. »

Combien y a-t-il eu de martyrs chrétiens aux IIe-IIIe siècles ? En fait, on n'en sait rien du tout. Les écrivains

1. *Lettres aux Romains*, 4-5.
2. In *Martyre de Polycarpe.*
3. In *Lettre à Fabius d'Antioche.*

chrétiens ont peut-être un peu exagéré le trait. Certains historiens estiment qu'en l'espace de trois cents ans quelques milliers de personnes au plus auraient été mises à mort : rien à voir avec les charniers des régimes totalitaires du XXe siècle…

Une défense de mieux en mieux rodée

Les persécutions ont aussi pour conséquence d'obliger les chrétiens à sortir de leur réserve et à affûter des arguments contre leurs adversaires. Démarré timidement à l'époque des Pères apostoliques (fin du Ier-milieu du IIe siècle), cet effort va prendre toute son ampleur avec les Pères dits apologistes (au premier rang desquels Justin de Neapolis) à partir de la seconde moitié du IIe siècle, et, plus généralement, avec les grands théologiens du IIIe siècle, en particulier Origène dont le père, chrétien, est mort en martyr ; d'Orient où sa pensée rayonne, il rédige vers 250 son *Contre Celse* qui est une réfutation du fameux *Discours véritable.*

Païens convertis, souvent fins connaisseurs de la rhétorique gréco-latine, les défenseurs du christianisme ont conscience de la nécessité d'expliquer les principes de leur religion dont la méconnaissance nourrit les fantasmes les plus absurdes. « Haine du genre humain », alors qu'ils refusent d'assister aux jeux de gladiateurs, d'abandonner ou de sacrifier les nouveau-nés par respect de la vie humaine ? « Athées », eux qui adorent le Créateur ? « Race nouvelle », eux dont la croyance est directement héritée du judaïsme ? « Subversifs », eux qui invitent leurs coreligionnaires à se soumettre au pouvoir en place ? « Par des prières incessantes, nous demandons pour les empereurs une longue vie, un règne tranquille, un palais sûr, des troupes valeureuses, un sénat fidèle, un peuple loyal, l'univers paisible, enfin tout ce qu'un homme ou un César peuvent souhaiter », explique Tertullien dans son *Apologie* (XXX, 4).

Les figures de proue du christianisme n'ont de cesse de dénoncer l'absence totale de bien-fondé dans tout ce qu'on leur reproche. Mais ils vont encore plus loin en tentant de montrer la supériorité de leur foi sur un paganisme, vecteur de violence et d'immoralité.

Une moralité exemplaire

De fait, le mode de vie des chrétiens offre un contraste saisissant avec celui des païens : manifestement, ils n'ont pas les mêmes valeurs. C'est que les disciples de Jésus s'efforcent de suivre une série de commandements tirés de l'enseignement des apôtres : ne pas tuer ; ne pas commettre l'adultère ; éviter pédérastie, fornication, vol, magie et sorcellerie ; ne pas convoiter les biens de son prochain ; ne faire ni faux serment ni faux témoignage, ne pas médire ni conserver du ressentiment ; ne pas être fourbe ni menteur, cupide, hypocrite, méchant ou orgueilleux ; ne haïr personne, mais prier pour les autres qu'il faut aimer comme soi-même. On le voit, la moralité chrétienne est recherche de mesure et d'honnêteté constante.

C'est surtout dans le domaine de la sexualité et de la famille que la foi chrétienne s'avère novatrice. Dans une société où le membre viril est nommé, de façon fort significative, *fascinus*, les chrétiens se distinguent par leur retenue revendiquée en la matière. L'union entre un homme et une femme est la métaphore de celle du Christ et de l'Église. Aussi doit-elle résulter d'un amour véritable, d'autant plus que les liens du mariage sont indissolubles. La sexualité a pour finalité essentielle la procréation, et aux plaisirs érotiques on préférera la chasteté. Perturbé par son imaginaire sexuel, l'austère Origène décidera d'ailleurs de se castrer lui-même, appliquant à la lettre Matthieu 19, 12 : « Il y a des eunuques qui se sont faits eux-mêmes eunuques pour le Royaume des Cieux. »

Il est vrai que certains mouvements chrétiens se montrent, sur ce point, particulièrement extrémistes : c'est le cas des encratites (du grec *enkrateia*, « maîtrise de soi, continence »), qui font de la virginité la vertu chrétienne par excellence et prônent une abstinence sexuelle totale – les époux sont même invités à se séparer ! Sans tomber dans une interprétation aussi catégorique, les théologiens, à l'instar de Clément d'Alexandrie dont l'apport à l'élaboration d'une morale chrétienne est capital, conseillent de « commander en maître au ventre et à ce qui est en-dessous[1] ».

Les parents doivent en outre porter assistance à leurs enfants, et notamment s'efforcer de leur offrir une éducation soignée. Une attention particulière est enfin mise à honorer le veuvage et à protéger les plus faibles.

Force est de constater que si une éthique fondée sur la maîtrise de soi était en fait assez largement diffusée, au IIe siècle, parmi les élites du monde romain (notamment chez les stoïciens), les chrétiens ont grandement favorisé un vrai changement dans les mentalités collectives.

Mesurés dans leur sexualité, les croyants en Christ manifestent la même pondération dans leurs loisirs : pour eux, on l'a vu, pas question d'assister aux sanglants jeux

1. *Le Pédagogue*, livre I, 18-4.

des arènes : « Vous sacrifiez des animaux pour en manger la viande, et vous achetez des hommes pour offrir à votre âme la vue d'hommes qui s'égorgent entre eux ; vous la nourrissez, contre toute piété, du sang versé. Le brigand du moins tue pour voler, tandis que le riche achète des gladiateurs pour tuer », lance l'apologiste Tatien dans son livre *Aux Grecs* (23, 2). Le théâtre, volontiers licencieux, n'a pas non plus la faveur des chrétiens.

Au quotidien, ces derniers s'efforcent de garder la conscience et les mains propres, d'où des situations parfois compliquées : pas facile, pour ceux engagés dans l'armée, de ménager la chèvre et le chou ! Pas facile non plus d'émettre des remarques moralisantes en matière économique, tout en faisant profession de commerçant !

En fait, le grand paradoxe de la vie chrétienne se trouve magistralement résumé dans un écrit célèbre, la lettre *À Diognète* (fin du IIe siècle), dont l'auteur est resté anonyme : « [Les] chrétiens ne se distinguent des autres hommes ni par leur pays, ni par leur langage, ni par les vêtements. Ils n'habitent pas de villes qui leur soient propres, ils ne se servent pas de quelque dialecte extraordinaire, leur genre de vie n'a rien de singulier [...]. Ils se conforment aux usages locaux pour les vêtements, la nourriture et la manière de vivre, tout en manifestant les lois extraordinaires et vraiment paradoxales de leur république spirituelle. Ils résident chacun dans sa propre patrie, mais comme des étrangers domiciliés. Ils s'acquittent de tous leurs devoirs de citoyens, et supportent toutes les charges comme des étrangers. Toute terre étrangère leur est une patrie, et toute patrie une terre étrangère. Ils se marient comme tout le monde, ils ont des enfants, mais ils n'abandonnent pas leurs nouveau-nés. Ils partagent tous la même table, mais non la même couche. Ils sont dans la chair, mais ils ne vivent pas selon la chair. Ils passent leur vie sur la terre, mais sont citoyens du ciel. Ils obéissent aux lois établies, et leur manière de vivre l'emporte en perfection sur les lois. Ils aiment tous les hommes, et tous les persécutent. On les méconnaît, on les condamne ; on les tue et par là ils gagnent la vie. Ils sont pauvres et enrichissent un grand nombre. Ils manquent de tout et ils surabondent en toutes choses. On les méprise et dans ce mépris ils trouvent leur gloire. On les calomnie et ils en sont justifiés. On les insulte et ils bénissent. On les outrage et ils honorent. Ne faisant que le bien, ils sont châtiés comme des scélérats. Châtiés, ils sont dans la joie comme s'ils naissaient à la vie [...]. En un mot, ce que l'âme est dans le corps, les chrétiens le sont dans le monde. »

Autrement dit, les chrétiens sont dans le monde sans être du monde.

Une Église qui s'organise

Pour l'Église[1], l'époque est à l'organisation : on assiste à la consolidation d'une structure ecclésiastique centrée autour de l'évêque (*episcopos*, littéralement « celui qui surveille »), successeur des apôtres. Celui-ci dirige la communauté d'un territoire bien défini – en général, la cité où il réside, mais il existe dans les campagnes des chorévêques[2] – et préside aux cérémonies essentielles. L'évêque est responsable de la doctrine aussi bien que de la vie quotidienne des chrétiens qu'il doit assister en cas de problèmes. C'est d'ailleurs la communauté qui élit son épiscope. En

1. Église vient du grec *ekklesia*, qui signifie « assemblée ».
2. En grec, la *chôra* désigne la campagne, la contrée.

réalité, cependant, un candidat est souvent préalablement désigné par les évêques des autres Églises de la région, et l'assemblée des croyants ne fait que valider cette proposition, permettant à l'impétrant d'être intronisé par ses confrères.

Si le principe de l'autonomie des Églises est fondamental à cette époque, il existe pourtant, dès le IIe siècle, des sortes de superévêques : les « métropolites ». Il s'agit de l'épiscope de la capitale d'une province (Alexandrie, Antioche, Carthage, Rome, Éphèse et Corinthe). Dès le début du IIIe siècle, d'importants conciles régionaux réunissent sous leur houlette les évêques qui y discutent doctrine ou discipline. En revanche, aucun concile général – c'est-à-dire rassemblant l'ensemble des évêques d'Orient et d'Occident – ne peut avoir lieu avant celui de Nicée, en 325 : ce serait beaucoup trop risqué à une époque où les chrétiens sont perçus comme des hors-la-loi.

Y a-t-il un pape qui patronne les évêques ? Non : si le chef de l'Église de Rome est parfois appelé « pape », ce diminutif d'origine grecque, à connotation affectueuse (il signifie « papa »), ne lui est aucunement réservé, et les évêques de Carthage et d'Alexandrie sont eux aussi régulièrement gratifiés de cette appellation jusqu'à la fin de l'Antiquité. On est encore très loin du schéma de la papauté romaine dispensant ses bénédictions *urbi et orbi*[1] : le concept de monarchie pontificale ne commencera à se dessiner que bien plus tard… au Moyen Âge !

Toutefois, on l'a vu, il est évident que l'Église de Rome jouit d'un prestige inégalé, et, bien souvent, l'évêque de Rome fait office d'arbitre de la chrétienté en herbe, usant d'un droit d'ingérence dans les affaires des autres. Ainsi,

1. « À la ville et au monde ».

dès 96, l'évêque Clément de Rome adresse à ses coreligionnaires de Corinthe une lettre afin de leur porter conseil dans un conflit qui les oppose. Et à Antioche, dans les années 268[1], de violentes querelles de clochers divisent différents mouvements chrétiens ; pour y mettre un terme, l'empereur Aurélien, excédé, déclare que l'Église de la ville reviendra « à ceux qui seront en communion avec l'évêque de Rome ».

Au-dessous de l'évêque sont les presbytres (*presbyteros* : en grec, « prêtre ») dont le rôle est de conseiller et d'assister l'épiscope qui leur délègue une partie de ses pouvoirs. Ordonnés par ce dernier et par les autres prêtres, c'est à eux que revient la tâche d'instruire les catéchumènes[2]. Au service des prêtres, les diacres, préposés à la charité et à l'administration des biens de l'Église, peuvent aussi jouer un rôle dans la liturgie.

À côté des évêques, des prêtres et des diacres, il existe d'autres clercs occupant des fonctions plus subalternes. Les confesseurs, qui assument un peu le rôle de directeurs de conscience, sont des chrétiens ayant été arrêtés par les autorités en raison de leur foi et qui ont refusé d'abjurer. Lecteurs, chantres, psalmistes, sous-diacres et acolytes accompagnent les offices. Les portiers, comme leur nom l'indique, doivent surveiller la porte de l'église – ou, en l'absence d'un tel édifice, du lieu de réunion. Guérisseurs et exorcistes, dont le rôle n'est pas toujours défini avec précision, peuvent avoir été choisis en raison d'un charisme ou d'un don particulier.

Les clercs sont-ils célibataires ? Aux IIe et IIIe siècles, il n'existe pas de règle stricte en la matière ; l'obligation de

1. Affaire Paul de Samosate, dont nous reparlerons plus loin.
2. Le grec *katèchô* signifie « instruire de vive voix ».

célibat ecclésiastique ne s'imposera que très progressivement dans certaines Églises, mais pas avant le IVe siècle, et elle ne s'étendra à toute l'Église d'Occident qu'au XIIe siècle. En revanche, dès le IIe siècle, ils se voient imposer la « monogamie », par quoi il faut entendre l'interdiction du remariage. Relevons enfin que, dès l'extrême fin du IIIe siècle, de chastes ascètes se regroupent autour de l'Égyptien Antoine (251-356) en des lieux désertiques : on a là en germe la vie monastique qui va connaître un vif succès, surtout à partir du Moyen Âge.

Et les femmes dans tout ça ? Aux premiers temps de l'Église, des diaconesses (diacre au féminin), en Orient, se voient confier un rôle d'assistance auprès des femmes, notamment au moment du baptême où la catéchumène est plongée nue dans la cuve baptismale : il ne conviendrait pas que l'évêque ou le prêtre assiste à un tel spectacle. Ce n'est que plus tard, en 517, lors du concile d'Epaone que l'ordre des diaconesses sera supprimé lors d'un concile. Les veuves, quant à elles, peuvent être investies d'une mission d'intercession par la prière. Par contre, on n'a jamais ordonné de femmes prêtres, encore moins de femmes évêques dans les communautés de la Grande Église – celle dont l'autorité tend à s'imposer, à la fin du IIe siècle, sur les autres courants plus minoritaires, relégués peu à peu au rang de sectes.

Pour le croyant en Jésus, certains rites s'imposent, au premier rang desquels figure le baptême qui marque l'entrée dans la religion chrétienne. Ce rite est très ancien, puisque la première communauté de Jérusalem le pratiquait déjà sur injonction du Ressuscité : « Allez donc, de toutes les nations faites des disciples, les baptisant au nom du Père, du Fils et du Saint-Esprit » (Matthieu 28, 19). Il est précédé d'un temps de formation qui, dans la seconde moitié du IIe siècle, dure trois ans, et à l'issue duquel le bain baptismal doit offrir la rémission des péchés. Le baptême est conçu comme une « nouvelle naissance ». Être baptisé permet en outre de prendre part à l'eucharistie (littéralement : « action de grâces »), autre rite majeur du christianisme. S'il commémore le dernier repas que Jésus partagea avec ses disciples, il rappelle aussi son sacrifice et apporte la présence du Christ à travers le pain et le vin qui y sont partagés.

L'Église fixe le tempo d'un calendrier spécifiquement chrétien, centré sur Pâques. Cette fête juive, qui commémorait la sortie d'Égypte sous la conduite de Moïse, est revêtue d'un sens nouveau : pour les chrétiens, elle célèbre la mort et la résurrection de Jésus. Le dimanche est sacralisé : il symbolise le jour de la résurrection et c'est donc alors qu'a lieu l'eucharistie. Au cours de la semaine, les chrétiens sont soumis à deux jours de jeûne – le mercredi et le vendredi : ils ne peuvent prendre qu'un seul repas, après le coucher du soleil, en signe de pénitence. Une pénitence que dispensent également l'aumône et la prière personnelle, laquelle constitue, pour les croyants, un moyen de communier avec leur sauveur, tout comme la prière collective.

Mais, pour cette dernière, les chrétiens se trouvent confrontés à un problème de taille : à une époque où l'Église n'a pas encore pignon sur rue, il n'est guère évident de trouver des lieux de réunion adéquats. Aussi, à l'origine, les membres les plus fortunés des communautés devaient-ils mettre à disposition de leurs coreligionnaires une pièce de leur maison, avant que n'apparaissent, à partir du IIIe siècle, des « maisons-églises » propres à la tenue d'assemblées. On en a retrouvé un exemple particulièrement émouvant à Doura Europos, ville située sur l'Euphrate :

un baptistère orné de fresques très bien conservées y a été mis au jour, vestige de la foi des premiers chrétiens livré aux sables après la destruction de la cité par les Perses en 256.

À partir de 250, les maisons-églises vont se faire de moins en moins discrètes, preuve que la foi qu'on y professe tend à se fondre, lentement mais sûrement, dans le paysage… C'est que les païens vont finir par tolérer l'idée que le christianisme n'est pas une superstition, mais une religion à part entière ; et que Jésus n'est pas qu'un homme, mais peut-être bien un être surnaturel, voire l'incarnation de Dieu Lui-même, comme le pensent de plus en plus les chrétiens au cours du IIe siècle.

2

Une révolution : Jean et le *Logos* divin

Dans cette exploration progressive de la figure de Jésus, un écrit va jouer un rôle déterminant : l'Évangile de Jean. Avec ce livre, l'analyse de l'identité du Nazaréen franchit un pas de géant. Ce n'est pas l'histoire d'un prophète charismatique de Galilée que raconte Jean, mais celle d'un être divin qui a accepté de se faire chair pour le salut de l'humanité.

Qui est Jean ?

Nous avons déjà eu l'occasion de croiser Jean, fils de Zébédée et frère de Jacques. Sitôt après avoir appelé Pierre, Jésus avait convié les deux frères – qu'il surnomme « fils du tonnerre », en raison de leur tempérament fougueux – à le suivre. Jean était alors un tout jeune homme. C'est la raison pour laquelle c'est le seul apôtre que l'art chrétien représentera imberbe. Les trois Galiléens forment autour du maître le cercle le plus intime des apôtres : ils sont les seuls à assister à la résurrection de la fille de Jaïre, le chef de la synagogue (Marc 5, 37), et à la Transfiguration (Luc 9, 28). Dans le jardin de Gethsémani, ils s'endorment alors que Jésus leur a demandé de veiller sur lui pendant sa prière (Marc 14, 32-42). La tradition reconnaît en Jean « le disciple que Jésus aimait », évoqué comme l'auteur du quatrième Évangile. C'est lui qui se tient « tout contre » son maître lors du dernier repas (Jean 13, 23-26), lui qui l'accompagne jusqu'à la croix, lui encore à qui Jésus confie sa mère (Jean 19, 26-27). C'est enfin ce disciple aimé qui, le premier, reconnaît le Ressuscité au lac de Tibériade (Jean 21, 7).

Paul le considère comme un des « piliers de l'Église » avec Jacques (frère de Jésus) et Pierre (Galates 2, 9). On le voit d'ailleurs avec ce dernier auprès des Samaritains. Irénée de Lyon indique qu'il est, par la suite, contraint de s'installer à Éphèse du fait des persécutions romaines. Après un séjour à Rome, il aurait été envoyé en exil à Patmos, une île de la mer Égée utilisée comme lieu de déportation, avant de pouvoir revenir à Éphèse après le décès de Domitien, en 96. Jean serait mort vers 101 à un âge très avancé (quatre-vingt-dix-huit ans ?). Avec lui s'éteint l'ultime représentant de ceux qui ont connu Jésus de son vivant.

Si la tradition chrétienne attribue à Jean la rédaction du quatrième Évangile, les exégètes modernes sont, eux, beaucoup plus réservés sur la question, de même qu'ils n'identifient pas forcément cet apôtre avec le fameux « disciple que Jésus aimait ». À titre personnel, je crois que cet Évangile émane bien d'un témoin oculaire de la vie de Jésus, tant il est empli de détails précis qui peuvent difficilement avoir été inventés de toutes pièces. Il est paradoxalement à la fois l'Évangile le plus spéculatif, le plus profond, et celui qui donne le plus à sentir la présence physique de Jésus : ses regards, ses larmes, sa faim, sa joie, sa fatigue. Je ne vois donc pas de raisons pour invalider l'attribution du quatrième Évangile à l'apôtre

Jean, attribution très ancienne puisqu'elle fait presque l'unanimité dès le milieu du IIe siècle, ce qui ne s'oppose pas à la critique exégétique moderne qui le considère comme un ouvrage collectif, fruit de la méditation d'un groupe de disciples. Le quatrième Évangile peut tout à fait être l'œuvre de disciples de Jean qui auraient reproduit, peut-être même sous son autorité directe, son témoignage et son enseignement dispensé à Éphèse.

Ce qui est avéré, c'est que le livre a été rédigé tardivement – au tout début du IIe siècle – et qu'il diffère fortement des Évangiles synoptiques de Marc, Matthieu et Luc, à la fois par sa structure narrative et par son contenu doctrinal. Avec Jean, pas d'emphase sur les paraboles, miracles et autres exorcismes de Jésus ; l'accent est mis d'emblée sur la vocation rédemptrice de Jésus, présenté sans ambages comme un être divin. Ce n'est pas sans raison que Clément d'Alexandrie nomme ce livre, écrit dans un style très poétique, l'« Évangile spirituel ».

Au commencement était le Verbe

« Au commencement était le Verbe (*Logos*), et le Verbe était auprès de Dieu, et le Verbe était Dieu. Il était au commencement auprès de Dieu. Tout fut par lui, et sans lui rien ne fut. Ce qui fut en lui était la vie, et la vie était la lumière des hommes, et la lumière luit dans les ténèbres, et les ténèbres ne l'ont pas saisie […]. Et le Verbe s'est fait chair. Et il a demeuré parmi nous. Et nous avons contemplé sa gloire, gloire qu'il tient de son Père comme Fils unique, plein de grâce et de vérité […]. Dieu, nul ne l'a jamais vu. Le Fils, l'Unique, qui est dans le sein du Père, Lui nous l'a révélé. »

Voici en résumé le prologue de l'Évangile de Jean (1, 1-5). L'évangéliste assimile donc Jésus au Verbe éternel de Dieu. Mais qu'est-ce donc que ce Verbe – *Logos*[1] en grec ?

Le concept a été forgé par la philosophie grecque ; celle-ci, dans un monde où les idées circulent rapidement, où les cultures se côtoient, s'est diffusée sans difficulté dans tout le bassin méditerranéen. C'est pourtant là un concept difficile à cerner. D'ailleurs, celui qui l'a inventé, au VIe siècle avant notre ère, Héraclite d'Éphèse, déplorait que « ce *Logos*, qui est toujours, les hommes sont incapables de le comprendre ». Et d'expliquer que le *Logos* est à l'origine de la pensée humaine. Il ne faut pas le comprendre littéralement comme la « parole », mais plutôt comme la raison créatrice de sens : par la parole, l'homme parvient à se représenter la réalité, à lui donner un sens.

Après Héraclite, la notion de *Logos*, assimilée à la fois à la parole et à la raison, va désigner la rationalité qui gouverne le monde. C'est par le biais d'un philosophe juif contemporain de Jésus, Philon d'Alexandrie, que le concept va atteindre le judaïsme de la diaspora. Philon assimile le *Logos* à la pensée et à la parole de Dieu : c'est l'« image de Dieu, la plus ancienne de toutes les choses intelligibles ». Pétri de culture grecque, Philon est également influencé par le Livre biblique de la Sagesse dans lequel il est expliqué que Dieu a créé le monde à partir de sa parole, tandis qu'avec sa sagesse il a formé l'homme (Sagesse 9, 1-2).

Nul doute que les idées de Philon d'Alexandrie ont exercé une forte influence sur l'auteur du quatrième Évangile, pour qui le Nazaréen n'est autre que le *Logos* divin, la Parole de Dieu faite chair. Le Galiléen est beaucoup plus

1. Ce mot peut être traduit par « parole, discours », mais possède une multitude d'autres sens.

qu'un porte-parole de Dieu, il « est » cette Parole. Une Parole qui précédait la naissance du monde, puisque c'est avec elle que Dieu a pu créer l'univers. Puis ce Verbe s'est « incarné » dans le Fils. En d'autres termes, Jésus est un être qui existait avant même sa naissance physique. Ce que le Baptiste confirme : « Avant moi, il était » (Jean 1, 15). Et ce que Jésus lui-même revendique : « En vérité, en vérité, je vous le dis, avant qu'Abraham existât, Je Suis » (8, 58).

Car, dans le livre de Jean, Jésus n'hésite plus à parler de lui à la première personne du singulier : *exit* la périphrase « Fils de l'homme » ! Il sait qui il est : « Père [...], Tu m'as aimé avant la fondation du monde », déclare-t-il, confiant (17, 24). Né dans le sein de Dieu, Jésus est appelé à y retourner : son existence entière, du début à la fin, plonge littéralement ses racines au cœur du mystère divin.

L'Évangile de Jean constitue donc un tournant majeur dans la compréhension de Jésus. Pour la première fois, ce n'est plus la messianité ni la filiation divine du Galiléen qui y est démontrée, mais bien sa propre divinité, qu'il partage avec son Père. Ce qui était informulable dans les synoptiques se fait libre aveu chez Jean. Le dernier Évangile s'achève sur l'acclamation de l'incrédule Thomas au moment où il plonge les doigts dans les plaies de Jésus : « Mon Seigneur et mon Dieu ! » (Jean 20, 28). La boucle est bouclée.

Cette reconnaissance de Jésus comme Seigneur et Dieu prend l'allure d'un véritable pied de nez à la face de l'empereur Domitien qui appliquait ces titres à sa royale personne – ce que l'auteur du dernier Évangile ne pouvait ignorer puisque sa date de rédaction est postérieure au règne du Romain.

La reconnaissance de la divinité du Christ apparaît aussi dans la Deuxième Épître de Pierre – texte le plus tardif du Nouveau Testament, puisqu'il est daté d'entre

100 et 125 – qui présente Jésus-Christ comme « notre Dieu et Sauveur » (1, 1), paraphrasant en cela l'Épître deutéropaulinienne[1] de Tite qui lui est certainement antérieure de quelques années. Et on dispose, pour le milieu du IIe siècle, de fort intéressantes preuves matérielles de la divinisation de Jésus : en effet, les premiers papyrus connus du Nouveau Testament[2] utilisent une abréviation très particulière – un trait horizontal au-dessus des lettres IE et IS, signifiant Jésus, et KS pour Kyrios. Or, cette pratique n'a de parallèle connu que pour l'écriture du tétragramme[3] divin dans la Bible des Septante.

La notion de Verbe qui s'est fait chair – appelée incarnation – va dès lors réorienter toute la réflexion des chrétiens sur l'identité de Jésus. Cette christologie dite descendante – Dieu s'est abaissé pour se faire homme fragile – s'oppose à la christologie « ascendante » que l'on trouve notamment parfois chez Paul, dans son Épître aux Romains (1, 3)[4] : Jésus-homme a été souverainement élevé par la volonté de Dieu.

Par son incarnation, Jésus récapitule toutes choses en lui-même. Telle est du moins l'idée exprimée dans

1. On nomme ainsi certaines épîtres du Nouveau Testament qui ont été écrites sous le nom de Paul, bien qu'elles ne soient pas de lui.

2. Il s'agit des *Papyrus Egerton* et *Papyrus Bodmer 66*.

3. Dans la tradition juive, on ne prononce jamais le nom de Dieu, ce serait un manque de respect. Pour l'indiquer par écrit, on utilise le tétragramme, composé des quatre lettres suivantes : YHWH (Yahvé). Les voyelles ne s'écrivant pas en hébreu, le mot se compose donc de quatre consonnes. Oralement, on le remplace soit par *Adonaï*, qui signifie « Seigneur », ou par *Elohim*, qui veut dire « dieu/Dieu ».

4. Paul écrit que le Fils est « issu de la lignée de David selon la chair, établi Fils de Dieu avec la puissance selon l'esprit de sainteté, par sa résurrection des morts » : ainsi, ce n'est qu'à la fin de sa vie que Jésus accède à la dignité surnaturelle.

l'Apocalypse, autre écrit majeur mis sous la plume de Jean qui l'aurait composé lors de son exil à Patmos. Le grec *apokalypsis* signifie « révélation » et n'est pas associé, contrairement à ce qu'on pourrait penser de nos jours, à l'idée de catastrophe. L'Apocalypse, c'est la révélation de ce qui doit se passer entre la mort du Christ et son retour triomphal où il anéantira les forces du mal. Dans la droite ligne du *Logos*, il y est nommé « Principe de la création de Dieu » (Apocalypse 3, 14). De plus, Jésus s'y décrit lui-même comme étant l'Alpha et l'Oméga, la première et la dernière lettre de l'alphabet grec, le début et la fin (Apocalypse 22, 13). Il existe depuis toujours et pour toujours.

La Trinité en germe

Emprunté au vocabulaire de la philosophie grecque, le concept de *Logos* permet de jeter un pont avec la culture païenne habituée aux notions abstraites. Il offre également l'avantage d'être très précis, puisqu'il exprime en termes de génération la distinction entre Père et Fils ; leur substance, elle, est la même, le Fils étant né du Père. Du coup, même si le mot n'est pas encore formulé, les textes johanniques contiennent en germe la notion de Trinité. Ils évoquent non seulement le Père et le Fils, mais aussi l'Esprit.

Certes, ce dernier était déjà mentionné dans les synoptiques : dans l'Évangile de Matthieu (1, 18), Marie se trouve enceinte « par le fait de l'Esprit saint » ; dans les Actes des Apôtres (2, 1-4), Luc avait dépeint la descente de l'Esprit saint sur les disciples le jour de la Pentecôte. Il faut dire que le concept n'est pas nouveau : il imprègne aussi l'Ancien Testament. L'Esprit (en grec *pneuma*, qui signifie également « souffle ») est présent dès le récit de la

Genèse : c'est par son souffle que Dieu donne vie à Adam[1] ; et le roi David de dire, dans le second Livre de Samuel, que « l'esprit de Yahvé s'est exprimé par [lui], sa parole est sur [sa] langue » (23, 2). L'Esprit saint, c'est la force agissante de Dieu. C'est lui qui pousse les croyants à l'action, qui les inspire, qui littéralement les anime.

Chez Jean le théologien – comme on surnomme parfois l'apôtre-évangéliste –, « l'Esprit de vérité du Père » doit guider la communauté des croyants, être leur Paraclet[2], c'est-à-dire leur défenseur : « Quand il viendra, lui, l'Esprit de vérité, il vous guidera dans la vérité tout entière ; car il ne parlera pas de lui-même, mais ce qu'il entendra, il le dira, et il vous expliquera les choses à venir » (Jean 16, 13).

Dans le quatrième Évangile, l'Esprit saint est ainsi investi d'une mission qui lui était jusqu'alors inconnue : il est en effet présenté comme le successeur de Jésus après son départ (Jean 15, 26-27), celui qui fait perdurer la présence du Christ sur terre. Son rôle est capital puisque, Jésus l'explique à ses disciples, « c'est dans votre intérêt que je parte ; car si je ne pars pas, le Paraclet ne viendra pas vers vous ; mais, si je pars, je vous l'enverrai » (Jean 16, 7).

Succès de la christologie du Verbe

Les écrits de Jean vont exercer une influence majeure sur les penseurs chrétiens des IIe-IIIe siècles : nombre de

1. « Alors Yahvé modela l'homme avec la glaise du sol, il insuffla dans ses narines une haleine de vie et l'homme devint un être vivant. »

2. *Paraklêtos*, en grec, signifie « celui qu'on appelle » (pour défendre ou porter secours). Ce nom est souvent donné au Christ ou au Saint-Esprit en tant que défenseurs ou intercesseurs.

théologiens ne se priveront pas de gloser sur les formules johanniques pour affirmer l'éternité du Fils. Ainsi Justin l'apologiste écrit-il que « le Christ est le premier-né de Dieu, [...] il est la Raison *(Logos)* à laquelle participe le genre humain tout entier. Par la puissance du Verbe (*Logos*), selon la volonté de Dieu le Père et le maître de l'univers, il s'est fait homme dans le sein d'une vierge et a reçu le nom de Jésus, il a été crucifié, est mort, puis est ressuscité, est monté au ciel » – ajoutant que « tout homme de bon sens pourra le comprendre à partir de ce que nous avons si longuement exposé[1] ».

Ignace d'Antioche l'affirme : « Il n'y a qu'un seul médecin, charnel et spirituel, engendré et inengendré, venu en chair, Dieu, en la mort vie véritable, né de Marie et né de Dieu, d'abord passible et maintenant impassible, Jésus-Christ notre Seigneur[2]. » Pour Irénée de Lyon, le Verbe incarné est vrai Dieu et vrai homme ; il est la véritable et parfaite « image et ressemblance » du Père. Et de conclure que « le Verbe de Dieu [...] s'est fait cela même que nous sommes pour faire de nous cela même qu'il est[3] ».

On trouve le même écho chez Tertullien et Origène[4], pour ne citer qu'eux : aux yeux de ces pionniers de la Grande Église que sont les théologiens du *Logos*, l'incarnation est la clef du salut de l'homme et de l'incroyable rapprochement entre le divin et l'humain : Dieu s'est fait homme pour que l'homme devienne Dieu.

1. *Première Apologie*, 46, 1-5.
2. *Épître aux Éphésiens*, 7, 2.
3. In *Contre les hérésies.*
4. Origène est l'auteur d'un *Commentaire sur Jean*, capital en matière christologique.

3

Questions sur l'homme-Dieu

Pour aussi séduisante qu'elle puisse paraître à certains penseurs chrétiens, l'idée d'incarnation, et plus généralement le caractère divin de Jésus ne vont pas sans poser de sérieux problèmes ni soulever une avalanche de questions : comment Dieu peut-il épouser la nature humaine ? Dieu a-t-il souffert et est-il mort en Jésus-Christ ? Si Jésus est Dieu fait homme, quel est son rapport avec le Père ? Et avec l'Esprit saint ?

Le docétisme : rejet de l'humanité de Jésus

Ces interrogations aux allures de casse-tête chinois vont être rapidement expédiées par certains théologiens que l'on nomme docètes (le grec *dokeîn* veut dire « sembler, paraître »). Ceux-ci refusent purement et simplement l'idée d'incarnation, non pas parce que Jésus ne serait qu'un homme, mais, à l'inverse, parce qu'il n'est que Dieu ! Pour eux, Jésus est exclusivement divin et n'a fait que prendre l'apparence d'un humain. Tout n'était qu'illusion dans la vie de Jésus : en aucun cas le Verbe n'a pu se faire chair, être conçu dans le corps d'une femme, subissant par la même occasion les humiliations sanglantes de la naissance, pour achever sa vie dans l'ignominie la plus totale. Et même le supplice de la croix n'a pas eu lieu : Simon de Cyrène – qui, dans les synoptiques, a aidé Jésus à porter sa croix – aurait pris la place du maître… La motivation des docètes est d'éviter à tout prix toute promiscuité entre Dieu et l'homme, de maintenir la sphère divine dans le sacré, hors de toute souillure, tout en conservant l'idée de la divinité de Jésus.

Ce courant de pensée a dû apparaître dès la fin du Ier siècle et on peut se demander si certaines phrases de l'Évangile de Jean n'ont pas été rédigées pour contrer les docètes : ainsi l'apôtre insiste bien sur le fait que « [Jésus] sortit, portant sa croix, et vint au lieu dit du Crâne » (19, 17). *Exit* le brave Simon de Cyrène ! C'est bel et bien Jésus qui a été mis à mort, semble vouloir corriger Jean. Et de jeter l'anathème sur les « nombreux séducteurs qui se sont répandus dans le monde : ils ne professent pas la foi à la venue de Jésus-Christ dans la chair » (deuxième épître de Jean, 7).

La nécessité d'une mise au point s'imposait d'autant plus que, de fait, certains passages des synoptiques donnent l'impression que le Nazaréen est une sorte de fantôme, sans véritable consistance humaine. Ainsi, en Luc (4, 29-30), il échappe à la fureur de ses auditeurs qui veulent le jeter du haut d'un précipice. Mais Jésus, comme par enchantement, « passe au milieu d'eux » comme si de rien n'était… En Marc (6, 48-49), il marche sur les eaux, à la plus grande épouvante de ses disciples qui le prennent pour un fantôme. Les docètes sont enfin d'autant plus enclins à nier l'humanité de Jésus que cela leur permet de tirer un trait sur le scandale de la croix.

Malgré l'énergie déployée par les théologiens du Verbe – en particulier Ignace d'Antioche, Tertullien et Origène – pour contredire les docètes, cette doctrine aura pourtant de beaux jours devant elle. Nombre de mouvements chrétiens du IIe siècle manifestent de fortes affinités avec ce courant théologique. C'est notamment le cas des encratites, extrémistes de l'ascèse sexuelle que nous avons déjà évoqués. Ils ressentent une véritable haine du corps, au point de prescrire toute procréation, et, pour eux, incarnation rime avec damnation : l'âme de Jésus se retrouverait alors prisonnière d'un corps honni.

Les IIe et IIIe siècles voient également l'épanouissement de toute une littérature de saveur docète qui connaîtra un certain succès avant de tomber en disgrâce lorsque ces écrits seront déclarés « apocryphes » et exclus du canon par l'Église, à la fin du IVe siècle. Souvent attribués à un apôtre qui, en réalité, n'en est bien sûr pas l'auteur, ils se complaisent à raconter la vie de Jésus en l'imprégnant de merveilleux afin de mieux souligner son caractère divin.

Ainsi l'Évangile de Pierre, composé avant la fin du IIe siècle dans une communauté chrétienne de Syrie, donne de Jésus l'image d'un être qui est tout sauf humain, qui ne ressent jamais aucune douleur, même au moment de la crucifixion : « Et ils amenèrent deux malfaiteurs et ils crucifièrent le Seigneur au milieu d'eux. Mais lui se taisait comme s'il n'éprouvait aucune souffrance. » Plus loin, alors que des gardes surveillent le tombeau de Jésus – pour éviter que ses disciples ne viennent dérober le corps –, ils assistent à une scène stupéfiante : « Du tombeau sortirent trois hommes, et les deux soutenaient l'autre et une croix les suivait. Et la tête des deux atteignait jusqu'au ciel, alors que celle de celui qu'ils conduisaient par la main dépassait les cieux. »

Rendant visite à une communauté chrétienne située non loin de sa métropole, l'évêque d'Antioche, Sérapion, s'inquiète de ce que les croyants lisent cet évangile aux accents peu orthodoxes : « Nous, mes frères, nous recevons comme le Christ lui-même et Pierre et les autres apôtres. Quant aux ouvrages qu'on met faussement sous leurs noms, l'expérience nous apprend à les repousser, car nous avons conscience de ne les avoir pas reçus par tradition. » Et de leur demander de ne plus accorder de crédit à cet ouvrage[1].

L'Ascension d'Isaïe, autre récit apocryphe du début du IIe siècle, contient pour sa part un récit si original de la naissance de Jésus qu'il en revient à nier sa réalité humaine : « Après deux mois, Joseph était à la maison, ainsi que Marie sa femme, mais tous les deux étaient seuls ; et il arriva, tandis qu'ils étaient seuls, que Marie regarda et vit un petit enfant, et elle fut effrayée. Et après avoir été effrayée, son ventre se trouva comme auparavant, avant qu'elle eût conçu. »

L'adoptianisme : rejet de l'incarnation du Verbe

Prenant le contre-pied total des docètes, une autre doctrine chrétienne va insister au contraire sur le caractère humain de Jésus, qui n'a été « adopté » par Dieu qu'à un moment précis de sa vie – lequel varie selon les théologiens : soit lors de la résurrection, soit lors de la transfiguration ou du baptême. Pour eux, Jésus n'est pas né de la substance de l'Unique. De ce fait, il n'a pas pu s'incarner. Il a « simplement » été élevé, suivant en quelque sorte le schéma, si familier aux Gréco-Romains, de l'apothéose

1. In *Lettres à Sérapion.*

– celui d'un homme à qui sa vie héroïque permet d'échapper à la condition de mortel et d'être divinisé.

L'adoptianisme transparaît à plusieurs reprises dans les Évangiles synoptiques, ainsi que dans les Actes des apôtres : « Dieu l'a fait Seigneur et Christ, ce Jésus que vous, vous avez crucifié », affirme Pierre (2, 36) ; exalté dans son humanité, le Galiléen n'est entré dans la sphère divine qu'au moment du sacrifice pascal. Cette interprétation s'appuie en outre sur une parole de l'Ancien Testament ; dans le Second Livre de Samuel, le Seigneur évoque en effet le Roi-Messie en ces termes : « C'est lui qui bâtira une Maison pour mon Nom, et j'affermirai pour toujours son trône royal. Je serai pour lui un père et il sera pour moi un fils » (7, 13-14).

Cette doctrine connaît un important développement à la fin du IIe siècle : elle est prêchée, à Rome, par Théodote le Corroyeur, venu de Byzance pour défendre l'idée d'une filiation divine purement symbolique – donc non littérale. Car, dit-il, « si le Père est quelqu'un et le Fils un autre, si le Père est Dieu et le Christ, Dieu, alors il n'y a pas un seul Dieu, mais deux, le Père et le Fils ». On en revient toujours au problème de l'intégration de Jésus-Dieu dans le cadre d'un strict monothéisme…

Malgré l'excommunication du Corroyeur par Victor, évêque de Rome, les théodociens n'avaient pas dit leur dernier mot : l'idée adoptianiste est défendue par un autre Théodote – appelé le Banquier –, puis par un certain Artémon au IIIe siècle. Les artémoniens nient eux aussi la divinité originelle de Jésus : Dieu, disent-ils, n'a pas de commencement, au contraire de Jésus (dont le commencement se situe à sa naissance) ; il n'est donc pas Dieu.

Cette position est condamnée lors d'un synode qui se tient à Antioche en 216. Pourtant, l'adoptianisme fera encore régulièrement parler de lui – au moins jusqu'au Moyen Âge. À la fin du IIIe siècle, par exemple, l'évêque d'Antioche, Paul de Samosate, défraie la chronique par ses idées adoptianistes. Le pasteur est déposé en 268 et contraint de résilier ses fonctions – ce qu'il ne fera pas de bonne grâce : barricadé dans sa maison épiscopale, il ne consentira à l'abandonner que quatre ans plus tard ! Quant à sa condamnation, elle provoque un schisme qui rassemblera encore des fidèles au moment du concile de Nicée en 325…

La défense d'un Jésus à la fois homme et Dieu

Face à la négation de l'humanité de Jésus, d'un côté, à la négation de sa véritable divinité, de l'autre, les théologiens du *Logos* doivent s'efforcer de justifier la thèse de l'incarnation du Christ.

Contre les docètes, tout d'abord, ils insistent sur la réalité de sa chair humaine. Et Irénée de souligner qu « s'il n'est pas né, il n'est pas mort non plus ; et s'il n'est pas mort, il n'est pas non plus ressuscité des morts[1] ». Or, la résurrection n'est-elle pas le fondement même de la foi chrétienne ? Jésus n'a pas fait semblant de « passer » par la Vierge Marie : il a vraiment tiré d'elle sa propre chair.

Ignace d'Antioche l'affirme : « Jésus-Christ, de la race de David, [fils] de Marie, qui est "véritablement" né, qui a mangé et qui a bu, qui a été "véritablement" persécuté sous Ponce-Pilate, qui a été "véritablement" crucifié, et est mort, qui est aussi "véritablement" ressuscité[2]. » Diffi-

1. Irénée de Lyon, *Démonstration de la prédication apostolique*, 39.
2. Ignace d'Antioche, *Lettre aux Tralliens*, IX, 1.

cile d'insister plus lourdement sur l'humanité de Jésus ! Car l'enjeu, pour ces penseurs, est de taille : si le Christ n'a pas épousé concrètement la condition humaine, alors il ne peut sauver l'humanité. L'incarnation inaugure une solidarité essentielle entre la chair incorruptible de Jésus et celle, corruptible, des hommes.

Tout homme qu'il soit, le Christ n'en est pas moins divin. Contre les adoptianistes, les Pères de l'Église s'attachent à démontrer que, dès sa conception, Jésus était pleinement Dieu. Pour ce faire, le thème de sa naissance virginale va être exploité à plein. Développé, comme nous l'avons vu, dans les Évangiles de Matthieu et de Luc, l'enfantement miraculeux de Jésus cause pourtant souci à certains chrétiens, en butte aux moqueries des juifs et des païens qui ne voient là que sornettes. Celse – encore lui ! – ne se prive d'ailleurs pas de présenter sa propre version des faits : selon lui, Marie s'est trouvée enceinte, par adultère, des œuvres d'un soldat romain nommé Panthère ; à la suite de quoi, Joseph l'expédia en Égypte où elle accoucha secrètement. Formé au cours de sa jeunesse à certains pouvoirs magiques, Jésus serait revenu, tout enorgueilli, en Galilée, allant jusqu'à se proclamer Dieu…

Certes, reconnaît Justin l'Apologiste, la conception virginale est « une chose qui paraît aux hommes incroyable et impossible[1] ». Mais, quand bien même cet élément constituerait un obstacle de poids à la crédibilité de la foi chrétienne – on le constate encore de nos jours ! –, les théologiens maintiennent cette affirmation. Car elle a le mérite fondamental de mêler en Jésus ses deux natures essentielles : la chair humaine, par le biais de Marie, et la divinité, par celui du Saint-Esprit… Là encore, toute une

1. Justin, *Première Apologie*, XXXIII, 2.

littérature reléguée plus tard au rang d'apocryphe va exalter le thème de la naissance virginale de Jésus. C'est le cas en particulier du Protévangile[1] de Jacques. Également appelé Nativité de Marie, ce récit mis sous la plume du frère de Jésus entend permettre au lecteur de mieux comprendre le mystère de l'incarnation du Christ dans une vierge. Réfugiée dans une grotte, Marie met au monde Jésus avec l'assistance d'une sage-femme qui reconnaît immédiatement le caractère messianique du nouveau-né. Sortant de la grotte, elle fait part de cette naissance miraculeuse à une femme nommée Salomé, incrédule : « Aussi vrai que vit le Seigneur mon Dieu, si je n'y mets pas mon doigt et n'examine pas sa nature, je ne croirai nullement qu'une vierge a enfanté. » Les deux femmes se rendent auprès de la jeune accouchée : « Marie, dispose-toi, car ce n'est pas un petit débat qui se présente à ton sujet. » Salomé plonge alors son doigt « dans sa nature », comme le dit pudiquement le texte, et s'écrie : « Malheur à mon iniquité et à mon incrédulité, parce que j'ai tenté le Dieu vivant ! Et voici que ma main, dévorée par le feu, se retranche de moi. » Prenant l'enfant dans ses bras, Salomé déclare, émue : « Je l'adorerai, car c'est lui qui est né roi pour Israël. » Et de sortir, guérie, de la grotte.

Ainsi, Marie était vierge avant, pendant et après l'accouchement. Jésus n'en reste pas moins humain : le texte insiste sur le fait que, sitôt après sa naissance, il se met à téter.

1. Le terme de Protévangile (ou protoévangile) signifie « premier Évangile » : il relate en effet des événements antérieurs à ceux rapportés dans les Évangiles canoniques.

Monarchianisme et modalisme : le Père est le Fils

Même si l'on admet la théorie de l'Incarnation, qu'en est-il des rapports du Père et du Fils ? Les controverses à ce sujet sont légion. Dans les dernières années du IIe siècle, à Smyrne, un certain Noët développe une théorie originale : pour lui, le Père seul existe ; c'est donc lui qui a pris chair dans la Vierge Marie, lui aussi qui a été crucifié, le tout sous le nom de Jésus qui ne serait, en somme, qu'une identité fantôme…

Là encore, on sent le souci de préserver un monothéisme absolu : la présence du Fils pourrait conduire au dithéisme (existence de deux dieux), et celle de l'Esprit au trithéisme. Inconcevable aux yeux de Noët qui se fait le défenseur d'une stricte « monarchie[1] » divine. Jésus, dans tout cela, n'est qu'une modalité de l'action de Dieu dans le monde ; et *idem* pour l'Esprit saint.

Condamnées par une assemblée de prêtres de Smyrne, les idées des noëtiens trouvent pourtant leur source dans l'ambiguïté sémantique de l'Évangile de Jean : « Au commencement était le Verbe, et le Verbe était auprès de Dieu, et le Verbe était Dieu. » Or, comme le relève l'écrivain Michel Théron[2], comment peut-on être à la fois *auprès* de quelqu'un et *être* ce quelqu'un ? Cette phrase empreinte de poésie n'allait pas manquer de donner lieu à mille et une conjectures…

De fait, Noët n'a pas été le seul à conjecturer sur la question. En Afrique du Nord et à Rome, Praxéas – au

1. Au sens grec du terme : *monos*, « unique », et *arkhè*, « principe » : Dieu est un principe unique.

2. Dans son excellent *Petit Lexique des hérésies chrétiennes,* Paris, Albin Michel, 2005.

début du IIIe siècle – lui emboîte le pas. Pour les praxéens, Père, Fils et Saint-Esprit ne forment qu'une seule et même personne, puisqu'il n'y a qu'une personne en Dieu. Et de comparer, non sans intelligence, ce phénomène à celui du soleil, essence unique (le Père) qui se manifeste aux hommes à la fois sous forme de lumière (le *Logos*) et de chaleur (l'Esprit).

Le féroce Tertullien va consacrer l'un de ses ouvrages à démonter ces théories : dans le *Contre Praxéas* (213), il accuse son adversaire d'avoir « accompli à Rome deux œuvres diaboliques en chassant le Paraclet et en crucifiant le Père ». Ce qui n'empêchera pas les sabelliens, au début du IIIe siècle, de professer des idées sensiblement identiques : Dieu, principe unique, s'est manifesté sous trois formes – comme Père, au moment de la création du monde ; comme Fils, en s'incarnant en Jésus ; comme Esprit, en illuminant les disciples du Christ. La doctrine de Sabellius, condamnée vers 220 par l'évêque de Rome, empoisonnera cependant encore, au IVe siècle, les rapports entre théologiens occidentaux – qui professent l'unité de substance entre le Père, le Fils et l'Esprit – et les docteurs orientaux qui, eux, insistent sur leur distinction.

Toujours dans la lignée du monarchianisme, les patripassiens (du latin *pater,* « père », et *passus*, « qui a souffert ») soutiennent que, puisque Dieu est Jésus-Christ, alors il a souffert sur la croix. Idée délirante aux yeux de leurs adversaires qui jugent inadmissible l'affirmation que Dieu se serait infligé l'infamant supplice des esclaves. Comment Dieu tout-puissant pourrait-Il souffrir ?

Si les formules de la théologie monarchienne ont exercé un indéniable pouvoir de séduction – y compris en haut lieu, puisqu'on prête à Zéphyrin et Calliste Ier (IIIe siècle), évêques de Rome, des affinités avec ce courant de pensée –, elles ne pourront s'imposer. Car, au fond, le problème du monarchianisme et du modalisme est que ces doctrines tendent à effacer la figure salvatrice de Jésus, capitale dans le plan du salut.

Le subordinatianisme : le Fils est inférieur au Père

Face au « péril monarchien », les théologiens du *Logos* mettent l'accent sur la distinction entre Père, Fils et Saint-Esprit. Tertullien explique ainsi que Dieu est présent de toute éternité dans son absolue solitude ; mais il porte en lui, immanent, le Verbe-Fils qui est une personne à part entière. Du Fils sort enfin l'Esprit, troisième personne. À eux trois, ils forment la Trinité.

Précisons que si Théophile d'Antioche, vers 180, avait déjà employé le terme grec *trias* (trois) dans l'acception de « Trinité[1] », Tertullien est le premier penseur chrétien à employer ce terme – qui n'apparaît pas dans le Nouveau Testament – en latin. Mais, à ses yeux, la Trinité n'empêche pas l'unité de substance : il utilise la métaphore de la racine qui donne une branche, laquelle engendre des fruits. En somme, Père, Fils et Esprit sont une seule et même substance qui s'est étendue, mais non pas une seule et même personne (« une substance en trois personnes », « deux natures et une personne », résume-t-il). Tertullien utilise le terme latin *consubstantialem* (« consubstantiel ») pour exprimer cette idée d'une même substance : la traduction en grec de ce terme, *homoousios,* sera à l'origine de débats particulièrement animés au IVe siècle.

1. *À Autoliycus*, II, 15

De son côté, Origène estime que le Père est à la source de tout, car il est le seul à être inengendré. C'est Lui qui a engendré un Fils, lequel, dérivant du Père, est également Dieu. L'Esprit, quant à lui, a pour source première le Père par le biais du Fils. « Dieu transcendant et incompréhensible engendre éternellement le Fils qui est Son image, mais image inférieure, à la fois un et multiple, incompréhensible et compréhensible[1]. » Le maître alexandrin s'aventure là en terrain glissant, ce qu'il assume complètement : « Nous ne nous faisons pas un scrupule d'affirmer, en un sens, deux Dieux, et en un autre sens, un Dieu unique[2] », dit-il sans vergogne, au grand dam des Pères occidentaux qui rejettent ses idées – le concile de Constantinople-II (553) condamnera expressément sa mémoire…

Car, dans leur souci de concilier à la fois le monothéisme avec la distinction des trois personnes de la Trinité, les théologiens du Verbe tendent à verser dans le subordinatianisme : c'est le Père seul qui est la source de la divinité, tandis que le Fils, et plus encore l'Esprit, lui sont inférieurs. Jésus apparaît ici comme le serviteur du Père. Vision finalement assez conforme à celle des Évangiles synoptiques qui maintiennent une distance et une hiérarchie entre Jésus et son Père.

Latent chez Tertullien et Origène, le subordinatianisme se fait plus radical, dans la seconde moitié du IIIe siècle, chez Denys d'Alexandrie : d'après ses adversaires – des monarchiens ! – il aurait affirmé que le Fils n'est pas de même substance (*ousía*) que le Père. Une approche qui, nous le verrons, aura d'importantes répercussions au IVe siècle lors de la crise arienne.

1. In *Traité des principes*.
2. In *Entretiens avec Héraclide*.

En dépit des efforts déployés pour tenter d'éclaircir la relation entre le Père, le Fils et l'Esprit, l'affaire est loin d'être entendue et on relève çà et là des formulations pour le moins ambiguës jusque chez les chantres du *Logos* ! Ainsi peut-on lire sous la plume de Clément d'Alexandrie que « le Fils aussi est appelé Verbe, du même nom que le Verbe du Père ; mais ce n'est pas lui qui s'est fait chair, ce n'est pas non plus le Verbe du Père, mais une puissance de Dieu, une sorte de dérivation de son Verbe qui, devenue intelligence, habite dans le cœur des hommes[1] ».

Quant au *Pasteur* de Hermas, texte compilé à Rome vers 140 dans des circonstances mal connues, il prétend que le Fils est un homme à qui ses mérites ont valu que l'Esprit Fils de Dieu s'unisse à lui ; ailleurs, il identifie le Fils à un ange glorieux. Pour surprenantes qu'elles soient, ces propositions n'ont pas empêché l'œuvre d'être un moment incluse au canon du Nouveau Testament…

Enfin certains auteurs comme Lactance (vers 250-325) ne mentionnent que le Père et le Fils, zappant allègrement l'Esprit et faisant, au passage, du diable un second Fils de Dieu, déchu par sa faute !

Le débat christologique et trinitaire est si subtil que le moindre écart de langage peut provoquer un dérapage incontrôlé en terrain adoptianiste, monarchianiste ou subordinatianiste, même chez ceux qui n'appartiennent pas à ces courants théologiques… Les IIe et IIIe siècles sont bel et bien une époque de balbutiement théologique !

1. In *Les Hypotyposes*.

Nouvelles communautés [illegible]

[illegible]

4

Nouvelles controverses judéo-chrétiennes

De mieux en mieux implanté en terre païenne, le christianisme, on l'a vu, a lentement adapté son langage et ses schémas de pensée à la culture gréco-romaine. Mais, dans cette nouvelle configuration, que deviennent les chrétiens d'origine juive ?

Eux qui sont pourtant à l'origine du christianisme se trouvent paradoxalement relégués au rang de courant très minoritaire. Face à la Grande Église qui tend à s'imposer, ils forment une petite Église isolée et fragile. Mais cette vulnérabilité n'empêche pas une importante diversité doctrinale : cette petite Église n'est en rien plus monolithique que la Grande !

Des judéo-chrétiens tiraillés entre l'Église et la Synagogue

Réfugiés à Pella dès avant la chute du temple (70), les judéo-chrétiens vont voir leur condition se dégrader et devenir de plus en plus délicate. Pris en tenailles entre la Synagogue – que Jésus lui-même fréquentait – et l'Église naissante, ils ne savent trop comment se situer.

Les juifs pharisiens manifestent une forte virulence à leur encontre. C'est ce que montre une prière synagogale qui était récitée quotidiennement : la Bénédiction des hérétiques (*Birkat ha-Minim*), qui est en réalité une véritable malédiction ! « Que les *nosrim* [nazaréens] et les *minim* [hérétiques] disparaissent en un clin d'œil, qu'ils soient effacés du Livre des vivants et ne soient pas inscrits avec les justes ; béni sois-Tu, Seigneur, qui soumets les impudents ! »

Malmenés par les pharisiens, les judéo-chrétiens ne sont pas mieux traités par les chrétiens d'origine païenne. De nombreux écrits montrent combien les relations entre chrétiens et juifs sont devenues délétères, à commencer par l'Évangile de Jean[1] qui les vilipende à tout bout de champ et les accuse de tous les maux – d'aucuns ont vu en ce livre une des premières sources de l'antijudaïsme chrétien. Et que dire du *Dialogue avec Tryphon*, composé dans les années 150 par Justin de Neapolis qui se gausse ouvertement du rabbin Tryphon, l'accusant de ne rien comprendre à sa propre religion ? On pourrait multiplier les exemples à l'envi.

Certes, ce sont les juifs pharisiens qui sont alors directement visés, pas les judéo-chrétiens. Mais la polémique est si forte que la tentation a dû être grande de « jeter le bébé avec l'eau du bain » ! Qui plus est, les pagano-chrétiens ne comprennent pas leur obstination à vouloir continuer à respecter les observances juives : « Il est absurde de parler de Jésus-Christ et de judaïser, car ce n'est pas le christianisme qui a cru au judaïsme, mais le judaïsme au christianisme[2] », lance Ignace d'Antioche.

1. Bien que son auteur soit un chrétien d'origine juive, ce livre a été écrit pour une communauté ouverte aux païens.

2. In *Lettre aux Magnésiens*, X, 3.

Dans un tel contexte, l'isolement guette les chrétiens d'origine juive, et ce d'autant plus qu'ils ne parviennent pas à s'accorder sur la vision qu'ils ont de Jésus.

Les nazaréens : Jésus à la fois humain et divin

Parmi les judéo-chrétiens, ceux qui se rapprochent le plus de la doctrine élaborée progressivement par l'Église dite « des gentils » sont assurément les nazaréens. Ils reconnaissent en effet sans problème tant l'humanité que la divinité de Jésus. Mais ils sont réticents à se rallier aux chrétiens d'origine païenne – qu'ils acceptent néanmoins dans leurs rangs à condition qu'ils se plient à leurs coutumes – en raison de leur attachement viscéral aux rituels mosaïques : shabbat, fêtes juives, circoncision, tout en refusant par contre les sacrifices sanglants et la consommation de viande. Un attachement qu'ils justifient par les paroles prononcées en Matthieu 5, 17-19 : « N'allez pas croire que je sois venu abolir la Loi ou les prophètes ; je ne suis pas venu abolir, mais accomplir. Car je vous le dis, en vérité : avant que passent le ciel et la terre, pas un iota, pas un point sur l'i ne passera de la Loi que tout ne soit accompli. Celui donc qui violera l'un de ces moindres préceptes, et enseignera aux autres de faire de même, sera tenu pour le moindre dans le Royaume des Cieux ; au contraire, celui qui les exécutera et les enseignera, celui-là sera tenu pour grand dans le Royaume des Cieux », avait dit Jésus.

Les nazaréens se perçoivent comme les descendants des premiers disciples de Jésus – dont ils perpétuent le surnom – et de l'Église de Jérusalem. Ils lisent les Écritures juives en hébreu, ainsi que les écrits chrétiens, et disposent en outre de leur propre Évangile, dit « des Hébreux », rédigé en araméen – dont seuls quelques fragments sont parvenus jusqu'à nous. Encore établis au IVe siècle à Bérée, (aujourd'hui Alep), en Syrie, près de Pella, en Décapole, ainsi qu'à Kokhab, en Basanitide (sud-ouest de Damas), les nazaréens disparaissent ensuite progressivement sans que l'on sache au juste ce qu'ils sont devenus…

Les ébionites : Jésus, fils de Joseph et non de Dieu

Si les nazaréens, dans leur christologie, se montrent proches des chrétiens de la Grande Église, il n'en va pas de même d'un autre groupe judéo-chrétien, celui des ébionites. Leur nom vient de l'hébreu *ebyônim* qui signifie « les pauvres » : leurs membres se distinguent effectivement par un ascétisme marqué, célébrant l'eucharistie une fois par an avec du pain non levé et de l'eau – le vin est banni –, et excluant toute viande de leur régime alimentaire. Toutefois, sur le plan sexuel, ils condamnent l'abstinence et la virginité et invitent tout à chacun à se marier. Vraisemblablement issus du courant nazaréen, ils s'en démarquent vers le début du IIe siècle, quand la doctrine sur la conception virginale de Jésus s'impose chez certains judéo-chrétiens.

Car les ébionites professent en la matière des vues tout à fait différentes : pour eux, Jésus est un homme né de la semence de Joseph et du corps de Marie – laquelle n'était aucunement vierge. Autrement dit, en rejetant le caractère surnaturel de la naissance du Galiléen ainsi que sa préexistence, ils voient en lui non le Fils de Dieu, mais un prophète élevé au rang de messie le jour de son baptême (on voit là des affinités avec l'adoptianisme). Le « Prophète de vérité », présenté comme une réincarnation d'Adam, mène une lutte constante contre le diable, maître du monde actuel. Profondément opposés aux sacrifices sanglants – les ébionites considèrent que c'est précisément pour abolir ce rite sordide que s'est manifesté le « Prophète véritable » –, ils les remplacent par des rites à base d'eau, pratiquant d'interminables ablutions en vue de recouvrer la pureté intérieure, spécialement après un contact avec un étranger ou avec une femme... Par contre, à l'instar des nazaréens, ils restent attachés aux autres observances de la Loi juive.

Les Pères de l'Église, d'Irénée à Origène et, plus tard, d'Épiphane à Jérôme, n'ont eu de cesse de jeter la pierre aux ébionites – si le maître alexandrin voit bien en eux des « pauvres », ce n'est pas au sens où ils l'entendent eux-mêmes, mais à celui de « pauvres en intelligence »... Car non seulement la vision qu'ils ont de Jésus est aux antipodes de la foi telle que ces théologiens la définissent, mais c'est aussi le cas de leurs écrits : Irénée de Lyon s'insurge de ce qu'ils rejettent les écrits de Paul – ce qui n'a pourtant rien d'étonnant, étant donné la virulence de l'apôtre à vouloir abolir la Loi mosaïque et prôner l'ouverture aux païens... À l'« homme ennemi », les ébionites préfèrent l'Évangile de Matthieu et leur propre livre, dont on n'a conservé que quelques bribes. Quant à la Bible hébraïque, ils ne l'utilisent qu'expurgée de tous les passages qui les choquent, notamment ceux concernant les sacrifices au temple !

Dispersées dans la région de Pella, en diverses régions de l'Empire romain d'Orient et même, de façon plus marginale, à Rome, les petites communautés ébionites ont subsisté au moins jusqu'au VIIe siècle. Au XIXe siècle, Pierre Larousse, faisant mine de s'offusquer de leurs croyances peu orthodoxes, leur consacre une amusante notice dans son *Grand Dictionnaire encyclopédique* : « L'Évangile des ébionites ne contenait ni le tableau généalogique par lequel commence l'Évangile de Matthieu, ni l'histoire de la conception miraculeuse de Marie, ni le récit de la venue et de l'adoration des mages. Fallait-il que les faits relatés dans nos Évangiles fussent bien peu solidement établis pour qu'on pût les révoquer en doute de si bonne heure ?... »

Les elkasaïtes : l'ange Jésus

Le troisième et dernier groupe de judéo-chrétiens est décrit en ces termes par Épiphane, évêque de Salamine, au IVe siècle : « N'étant ni chrétiens, ni juifs, ni grecs, mais quelque chose d'intermédiaire, au fond ils ne sont rien[1]... » Voilà un portrait pour le moins péjoratif des elkasaïtes dont le nom fait référence au fondateur présumé de ce courant, Elkasaï – nom porteur d'une forte symbolique puisqu'il signifie, en grec, « force ou pouvoir cachés ».

C'est au IIe siècle que ce juif originaire de l'Empire parthe, en Iran, aurait fondé son mouvement : là encore, le point d'achoppement par rapport à sa religion d'origine réside dans le sacrifice sanglant, auquel il substitue le baptême par l'eau. Rien qui diffère beaucoup, donc, des orientations ébionites (dont l'elkasaïsme est vraisemblablement issu). Mais les elkasaïtes poussent loin leur croyance dans le caractère thaumaturgique de l'eau : ils voient dans cet élément rien de moins qu'une divinité à laquelle ils vouent une vénération particulière. D'où la pratique intensive de l'immersion, à la fois pour les êtres humains

1. In *Panarion*, 53, 1, 3.

(auxquels elle doit permettre de traiter diverses maladies : phtisie, rage et même folie) et pour les aliments : ces derniers doivent être « baptisés », c'est-à-dire lavés et soumis aux rites avant d'être consommés.

Le régime alimentaire des elkasaïtes répond en outre à des exigences très strictes. Là encore, végétarisme, prohibition des boissons fermentées et, plus original, répartition des aliments en deux catégories fondées sur des critères sociaux : le pain juif est autorisé, le pain grec banni ; les légumes dits « d'essence mâle » – ceux ayant été cultivés dans les jardins de la communauté – sont acceptés, alors que ceux « d'essence femelle » (provenant de l'extérieur de la communauté) sont frappés d'interdit.

Contrairement à ce qu'il en est parmi les autres groupes judéo-chrétiens, à ce sectarisme est associé un ésotérisme marqué, puisque les elkasaïtes réservent l'enseignement des « mystères ineffables » aux disciples qui en sont jugés aptes. Qui plus est, ils font usage de la divination, de l'astrologie, des incantations et des formules magiques. Certaines de leurs pratiques seront dénoncées par les ténors de la Grande Église : ainsi Épiphane rapporte-t-il que deux femmes, Marthus et Marthana, qui prétendaient descendre d'Elkasaï, étaient vénérées « comme des déesses », et qu'on utilisait leurs « crachats et autres saletés du corps » en guise de « remèdes contre les maladies ». Il est cependant fort probable que de telles accusations aient été inventées dans le souci de les discréditer.

La christologie des elkasaïtes dérive de celle de la majorité des pagano-chrétiens, puisqu'ils refusent de reconnaître la divinité du Christ et ne professent que sa messianité. À leurs yeux, Jésus est le dernier des prophètes, le « sceau de la prophétie » – expression qui sera ensuite reprise par les penseurs musulmans pour parler de la révélation coranique.

Jésus est un ange qu'ils parent de toutes les vertus et doublent d'un être féminin tout aussi imposant, nommé Saint-Esprit. Pour les elkasaïtes, le Christ a transmigré de corps en corps, partant de celui d'Adam pour intégrer finalement celui de Jésus, selon un processus appelé métempsycose[1] : une même âme peut animer plusieurs corps à la suite.

Toutes ces théories pour le moins hétérodoxes[2] sont développées dans des livres spécifiques à la communauté – les elkasaïtes rejettent certains passages de l'Ancien Testament aussi bien que des Évangiles, et exècrent la figure de Paul –, en particulier dans l'*Apocalypse* (ou *Révélation*) *d'Elkasaï* qui aurait été remis au fondateur de la communauté par un ange.

Fortement implanté dans l'Empire iranien – où il a sans doute été la première forme connue de christianisme –, l'elkasaïsme est aussi très présent à l'époque en Transjordanie, en Arabie et en Palestine. Au début du IIIe siècle, un certain Alcibiade d'Apamée (Syrie) en assure la diffusion à Rome même. Il s'agit donc d'un mouvement somme toute assez puissant et qui a perduré au moins jusqu'au Xe siècle

Marcion : le rejet des origines juives de Jésus

Dans le débat opposant pagano-chrétiens et judéo-chrétiens, un homme va montrer une attitude diamétralement opposée, extrémiste, en niant purement et simplement le fait que Jésus ait été juif. Cet homme, c'est Marcion

1. Ce terme dérivé du grec désigne le « déplacement de l'âme ».
2. Du grec *doxia*, « opinion », et *heteros*, « autre » : qui n'est pas conforme au dogme, à la doctrine officielle d'une religion.

(vers 95-161). Originaire de Sinope, dans le Pont, sur la côte méridionale de la mer Noire (actuelle Turquie), il est apparemment le fils d'un évêque… qui l'aurait excommunié ! C'est du moins ce que raconte la légende : on a peu de certitudes sur ce personnage dont les écrits ont disparu. Toujours est-il qu'il s'installe comme armateur (Tertullien, son redoutable adversaire, l'appelle ironiquement le « pilote du Pont ») et que ses affaires prospèrent. Dans les années 140, il décide de se rendre à Rome où il fait un don très conséquent à la communauté chrétienne. En 144, il tient des propos qui choquent profondément le collège des presbytres de la ville – propos qui lui valent d'être excommunié : il semble d'ailleurs que Marcion soit le premier penseur chrétien à être frappé d'une telle sanction pour des raison doctrinales.

Ce qui lui vaut les foudres des prêtres de Rome, c'est la relecture qu'il propose d'une parabole de l'Évangile de Luc (5, 37-38) : « Personne non plus ne met du vin nouveau dans des outres vieilles ; autrement, le vin nouveau fera éclater les outres, et il se répandra et les outres seront perdues. Mais du vin nouveau, il faut le mettre en des outres neuves. » Selon Marcion, les « vieilles outres » sont une métaphore du judaïsme, tandis que les « outres neuves » représentent la nouveauté absolue du christianisme.

En résumé, le riche armateur considère que les croyants en Jésus doivent faire table rase du passé et renier les racines juives de leur religion.

Certes, l'Église entretient alors des relations tendues avec les pharisiens, on l'a vu. Mais de là à adopter une position aussi radicale, il y a un abîme qu'elle refuse de franchir ! Le message de Jésus repose en effet tout entier sur la venue du Royaume de Dieu, le Dieu même des juifs. Qu'à cela ne tienne ! répond Marcion. Et d'expliquer qu'en réalité le Dieu du Premier Testament – celui des juifs – n'est pas celui dont parle Jésus. Assurément, argumente-t-il, ce Dieu jaloux, tentateur, qui s'acharne sur les hommes et déclare ouvertement : « C'est moi qui crée les maux[1] », ne peut en aucun cas être celui dont Jésus, tout entier amour, déclare être le Fils. Et d'opposer le démiurge imparfait de l'Ancien Testament, celui de la Loi du talion, au Dieu de Jésus qui y substitue foi et amour.

Pour gommer toute trace de judaïsme, Marcion se livre à une entreprise sans précédent de réécriture des textes. Il exclut en premier lieu la Bible hébraïque, qu'il nomme l'« Ancien Testament », et constitue un corpus chrétien auquel il va donner le nom de « Nouveau Testament ». Marcion est ainsi le premier à utiliser cette expression que la Grande Église reprendra à son compte quelque temps après. Dans ce Nouveau Testament, il ne retient que les lettres de Paul (à l'exception de celles de Timothée et de Tite) et l'Évangile de Luc, le plus proche des orientations de l'apôtre des incirconcis. Encore retranche-t-il de ces écrits tous les passages faisant référence à la religion originelle de Jésus. Ainsi, par exemple, dans le texte de Luc sur l'« alliance nouvelle » (22, 20), il supprime le mot « nouvelle » afin de nier une quelconque valeur à l'ancienne ! Il élimine aussi les premiers chapitres de Luc, ceux qui présentent la généalogie de Jésus, sa nativité, son baptême, sa tentation au désert.

Aux yeux de Marcion, les Douze, en fait, n'ont rien compris à ce que Jésus leur avait enseigné. Seul Paul s'est montré capable de saisir toute la portée de son message. Mais si l'apôtre a eu des paroles assez dures à l'endroit

1. Isaïe 45, 7.

des juifs, Marcion, on le voit, force le trait de manière drastique, complétant son Nouveau Testament par ses propres *Antithèses*.

Et de déclencher alors la fureur de Tertullien : « Il n'y a rien d'aussi barbare et d'aussi funeste dans le Pont que d'avoir donné naissance à Marcion : il est plus affreux qu'un Scythe, plus instable qu'un Hamaxobios[1], plus inhumain qu'un Massagète[2], plus impudent qu'une Amazone, plus ténébreux que le brouillard, plus glacial que l'hiver, plus friable que la glace, plus trompeur que le Hister[3], plus abrupt que le Caucase ! La preuve ? C'est chez lui que, par des blasphèmes, on déchire le vrai Prométhée, le Dieu tout-puissant. Même comparé aux bêtes de ce pays barbare, Marcion est plus odieux encore. Y a-t-il un castor aussi mutilateur de lui-même que l'homme qui a supprimé le mariage ? Y a-t-il un rat pontique aussi dévoreur que celui qui a grignoté les Évangiles[4] ? »

Dépouillé de ses racines juives, que reste-t-il de Jésus dans cette optique ? Versant dans l'encratisme, Marcion voit la chair comme fondamentalement mauvaise et imparfaite. Il professe donc des idées docètes : Jésus est pleinement Dieu et n'est pas né de la Vierge Marie. Il ne s'est pas incarné, mais serait apparu subitement dans la synagogue de Capharnaüm, la quinzième année du règne de Tibère. Si son corps humain n'est qu'apparence, le Christ a néanmoins véritablement souffert sur la croix. Et c'est par cette mort atroce qu'il rachète les hommes au Dieu imparfait de l'Ancien Testament, leur permettant de

1. Nom d'un peuple nomade de l'Antiquité.
2. Peuple établi entre la mer Caspienne et la mer d'Aral.
3. Nom latin donné au Danube.
4. In *Contre Marcion*.

devenir les fils adoptifs du Dieu bon (qu'il nomme « l'Étranger », « car il ne s'est révélé nulle part en dehors de l'Évangile », par opposition au Dieu des Juifs obnubilé par la Loi). Cette promesse de salut ne concerne pourtant pas l'humanité entière : avant de retourner vers son Père, Jésus est descendu aux enfers pour libérer tous ceux qui s'étaient opposés au démiurge de l'Ancien Testament (Caïn, les païens…), mais il y a laissé… les juifs !

Aussi extrémistes et sectaires que soient ses idées, l'Église de Marcion va représenter un danger réel pour la Grande Église. Née à Rome, elle est soigneusement organisée (avec des ministères calqués sur ceux de sa concurrente : évêques, presbytres, diacres, lecteurs…) ; les femmes y tiennent un rôle non négligeable, car, pour Marcion, « il n'y a ni mâle ni femelle en Christ » : elles ont le droit de baptiser, d'exorciser, d'imposer les mains… Prospérant dans tout l'empire, elle constitue une véritable contre-Église – ce qui explique la virulence des attaques dont elle fait l'objet. Elle est particulièrement bien implantée en Orient (Mésopotamie et Perse).

Pourtant, l'Église marcionite est vouée à s'éteindre : son fondateur considérant le mariage comme répugnant et la procréation comme une œuvre de mort – puisque la matière a été créée par le Dieu des juifs –, ses membres ne vont naturellement pas chercher à se reproduire…

À l'instar de la Grande Église, les communautés marcionites connaissent elles aussi des dissensions internes ; un disciple de Marcion, Apelle, récuse le dithéisme de son maître : selon lui, le créateur du monde matériel n'est pas un démiurge, mais un ange, tandis que l'âme a été créée par le seul Dieu (bon) et emprisonnée dans la chair par un second ange déchu… Apelle refuse également le docétisme de Marcion, attribuant à Jésus un corps formé d'éléments d'origine astrale.

Malgré tout, l'Église marcionite va se maintenir au moins jusqu'au Ve siècle, et ses théories vont durablement influencer un courant antijudaïque chrétien qui voit dans les juifs un peuple honni, persécuteur du Christ. Pour autant, et quoique de façon moins radicale, en se considérant comme « le Vrai Israël » (*Verus Israel*) – celle qui a su reconnaître le Messie en Jésus –, la Grande Église va contribuer elle aussi à nourrir un antijudaïsme déclaré présentant les chrétiens comme le véritable « Israël de Dieu » (Paul, Galates 6, 16).

Bien que son nom soit aujourd'hui peu familier à nos oreilles, Marcion, que Polycarpe de Smyrne appelait le « premier-né de Satan[1] », occupe une place décisive dans l'histoire du christianisme antique : en élaborant un christianisme amnésique de ses origines juives, il va forcer les représentants de la Grande Église à se positionner clairement, et surtout à définir leur propre canon d'écriture. Ce canon, les théologiens vont lui donner le nom que Marcion avait attribué au sien propre : celui de « Nouveau Testament ».

1. In *Martyre de Polycarpe*.

[illegible]

5

Le gnosticisme, ou l'opposition entre le Jésus historique et le Christ métaphysique

Si Marcion exclut le Dieu des juifs du plan de salut christique, un autre courant va aller encore plus loin dans son entreprise de relecture du message chrétien : celui du gnosticisme[1]. Ce mot vient du grec *gnôsis* qui désigne la « connaissance ». Car, pour les adeptes de ce mouvement, ce n'est plus la mort et la résurrection de Jésus qui sont à la source du salut, mais une forme de connaissance surnaturelle que le Christ serait venu délivrer aux hommes. « L'ignorance est esclave, la gnose rend libre[2] » : tel est le leitmotiv des gnostiques. Pas à tous les hommes, cependant : seule une poignée d'élu(e)s sont à même d'interpréter correctement ses paroles. Et de les transmettre d'initié à initié. Très portés sur la spéculation intellectuelle, les gnostiques développent une doctrine ésotérique, voire

1. Gnose ou gnosticisme : le terme « gnose » a tendance à être utilisé pour désigner toute doctrine du salut par la connaissance, sans qu'elle se limite à la sphère chrétienne : ainsi la kabbale juive est une forme de gnose. Le mot « gnosticisme » est employé de préférence pour évoquer les groupes gnostiques spécifiquement chrétiens.

2. Manuscrits de Nag Hammadi, II, 384, 8-11.

franchement hermétique, qui se désintéresse totalement du Jésus historique pour se concentrer exclusivement sur le sens caché de son discours. Assurément, le Jésus gnostique est à mille lieues de celui des Évangiles de la Grande Église…

Une pensée élitiste

Réservée à une élite, très protéiforme en fonction de l'époque, des lieux et des personnes qui la prêchent, la pensée gnostique est éminemment difficile à cerner. Heureusement, alors que, jusqu'au milieu du XXe siècle, on ne pouvait presque exclusivement appréhender le gnosticisme que par ce qu'en disaient ses détracteurs – les Pères de l'Église et les philosophes païens –, la connaissance de ce mouvement s'est vue bouleversée par une découverte exceptionnelle réalisée en Haute-Égypte en 1945 : celle d'une jarre contenant une douzaine de codex[1] rédigés en copte, la langue des chrétiens d'Égypte. Cinquante-trois traités datant des IIe, IIIe et IVe siècles de notre ère y sont présentés, permettant ainsi d'avoir un accès direct à ce groupe religieux fort complexe.

Aux fondements de la pensée gnostique se trouve l'idée que notre monde est l'œuvre d'un dieu inférieur appelé le démiurge (le grec *demiurgos* signifie « façonneur »), généralement identifié au Dieu des juifs : on retrouve là la doctrine de Marcion, sans qu'il soit possible de savoir précisément qui, en l'occurrence, a influencé qui. Assisté de

1. Un codex est un petit cahier en papyrus ou en parchemin, généralement pourvu d'une couverture en cuir. C'est l'ancêtre du livre.

ses anges mauvais, les archontes[1] – un héritage du judaïsme tardif, dans lequel l'angéologie[2] joue un rôle très important –, le démiurge a doté l'homme d'un corps de chair, véritable prison pour l'âme, puis l'a placé dans un univers marqué du sceau du mal. Cette chute donne d'ailleurs lieu à une mythologie foisonnante et souvent très abstraite. Dès lors, l'homme doit par tous les moyens tenter de libérer son âme pour qu'elle puisse accéder au plérôme (du grec *plèrôma*, « plénitude »), royaume de ce Dieu absolument transcendant – contrairement au démiurge – que les gnostiques nomment parfois « l'Inconnu », tant il est ineffable. C'est le seul vrai Dieu : le gnosticisme n'est en rien un dithéisme, le démiurge des juifs étant perçu par lui comme un charlatan…

Esclave de son corps, esclave de ses passions, comment l'homme peut-il rejoindre le Dieu inconnu ? En retrouvant au tréfonds de son être l'étincelle divine qui a subsisté lors de son incarnation, mais dont, le plus souvent, il n'a pas conscience, enfermé qu'il est dans l'ignorance. Toutefois, tous les hommes ne disposent pas en eux de cette parcelle divine. Et les gnostiques de classer l'humanité en trois catégories : les *hyliques* – du grec *hylé*, « chair » –, dominés par leur instinct et condamnés à rester engoncés dans leur corps ; les *psychiques* – de *psyché*, « âme » –, les chrétiens ordinaires, ceux de la Grande Église, un peu plus évolués que les précédents, mais qui se laissent abuser par le démiurge ; et les *pneumatiques* – de *pneuma*, « esprit » –, purement spirituels, les seuls capables de recevoir cette gnose si précieuse, transmise secrètement par Jésus à quelques disciples triés sur le

1. Du grec *arkhôn*, « chef ».
2. L'angéologie est la science des anges.

volet : Marie-Madeleine, Jean, Jacques, Thomas, Philippe et même… Judas ! Mais ils ne courent pas les rues, ces « pneumatiques » : « Je vous choisirai un sur mille et deux sur dix mille », fait dire à Jésus l'Évangile gnostique selon Thomas[1], précisément retrouvé à Nag Hammadi. Du coup, les gnostiques, conscients de leur origine divine, ressentent ici-bas un sentiment d'étrangeté et n'aspirent qu'à se débarrasser de leur enveloppe charnelle pour rejoindre leur patrie céleste. En découle le plus souvent un refus de la procréation tendant à l'encratisme ou, au contraire, plus rarement, un libertinage revendiqué : puisque la chair n'est rien, autant faire n'importe quoi avec.

S'estimant à part du commun des mortels, les membres de ce mouvement se considèrent pourtant pleinement chrétiens, voire les seuls « vrais chrétiens » : une telle prétention ne pouvait qu'exaspérer les théologiens de la Grande Église, d'autant plus qu'ils se voyaient taxés de « simples » par les intellectuels gnostiques. Tertullien fulmine : « Ils nous qualifient de simples, et de simples uniquement, sans nous reconnaître aussi la sagesse ; comme si la sagesse était nécessairement dissociée de la simplicité, alors que le Seigneur les rapproche l'une de l'autre[2] ! »

Au surplus, cette prétendue supériorité sape les fondements mêmes du christianisme qui se veut une religion universelle offrant le salut à tous, sans distinction de race, de milieu social ou de culture.

1. C'est un des textes gnostiques les plus fameux. Il ne constitue pas un Évangile au sens traditionnel du terme, mais se présente comme un recueil de cent quatorze paroles secrètes (*logoi*, en grec) attribuées à Jésus par un rédacteur se réclamant de l'autorité de l'apôtre Thomas.

2. In *Contre les valentiniens,* II, 1.

Excluant l'Ancien Testament et se nourrissant de toute une littérature apocryphe[1] – au sens premier du terme, c'est-à-dire « secrète, cachée » –, les gnostiques récusent aussi la plupart des textes du Nouveau Testament. Aussi les Pères de l'Église s'en sont-ils violemment pris à cette doctrine, multipliant les ouvrages de controverse : Irénée, avec sa *Dénonciation et réfutation de la gnose au nom menteur* (plus connue sous le titre de *Contre les hérésies*, vers 180-185) ; Hippolyte, avec sa *Réfutation de toutes les hérésies*, au début du IIIe siècle ; Épiphane (l'évêque de Salamine, à Chypre) avec, vers 375, son *Panarion* ou « boîte à médicaments », dans lequel il propose des antidotes aux morsures de serpent que sont les idées des gnostiques ! Il faut dire qu'aux yeux de ces derniers le serpent constitue le symbole de la connaissance que le démiurge refusa d'accorder à l'homme. Décidément, le gnosticisme est aux antipodes de la pensée chrétienne dominante…

Des origines obscures

À la source de ce mouvement qui a marqué en profondeur les premiers siècles du christianisme, certains historiens situent le célèbre Simon le Mage, celui des Actes des apôtres (8, 9-25). L'homme « exerçait la magie et jetait le peuple de Samarie dans l'émerveillement. Il se disait quelqu'un de grand, et tous, du plus petit au plus grand, s'attachaient à lui. “Cet homme, disait-on, est la Puissance

1. Voir à ce sujet l'excellent ouvrage d'initiation de Madeleine Scopello, *Les Évangiles apocryphes*, Paris, Plon, 2007 (il porte sur les textes apocryphes en général, pas uniquement sur les apocryphes gnostiques).

de Dieu, celle qu'on appelle la Grande[1]" ». Mais, lorsque le diacre Philippe arrive pour prêcher la bonne parole dans cette contrée, Simon, vivement intéressé, décide de se faire baptiser. Surtout, il aimerait bien pouvoir acheter à Pierre et à Jean, de passage en Samarie, leur capacité à imposer le Saint-Esprit par les mains. « Périsse ton argent, et toi avec lui, puisque tu as cru acheter le don de Dieu à prix d'argent ! » lui réplique Pierre.

Les Pères de l'Église voient en Simon – de son nom vient le terme de *simonie,* qui désigne le trafic des choses saintes – le premier grand hérétique : c'est d'ailleurs le premier excommunié du christianisme naissant pour raisons morales, puisque Pierre le chasse hors de la communauté chrétienne. Lui est attribuée la rédaction de la *Grande Révélation*, texte empreint d'ésotérisme qui fait de ce mage le révélateur privilégié d'une doctrine secrète, sorte de syncrétisme entre sentences de la Bible, philosophes grecs et *Odyssée* de Homère. Ce syncrétisme imprègne la vie même de Simon, lequel partage sa vie avec une courtisane prénommée Hélène, qu'il présente à la fois comme une réincarnation de Hélène de Troie et la mère du Saint-Esprit… Irénée, lui, la compare à une prostituée sacrée ! Toutefois, la *Grande Révélation* paraît bien plutôt avoir été écrite au milieu du IIe siècle par un groupe se réclamant de la mémoire du magicien, lequel, relate Eusèbe de Césarée, avait fondé une « secte répugnante », celle des simoniens. C'est d'ailleurs de Simon qu'une autre figure fondatrice du gnosticisme – ou du moins perçue comme telle par les membres de ce mouvement – se dit l'héritier : Ménandre. On sait peu de chose de ce disciple de Simon le Magicien,

1. Actes 8, 9-10.

si ce n'est qu'il en diffusa les idées à Antioche où il mourut dans les années 80.

De fait, il est difficile de rattacher le mouvement gnostique à un fondateur clairement identifié. Mais ses origines paraissent en tout cas très anciennes, puisque Paul dénonce déjà avec véhémence la science de la *gnôsis*, qu'il oppose au seul amour : « La connaissance enfle, prévient-il, c'est l'amour qui édifie. Si quelqu'un s'imagine connaître quelque chose, il ne connaît pas encore comme il faut connaître ; mais si quelqu'un aime Dieu, celui-là est connu de lui » (1 Corinthiens 8, 1-3) ; et il enjoint son disciple Timothée d'éviter « les discours creux et impies, les objections d'une pseudo-gnose » (1 Timothée 6, 20).

Certains historiens se demandent s'il ne faudrait pas voir dans la philosophie de Platon les vraies racines de ce courant de pensée. Tertullien considère d'ailleurs celui-ci comme l'« épicier » des hérétiques, d'autant plus qu'au IIIe siècle ses idées sont remises sur le devant de la scène par Plotin, initiateur du néoplatonisme. On trouvait déjà chez Platon, il est vrai, l'idée que l'incarnation de l'âme dans le corps (*ensômatose*) est une dégradation, puisqu'elle entraîne l'oubli de toute la connaissance que l'âme préexistante possédait – d'où le sentiment d'une nostalgie de l'autre monde. Dès le IVe siècle avant notre ère, le Grec avait aussi développé la théorie que la création du monde était l'œuvre d'un démiurge perçu comme un artisan, celui-ci étant bien loin d'être tout-puissant. Symétriquement, on rencontre dans la gnose des mythes très proches de l'allégorie de la caverne platonicienne.

D'autres spécialistes estiment quant à eux que le gnosticisme est né des déceptions de certains juifs aspirant fortement à la libération d'Israël. Or, celle-ci n'est pas venue. Les gnostiques seraient ainsi des révoltés contre le Dieu de l'Ancien Testament qui les aurait abandonnés.

Au vrai, le gnosticisme est plus généralement un vaste syncrétisme qui, tout en se revendiquant à l'intérieur du christianisme, se nourrit de multiples courants intellectuels – on y perçoit aussi l'influence des cultes à mystères[1] – qu'il assimile ensuite pour en faire un système propre. Ou plutôt *des* systèmes : comme on va le voir, le mouvement se décline au gré des multiples penseurs qui s'y rattachent.

Un mouvement, plusieurs courants

C'est à partir du début du IIe siècle, vers 120-130, que le gnosticisme trouve sa première grande figure avec Satornil (ou Saturnin), qui aurait été l'élève de Ménandre. Il fonde une école à Antioche, enseignant à ses disciples une histoire entièrement revisitée de la création d'Adam : après avoir créé le monde, sept anges (dont le premier n'est autre que Yahvé…) modèlent l'homme, puis la femme. Mais, puisque les archanges sont des incapables, l'œuvre est grandement défaillante et l'humanité se divise en deux catégories : les bons – qui ont reçu l'étincelle céleste du Dieu suprême – et les mauvais, inspirateurs de Moïse. Ces derniers oppriment les bons jusqu'à ce que le Christ vienne les sauver, détruisant au passage l'« œuvre de la femme », à savoir la procréation.

1. Très en vogue, surtout dans le monde méditerranéen païen, aux premiers siècles de notre ère, les cultes à mystères proposent à leurs fidèles de tisser une communication personnelle avec les divinités par le biais de rites se pratiquant en secret, exclusivement par des initiés.

Autre précurseur : Cérinthe, qui exerce son activité en Asie Mineure dans la première moitié du IIe siècle. Il aurait vécu dans l'entourage immédiat de Jean, et d'aucuns voient dans les écrits de l'apôtre-évangéliste des traces d'une polémique contre le fondateur de la secte des cérinthiens. C'est une hypothèse recevable, mais éminemment difficile à confirmer, d'autant plus que Jean lui-même manifeste, dans ses écrits, un certain élitisme mystique. Encore une preuve qu'à cette époque le christianisme offre mille visages mouvants, mêlés les uns aux autres…

Plus connu, Basilide se fait le prédicateur de la pensée gnostique dans l'Alexandrie bigarrée de la seconde moitié du IIe siècle. L'Égypte a d'ailleurs été particulièrement imprégnée par le gnosticisme – ce n'est sans doute pas un hasard si on y a retrouvé l'important corpus de Nag Hammadi – dont le haut niveau intellectuel ne pouvait manquer de séduire les Alexandrins cultivés. Basilide fonde une école si réputée que l'on en entendra encore parler au début du IVe siècle, et il est de surcroît l'inventeur d'un nom appelé à une immense fortune parmi les cercles ésotériques, mais pas seulement : celui d'Abraxas, qu'il donne au Dieu suprême. Les lettres de ce mot, additionnées selon leur valeur numérique en grec, donnent le nombre 365, censé symboliser la création ; il est devenu notre « abracadabra ». Auteur assez prolifique, Basilide aurait écrit en outre sa propre version des quatre Évangiles, ainsi qu'un commentaire sur ceux-ci en vingt-quatre volumes, les *Exegetica*, dont il ne nous reste que quelques fragments.

À la même époque, un homme originaire d'Asie Mineure vient également présenter en Égypte sa doctrine gnostique avant de l'exporter à Rome : Carpocrate. Il se distingue de la plupart des courants gnostiques par une licence totale en matière sexuelle : selon lui, l'homme ne peut être libéré des archontes qu'après avoir été l'esclave des vices auxquels ils président. Du coup, tout est permis ! Le fils de Carpocrate, Épiphane (lequel n'a bien sûr rien à voir avec l'évêque de Salamine du même nom), poursuit dans cette voie, préconisant la mise en commun de tous les biens – et de compter au rang de ceux-ci la femme, considérée comme *res communis*.

Mais c'est surtout la figure de Valentin (première moitié du IIe siècle) qui a marqué les annales. Lui aussi originaire d'Égypte, formé à Alexandrie, il se déclare disciple d'un disciple de Paul. Entre 140 et 160, il se fixe à Rome où il est sur le point d'être nommé évêque. Toutefois, ses idées, peu conformes à celles de la Grande Église, l'empêchent d'accéder au ministère convoité, en même temps qu'elles l'obligent à quitter la Ville éternelle pour se réfugier à Chypre. Valentin est un penseur d'une réelle importance dans l'histoire du christianisme. En étoffant le système développé par deux groupes gnostiques assez marginaux, les barbélognostiques[1] et les séthiens[2], il met au point une doctrine d'une grande finesse, s'exprimant à travers une œuvre très poétique qui n'est malheureusement parvenue à nous que par bribes – essentiellement citées par Clément d'Alexandrie dans ses *Stromates*. Plus modéré dans ses idées que la plupart des autres gnostiques de la même époque, Valentin parvient à rallier à sa cause nombre de disciples (les valentiniens).

À la mort du maître, deux écoles se réclament de lui : l'école orientale est plus fidèle à sa doctrine, mais celle

1. Barbélo est le nom de l'une des principales figures de la mythologie gnostique.

2. Les séthiens se rattachent à la lignée de Seth, le troisième fils d'Adam et d'Ève.

d'Occident (dite également école italienne) connaît un vif succès. « L'hydre de Lerne, la bête aux multiples têtes qu'est l'école de Valentin », fustigée par Irénée de Lyon[1], semble avoir subsisté jusqu'au Ve siècle.

La gnose et les femmes

Avant d'en venir à la christologie de la gnose, j'aimerais tenter d'éclaircir un point qui prête à confusion depuis le succès planétaire du *Da Vinci Code* : les femmes et la gnose. Reprenant des thèses répandues depuis quelques décennies, Dan Brown oppose la « misogynie » de la Grande Église au « féminisme » des gnostiques. La question est beaucoup plus complexe : en effet, les gnostiques ont une vision de la femme éminemment paradoxale, et cette vision est d'autant plus difficile à synthétiser qu'il existe de nombreux courants gnostiques et donc, à chaque fois, des nuances plus ou moins importantes dans leur approche de la féminité. On peut néanmoins résumer les choses ainsi : la pensée gnostique a une vision pessimiste de la femme, puisque, par sa capacité à procréer, elle permet à l'œuvre du démiurge (le monde matériel, perçu comme mauvais) de perdurer. Du reste, c'est un éon[2] féminin, Sophia, qui a provoqué la naissance de ce démiurge néfaste, et c'est pour « rattraper » la catastrophe déclenchée par Sophia que Dieu va émettre un nouvel éon (masculin, cette fois) : le Christ.

Pourtant, il est vrai que certains textes gnostiques (en particulier l'Évangile de Philippe et l'Évangile de

1. In *Contre les hérésies,* I, 30, 15.
2. Du grec *aiôn*, « éternité », « entité divine ».

Marie[1]) donnent un rôle de premier plan à Marie-Madeleine, perçue comme l'initiée par excellence. On peut ainsi lire dans l'Évangile de Philippe que « La compagne » du (Sauveur) est Marie-Madeleine. « Il (le Sauveur) l'aima plus que tous les autres disciples et l'embrassait souvent sur la bouche », au grand dam des autres disciples qui interrogent Jésus : « Pourquoi l'aimes-tu plus que nous tous ? » *Idem* dans l'Évangile de Marie : alors que Marie-Madeleine livre aux disciples la gnose que Jésus lui a enseignée, ces derniers sont sceptiques : « Est-il possible qu'il [le Sauveur] se soit entretenu avec une femme, à notre insu et non ouvertement, si bien que nous devrions faire volte-face et tous lui obéir ? L'a-t-il choisie de préférence à nous ? »

Pourtant, lorsqu'on regarde de plus près le texte de l'Évangile de Philippe, on se rend compte que c'est une Marie-Madeleine « déféminisée » qui y est présentée, puisque le terme « compagne » est, en fait, mis au masculin (grec *koinonos*) : ladite Madeleine n'est donc en aucun cas l'amante de Jésus, mais son « compagnon ». En couple, Adam et Ève ont provoqué la chute ; en couple, Jésus et Marie-Madeleine apporteront le salut. Et l'image du baiser qu'ils échangent n'a rien de charnel : en s'embrassant, ils échangent leur haleine, leur souffle spirituel. Et, par ce baiser mystique, symbole de l'initiation, la femme reçoit la polarité mâle qui, seule, peut lui permettre d'atteindre le salut, comme le dit très explicitement le Christ dans l'Évangile de Thomas à propos de Marie-Madeleine : « Voici que je la ferai venir à moi afin de la faire mâle, pour qu'elle devienne, elle aussi, un esprit vivant semblable à vous, mâles. Car toute femme

1. Voir les traductions de Jean-Yves Leloup, Albin Michel.

qui se fera mâle entrera dans le royaume des cieux » (*logion*[1] 114).

Ainsi la femme peut être appelée à jouer un rôle (parfois de premier plan) dans la pensée gnostique, mais à condition qu'elle renonce à sa féminité sur le plan sexuel : la gnose, dit explicitement l'Évangile de Philippe, n'est « pas pour les animaux, ni pour les esclaves, ni pour les femmes souillées, mais elle est pour les hommes libres et les vierges ». Ce n'est, dans la majorité des cas, qu'à ce prix que les femmes peuvent espérer accéder à des responsabilités dans les communautés gnostiques – et, de fait, l'histoire a gardé en mémoire le nom de plusieurs de ces femmes.

La présence active des femmes dans les communautés gnostiques a d'ailleurs grandement irrité les Pères de l'Église qui, eux, refusaient, de fait, que la gent féminine accède à des responsabilités importantes. Et le misogyne Tertullien de s'agacer : « Quant à leurs femmes, quelles prostituées elles font ! Car elles sont assez audacieuses pour enseigner, pour participer à des discussions, pour exorciser, pour faire croire qu'elles sont capables d'accomplir des guérisons, peut-être aussi pour baptiser ! » (De *praescriptione*, 41). Or les femmes que les gnostiques mettent en avant, loin d'être des « prostituées », sont plutôt des figures asexuées, sortes de précurseurs de l'androgyne qui est, lui, l'être idéal…

Jésus à travers le prisme des gnostiques

Que devient Jésus dans le système gnostique ? Comment est-il appréhendé ? Pour le comprendre, il faut s'arrêter un

1. « Parole », en grec.

moment sur les récits gnostiques, particulièrement hauts en couleur, de la création du monde.

Si chaque groupe possède un mythe qui lui est propre, quelques idées fortes peuvent néanmoins être dégagées : le principal protagoniste en est bien sûr le Dieu suprême (le « Père »), qui produit une série d'émanations (les « éons »), mâles et femelles, par le biais desquelles il exerce son action sur le monde. Mais Sophia (la « Sagesse »), la dernière de ces émanations, veut quitter le plérôme, le monde parfait d'en haut dans lequel elle évolue : l'herbe est toujours plus verte ailleurs ! Dans sa chute, elle entraîne l'apparition de l'imperfection et de la mort, en même temps qu'elle donne naissance à un avorton, le démiurge, qui crée le monde que nous connaissons. Atterrée (au sens propre du terme !) par la catastrophe qu'elle a provoquée, Sophia supplie le Père de la ramener dans cet Éden perdu… C'est dans ce contexte que Dieu, qui ne peut rester insensible à tant de souffrance, décide d'émettre un nouveau couple d'éons : le Christ et l'Esprit saint. Et l'éon Christ de descendre sur terre pour sauver les êtres pneumatiques…

Naturellement, compte tenu de leur dégoût pour la chair – cette funeste prison de l'âme –, les gnostiques dissocient totalement Jésus du Christ : le premier n'a été que l'enveloppe temporaire du second lors de son court séjour dans le monde du démiurge. Pour Cérinthe, Jésus est un grand prophète sur lequel Christ, émanation de Dieu, est descendu le jour de son baptême, et en qui il a habité jusqu'à la Passion, mais il n'est pas Dieu. C'est le seul Jésus homme qui est mort sur la croix, et celui que l'on nomme Jésus-Christ n'a eu une réalité que très provisoire. Pour Carpocrate, Jésus, fils de Marie et de Joseph, n'est rien d'autre qu'un philosophe ou un sage qui a reçu la visite de l'éon Christ. Pour Basilide, l'Intellect, *Noûs,* a pris à la demande du Père une apparence d'humanité en Jésus, mais décampe prestement de ce dernier avant la crucifixion...

Au contraire du Jésus historique, le Christ est exclusivement un être céleste. Son humanité n'est qu'apparente : on retrouve là encore le docétisme, décidément très répandu aux premiers siècles de notre ère, doctrine que les gnostiques vont développer à plein. Pour eux, le Christ n'a pu naître des entrailles d'une femme et n'a pas pu, non plus, connaître la souffrance : fin acteur, il est parvenu à tromper le démiurge en simulant sa mort sur la croix. D'où une réécriture de la crucifixion !

Dans l'Apocalypse de Pierre retrouvée à Nag Hammadi, on voit un Christ crucifié qui, riant sur la croix, se moque de ceux qui croient le faire mourir. Pierre s'en étonne : « Que vois-je, Seigneur, c'est bien toi-même qu'ils ont saisi [...] ? Et qui est celui-là, qui est heureux et qui rit sur l'arbre [c'est-à-dire sur la croix] ? [...] Le Sauveur me dit : “Celui que tu vois sur l'arbre, c'est le Jésus vivant. Mais celui dans les mains et les pieds duquel, c'est-à-dire en sa partie charnelle, ils plantent des clous, c'est le substitut livré à la honte, celui qui vint à l'être dans sa ressemblance. Tourne ton regard vers moi et vers lui[1]”. » C'est parfois Simon de Cyrène qui assume ce rôle de substitut après que Jésus, par un tour de passe-passe, lui a fait prendre son apparence.

Ce n'est donc pas la vie de Jésus qui intéresse les gnostiques, ni son sacrifice censément expiatoire. On trouve même, chez certains d'entre eux, un profond rejet de la croix : « Esclave est celui qui confesse le crucifié, déclare Basilide ; libre est celui qui le renie, car il connaît l'économie

1. NH, VII, 3 81, 4-14.

du Père inengendré[1]. » Ce n'est pas Jésus crucifié qu'il faut confesser, mais le Fils du Père. Comme l'historien des religions Henri-Charles Puech l'explique de manière limpide, « ce qui importe seul, ce n'est point le caractère concret, réaliste, historique du drame qu'est la vie terrestre du Sauveur, mais le caractère intellectuel, exemplaire, intemporel de la révélation divulguée par le Sauveur [...]. Cette conception [...] en vient à dissoudre le caractère historique, temporel de la vie et de l'œuvre de Jésus[2]. » Jésus est « l'instructeur qui porte la gnose, le prototype qui montre comment, par la gnose, on parvient à détacher le *noûs*[3] d'avec la matière ».

En conséquence de quoi les gnostiques s'attachent à rechercher le sens caché des paroles prononcées par Jésus après sa résurrection (et non au cours de son existence). Ces révélations sont consignées dans une abondante littérature, laquelle n'est toutefois destinée qu'à un cercle réduit d'initiés.

L'un de ces textes a beaucoup fait parler de lui il y a quelques années : l'Évangile de Judas. Mentionné dans des sources antiques, on le croyait perdu depuis des siècles, lorsqu'il a resurgi de manière tout à fait inattendue au terme d'une épopée rocambolesque. Et c'est peu dire que sa publication en 2006 a placé cet ouvrage sous les feux de la rampe ! Loin de faire de l'apôtre un traître maudit qui livra le Christ aux grands prêtres, Judas y apparaît comme le disciple bien-aimé de Jésus, récipiendaire de son enseignement surnaturel et qui n'a fait qu'obéir à la volonté de son maître en le livrant afin qu'il soit enfin

1. Cité par Irénée, *Contre les hérésies*, I, 24, 4.
2. In *En quête de la gnose*, I.
3. « Intellect », en grec.

délivré de son corps de chair. Attribué à Judas, ce texte a en fait été écrit, comme la plupart des traités gnostiques, dans la seconde partie du IIe siècle.

C'est en général sous la forme d'un dialogue avec un ou plusieurs disciples privilégiés que Jésus divulgue son enseignement. L'un des textes les plus accessibles et le plus proche des quatre Évangiles est celui de Thomas : « Les disciples dirent à Jésus : "Dis-nous comment sera notre fin." Jésus dit : "Avez-vous découvert le commencement, que vous cherchiez la fin ? Car là où est le commencement, là sera la fin. Heureux celui qui se tiendra dans le commencement, et il connaîtra la fin, et il ne goûtera pas de la mort[1]". »

Mani et le manichéisme

Pour complexe qu'il soit, le gnosticisme se diffuse rapidement. S'il est particulièrement implanté en Égypte, on l'a vu, il ne laisse pas indifférent à Édesse, Antioche, Rome ni en Asie Mineure. Car bien que ses membres observent la discipline de l'arcane, cela ne les empêche pas de conduire une activité missionnaire intense dans laquelle les femmes jouent d'ailleurs un rôle non négligeable : citons, parmi d'autres, la belle vierge Philoumène dont les prophéties inspirent le maître gnostique Apellès au IIe siècle.

En Iran, le gnosticisme va générer un intéressant avatar : le manichéisme. Si l'on a tendance, de nos jours, à qualifier de « manichéen » une action ou une pensée dualiste, sans nuances, c'est oublier que le manichéisme est

1. *Logion* 19 de l'Évangile selon Thomas.

une religion à part entière, fortement inspirée de la gnose dans sa structure, mais à laquelle le fondateur de cette doctrine – le Perse Mani (216-276) – ajoute des éléments issus d'autres religions, à savoir le zoroastrisme[1] et le bouddhisme. La pensée de Mani est d'autant plus syncrétiste qu'il est lui-même issu d'une communauté judéo-chrétienne de Babylonie : son père s'était en effet converti à l'elkasaïsme, et c'est dans ce milieu baptiste qu'il passa toute sa jeunesse. Alors qu'il n'est encore qu'un enfant, Mani expérimente une série de visions et, à douze ans, reçoit la visite de son « jumeau céleste » qui lui confie des révélations mystiques. Demeurant dans la communauté elkasaïte, il s'en éloigne toutefois par ses prises de position, refusant les observances alimentaires qu'il considère comme sans fondement. Mais, en 240, sonne l'heure de la rupture lorsque son jumeau céleste, qui se présente comme l'Intellect divin se revêtant du corps de Mani, le visite pour la deuxième fois et l'enjoint à transmettre le message dont il est le dépositaire.

Mani se déclare alors prophète universel. Et pas n'importe quel prophète : il est le Paraclet annoncé dans l'Évangile de Jean (14, 26), le sceau des prophètes, c'est-à-dire le dernier d'entre eux, dont il incarne l'achèvement parfait. Il se voit comme l'héritier de Zoroastre pour la Perse et la Babylonie, de Bouddha pour l'Inde et la Chine et… de Jésus pour l'Occident !

1. Le zoroastrisme (également appelé mazdéisme) est la religion principale des Iraniens dans l'Antiquité. Elle a pour dieu principal Ahura Mazda, représenté par le disque solaire ailé. Zoroastre, plus connu en Occident sous le nom de Zarathoustra, prophète de l'Iran préislamique qui aurait vécu aux alentours de l'an 1000 avant notre ère, en est vraisemblablement le fondateur.

Bien que Mani n'inscrive pas son action au sein même du christianisme – à l'inverse des gnosticismes –, cette prétention à surpasser Jésus ne pouvait que provoquer une vive réaction des Pères de l'Église. Pour eux, non seulement le manichéisme est une hérésie par rapport au christianisme, mais il constitue même la quintessence de toutes les hérésies : « Bien que Satan ait la suprématie absolue de toutes sortes de dépravations, il a toutefois érigé une forteresse chez les manichéens [...]. Chez eux, Satan est maître non pas d'un seul genre de vices, mais d'un mélange de toutes les erreurs et de tous les sacrilèges. En effet, tout ce qu'il y a d'impie chez les païens, d'aveugle chez les juifs vautrés dans la chair, d'illicite dans les secrets de l'art magique, de sacrilège et de blasphématoire, enfin, dans chaque hérésie, tout ceci a conflué chez les manichéens comme dans un cloaque rempli de souillures », déclare avec une rare violence le pape Léon Ier en 443[1]. Aux yeux des théologiens de la Grande Église, le manichéisme n'est en rien une nouvelle religion, mais un vaste fatras pseudo-spirituel faisant feu de tout bois.

Pourtant, la religion de l'Illuminateur – comme Mani se nomme lui-même – va connaître un très vif succès : on en trouve encore des traces en Asie centrale au XIe siècle, et même en Chine[2], certes de manière discrète, jusqu'au XVIIe siècle ! Un tel engouement ne peut que susciter l'inquiétude des chefs d'une Église chrétienne à vocation universelle. Ils n'ont nullement envie de voir cette nouvelle religion concurrencer le christianisme en convoquant Jésus en même temps que Zarathoustra et Bouddha !

1. In *Cinquième sermon sur le jeûne du 10e mois.*

2. Certains écrits manichéens ont été acceptés dans le canon taoïste au XIe siècle.

Saint Augustin, qui a lui-même été manichéen avant de recevoir le baptême catholique en 387, voit dans la gnose la source principale du manichéisme. Il emprunte à celle-ci le principe d'un strict dualisme entre le royaume de la Lumière (celui de Dieu et de ses armées angéliques) et le royaume de la Ténèbre (avec Satan, escorté de ses armées démoniaques). Alors que la Lumière et la Ténèbre coexistaient sans se mêler avant la création du monde, un événement catastrophique se produisit : la Ténèbre envahit soudainement la Lumière, enfermant cette dernière dans la matière. Le Bien se retrouve donc prisonnier du Mal... Et c'est de ce conflit qu'est né l'homme dont le corps est matériel, tandis que son esprit appartient au royaume de la Lumière. Cette portion lumineuse prisonnière de la matière doit donc reprendre conscience de son origine céleste pour se libérer. Et les manichéens de mettre au point tout un système visant au filtrage de la matière, afin d'en extraire les particules de lumière pour qu'elles remontent vers les lieux célestes – essentiellement par la prière et l'ascèse.

De même, à la manière du gnosticisme, la religion de Lumière conserve l'idée d'un Christ Sauveur ayant élu domicile en Jésus. Ils accordent toutefois à la vie de ce dernier davantage d'importance que les gnostiques, puisque en mettant en parallèle le destin de Jésus avec celui de Mani – dont la mère s'appelait aussi Marie, et qui est mort après avoir subi une Passion atroce en 276 –, ils sont à même de légitimer le titre de « sceau des prophètes » revendiqué par le Perse.

Souvent nommé « Jésus Splendeur » dans les textes manichéens, le Christ est celui qui a révélé aux descendants d'Adam les paroles de salut. Ce Sauveur n'est pas né charnellement : le manichéisme, tout comme le gnosticisme, est un docétisme. Toutefois – et c'est là que réside toute la spécificité du manichéisme –, Jésus n'a pas mis un terme à la révélation. Ce rôle échoit à Mani lui-même, qui fait ainsi figure de nouveau Jésus…

6

L'émergence d'une orthodoxie chrétienne

Tout au long des IIe et IIIe siècles, on assiste donc à un foisonnement de doctrines et de polémiques qui tournent toutes autour de l'identité de Jésus. Comme on l'a vu, on assiste aussi à l'émergence progressive d'un courant majoritaire, celui de la Grande Église, qui tente de définir une orthodoxie, c'est-à-dire une « opinion droite », de crainte que le christianisme ne vienne à se désagréger en une multitude d'opinions contradictoires. C'est un véritable bras de fer qui oppose ainsi, pendant plus de deux siècles, les tenants de la Grande Église aux autres penseurs chrétiens minoritaires.

On peut se demander comment ce courant majoritaire a pu se constituer et se fortifier aux dépens des autres pour devenir, à l'aube du IVe siècle, le seul courant reconnu et favorisé par le pouvoir politique, ainsi que nous le verrons dans la troisième partie de ce livre. Ce qui va faire la force de la Grande Église, face à des groupes pourtant numériquement loin d'être négligeables, c'est très probablement la solidité de son organisation, chapeautée qu'elle est par une hiérarchie clairement définie[1].

---

1. Voir plus haut, chapitre 1, p 110-115.

Orthodoxie versus *hérésie*

« Il faut bien qu'il y ait aussi des scissions parmi vous, pour permettre aux hommes éprouvés de se manifester parmi vous », écrivait Paul à la communauté chrétienne de Corinthe au Iᵉʳ siècle[1]. C'est dire qu'aux commencements, la diversité des vues ne semble aucunement gêner les figures de proue du jeune mouvement chrétien. D'ailleurs, les quatre Évangiles qui seront plus tard définis comme « canoniques », montrent, par leurs nombreuses divergences, que les disciples de Jésus ne s'exprimaient pas à l'unisson. Et, du reste, le terme même d'« hérésie » n'est, *stricto sensu*, aucunement péjoratif, le grec *hairesis* ne désignant rien d'autre que le « choix » ; or, le choix est une chance, une preuve d'ouverture d'esprit, de vitalité, une invitation à la tolérance.

Rapidement, néanmoins, l'effervescence intellectuelle des premiers siècles du christianisme génère de vives tensions. Chaque groupe veut affirmer la validité de ses vues au détriment de celle des autres. Dès les premières décennies du IIᵉ siècle, de nombreux penseurs chrétiens considèrent cette diversité doctrinale comme le talon d'Achille du christianisme et s'attachent à définir une doctrine unique. C'est ainsi que le mot « hérésie » se teinte peu à peu d'une coloration négative, stigmatisant ceux des chrétiens qui refusent de se conformer à la doctrine qui tend à s'imposer.

1. 1 Corinthiens 11, 19.

Dieu, son Fils et le Saint-Esprit

Pour élaborer cette pensée qu'ils veulent admise par tous, les Pères de l'Église doivent d'abord définir certains principes de base. Prenant le contrepied de Marcion et des gnostiques qui méprisent le « démiurge » des juifs, ils réaffirment que le monde matériel (y compris l'homme) est bon et qu'il est l'œuvre d'un Dieu bon, sage et unique. Ce Dieu absolument transcendant ne saurait en aucun cas être dissocié de celui dont le juif Jésus annonçait le règne. Car les théologiens revendiquent bel et bien un lien avec le judaïsme, tout en affirmant que les chrétiens constituent le vrai Israël, celui où s'accomplissent toutes les promesses : « En effet, le salut du Seigneur et la vérité ont été préfigurés dans le peuple [d'Israël], et les prescriptions de l'Évangile ont été proclamées à l'avance par la Loi. Le peuple était donc [comme] l'esquisse d'un plan, et la Loi [comme] la lettre d'une parabole ; mais l'Évangile [est] l'explication de la Loi et de son accomplissement, et l'Église le lieu de sa réalisation », déclare Méliton, évêque de Sardes, en Asie Mineure, dans la seconde moitié du IIe siècle[1].

On comprend aisément qu'une telle prise de position, qui entend sauver le Dieu d'Israël tout en condamnant l'égarement du peuple hébreu, n'ait pu que révolter les juifs qui se voient de surcroît taxés de « peuple déicide » par le même Méliton…

La question de l'identité de Jésus est plus problématique. On constate toutefois, dès le début du IIe siècle, dans la mouvance de l'Évangile de Jean, la constitution

1. Dans son *Peri Pasha* (« Sur la Pâque »).

d'un courant majoritaire qui affirme que Jésus est le Fils unique de Dieu incarné, doué d'une double nature, à la fois humaine et divine. Le Verbe est la véritable et parfaite « image et ressemblance[1] » du Père, explique Irénée. Jésus est au centre de l'histoire du salut, habité qu'il est par l'Esprit saint. Cette croyance orthodoxe se trouve résumée dans les confessions de foi (appelées aussi *Credo* – « je crois », en latin) enseignées aux catéchumènes et inlassablement récitées lors des réunions communautaires. L'une des plus anciennes est celle d'Ignace d'Antioche : « Jésus-Christ, de la race de David, de Marie, qui est véritablement né, a mangé et a bu, qui a véritablement souffert persécution sous Ponce Pilate, qui a véritablement été crucifié. Il est mort. Les êtres terrestres, célestes, infernaux en sont témoins, et Il est vraiment ressuscité des morts, son Père l'ayant ressuscité comme, à sa ressemblance, il nous ressuscitera en Jésus-Christ, nous qui croyons en Lui, en dehors de Qui nous ne vivons pas vraiment. »

Cette confession d'Ignace, retravaillée et enrichie par l'ajout du Saint-Esprit, devient le célèbre *Symbole des apôtres* formulé par l'Église de Rome vers 150 : « Je crois en Dieu, Père tout-puissant et en Jésus-Christ, son Fils unique, notre Seigneur, né du Saint-Esprit et de la Vierge Marie, crucifié sous Ponce Pilate et enseveli, ressuscité des morts le troisième jour, monté aux cieux, assis à la droite du Père, d'où il viendra juger les vivants et les morts, et au Saint-Esprit, à la sainte Église, à la rémission des péchés, à la résurrection de la chair. » C'est ce *Credo* qui est encore récité de nos jours à la messe.

1. Genèse 1, 26.

L'élaboration d'un canon des Écritures

Pour limiter les risques de travestissement de la figure de Jésus et de son message, les théologiens de l'Église vont éprouver le besoin d'assortir les confessions de foi élaborées par chaque communauté d'un canon des Écritures jugées légitimes – le mot *canon* signifie en grec « roseau », « bâton pour mesurer », et désigne donc par extension la « norme ». Et cette dernière, bien sûr, doit être conforme aux principes de base que la Grande Église reconnaît comme siens.

De ce fait, les Écritures juives sont naturellement acceptées dans le corpus canonique. Jésus ne les lisait-il pas ? N'annoncent-elles pas le Christ et la Nouvelle Alliance ? Les chrétiens de la Grande Église utilisent donc la Bible juive, avec une prédilection pour sa traduction grecque réalisée au IIIe siècle avant notre ère, appelée Bible des Septante. Voilà qui constitue ce que l'on nommera, à la suite de Marcion, l'« Ancien Testament » : il comprend les cinq livres du Pentateuque (Genèse, Exode, Lévitique, Nombres, Deutéronome), huit livres de prophètes (Josué, Juges, Samuel 1 et 2, Rois 1 et 2, Jérémie, Ézéchiel, Isaïe, et le texte des douze petits prophètes), onze livres d'écrits (Ruth, Psaumes, Job, Proverbes, Qohélet, Cantique, Lamentations, Daniel, Esther, Esdras-Néhémie, Chroniques 1 et 2), auxquels s'ajoutent des écrits rédigés dès leur origine en grec (non en hébreu), et appelés « deutérocanoniques », car ils constituent une sorte de « deuxième canon » chez certains groupes juifs (Sagesse, Baruch, Maccabées 1 et 2, Judith, Tobie, le Siracide). Dès 160, la Septante est traduite en latin : on appelle cette traduction la *Vetus Latina* (« Vieille Latine »).

En contrepoint de cet Ancien Testament, mais aussi pour damer le pion à Marcion et à sa vision très personnelle du « Nouveau Testament », les Pères de l'Église jugent indispensable de dresser une liste d'Écritures chrétiennes canoniques, ces dernières étant censées avoir été inspirées par le Saint-Esprit. La tâche est loin d'être une sinécure : en effet, à partir du IIe siècle, comme nous l'avons vu, on assiste à une incroyable prolifération d'écrits les plus divers, presque tous attribués à des apôtres. Comment faire le tri dans ce pêle-mêle d'écrits qui tous prétendent délivrer le vrai message de Jésus ? Comment définir leur légitimité ou, au contraire, leur hétérodoxie ?

Un récit de l'évêque de Hiérapolis (en Phrygie), Papias, qui vécut dans la première moitié du IIe siècle, raconte que, vers 140, les Pères de l'Église se seraient réunis et auraient rassemblé dans une église tous les Évangiles existants. Et de procéder ensuite à d'énergiques prières afin que les écritures inspirées se détachent spontanément de celles qui ne l'étaient pas… Il va sans dire que ce récit, s'il a le mérite de souligner l'embarras des théologiens devant la profusion de ces textes « saints », n'est que pure légende. Car, en réalité, c'est au terme d'interminables discussions que les Pères de l'Église vont définir, entre le milieu et la fin du IIe siècle, un corpus de textes canoniques.

Les quatre critères retenus sont les suivants : l'ancienneté – plus un écrit est ancien, plus il a de chances d'être reconnu comme canonique ; l'apostolicité – le livre doit avoir été écrit par un apôtre, ou du moins un compagnon d'apôtre ; le livre doit être « catholique », universel : il doit être largement connu dans toutes les communautés ; enfin, il doit être… orthodoxe, c'est-à-dire prêcher des idées acceptées par la Grande Église.

Dans cette définition du Nouveau Testament « orthodoxe », Irénée de Lyon va jouer un rôle majeur. C'est lui qui, vers 180, affirme que seuls quatre Évangiles – ceux de Matthieu, Marc, Luc et Jean – sont porteurs du véritable message de Jésus. Quatre, pas un de plus : car « il ne peut y avoir ni un plus grand ni un plus petit nombre d'Évangiles. En effet, puisqu'il existe quatre régions du monde dans lequel nous sommes, et quatre vents principaux, et puisque, d'autre part, l'Église est répandue sur toute la terre et qu'elle a pour colonne et pour soutien la Bonne Nouvelle et l'Esprit de vie, il est naturel qu'elle ait quatre colonnes qui soufflent de toutes parts l'incorruptibilité et rendent la vie aux hommes[1] ». Du reste, Irénée est le premier à associer les quatre évangélistes aux « quatre Vivants » de l'Apocalypse, association qui allait connaître une vive fortune en art sous le nom de « tétramorphe[2] ». Toutefois, sa typologie diffère de celle que nous connaissons aujourd'hui : si l'évêque de Lyon attribue bien à Matthieu la figure de l'homme, et à Luc celle du taureau, il attribue à Marc l'aigle et à Jean le lion, et non l'inverse…

Outre les quatre Évangiles, Irénée retient les Actes des apôtres, les Épîtres de Paul, la Première Épître de Pierre, la Première Épître de Jean et l'Apocalypse comme étant également dignes de foi.

---

1. Irénée de Lyon, *Contre les hérésies*, III, 11, 8.

2. Le tétramorphe est un être composite formé de quatre créatures (l'homme, le lion, le t ureau, l'aigle), lesquels servent de symboles aux quatre évangélistes. Son origine est à rechercher dans une vision de l'Apocalypse de Jean (4, 6-7) : « Au milieu du trône et autour de lui se tiennent quatre Vivants, constellés d'yeux par-devant et par-derrière. Le premier Vivant est comme un lion ; le deuxième Vivant est comme un jeune taureau ; le troisième Vivant a comme un visage d'homme ; le quatrième Vivant est comme un aigle en plein vol. »

Vers la même époque (dans les années 165-185) circule à Rome un document connu sous le nom de Canon de Muratori[1] : son auteur, anonyme, opère d'intéressantes distinctions entre les livres acceptés par toutes les Églises, les livres sujets à caution, ceux ayant subi des altérations, et ceux considérés comme hérétiques.

S'il est des écrits qui ont donné lieu à mille controverses sur leur caractère inspiré ou non, ce sont bien l'Évangile et surtout l'Apocalypse de Jean. En effet, dès le IIe siècle de notre ère, d'aucuns doutent que leur auteur ait été l'apôtre Jean – ils vont jusqu'à penser qu'ils furent l'œuvre du gnostique Cérinthe ! C'est le cas, en particulier, des alogiens[2], lesquels refusent du même coup la qualité de Verbe (*Logos*) attribuée à Jésus dans ces textes qu'ils considèrent avec la plus grande suspicion. Qui plus est, certains groupes chrétiens donnent de l'Apocalypse une interprétation littérale, y décelant l'annonce d'une fin du monde imminente.

Ces mouvements ont pour leader un certain Montanus, qui vécut vers la fin du IIe et le début du IIIe siècle. L'homme, un eunuque phrygien, se prend pour le Consolateur – le Paraclet – dont Jésus a annoncé la venue dans l'Évangile de Jean (15, 26). « Au nom du Père, du Fils et du Seigneur Montan », fait-il dire à ses disciples. Accompagné de deux acolytes féminines, Prisca et Maximilla, il prêche la venue toute proche du Jugement dernier, auquel il faut se préparer par une ascèse extrême, faite notamment de jeûne et de xérophagie (qui consiste à ne s'ali-

1. Du nom de Ludovico Antonio Muratori qui le découvrit au XVIIIe siècle dans la bibliothèque Ambrosienne de Milan.

2. Leur nom est formé du préfixe grec privatif « a » et de « logos », Verbe ou raison – c'est-à-dire : « sans Verbe ».

menter que de fruits secs, sans aucun jus). Certes, globalement, le mouvement n'est pas déviant d'un point de vue christologique – il ne l'est qu'en matière trinitaire, ce qui est loin d'être exceptionnel à cette époque où le statut de l'Esprit saint est encore peu clair. Mais il indispose les Pères de la Grande Église par son caractère exalté : ses membres vivent des expériences de transes, ils prophétisent à outrance, recherchent délibérément le martyre et, affirmant que le Saint-Esprit s'expriment à travers eux, ils s'érigent contre la hiérarchie ecclésiastique.

Il n'y a guère que l'excessif Tertullien pour cautionner leurs idées… au point de rejoindre les rangs des montanistes à la fin de sa vie ! Les autres théologiens de l'Église, réunis lors de synodes en Asie Mineure, condamnent majoritairement la « nouvelle prophétie » de Montanus – qui subsistera pourtant jusqu'au VIe ou au VIIe siècle à travers les sectes dites « phrygiennes » ou « cataphrygiennes ». Du même coup, ils s'interrogent sur le statut à accorder à l'Apocalypse de Jean, qui a engendré tant de débordements chez ces illuminés ; au début du IIIe siècle, le prêtre romain Caïus la rejette. Et, dans certaines Églises d'Orient, son admission dans le canon restera discutée jusqu'au… Xe siècle !

Quoi qu'il en soit, et bien que l'expression « Nouveau Testament » (au sens que lui donne la Grande Église) apparaisse dès 200 sous la plume de Clément d'Alexandrie, il faudra attendre le IVe siècle pour qu'une liste précise d'écrits chrétiens canoniques soit édictée. C'est Athanase d'Alexandrie qui, en 367, recense les vingt-sept livres composant ce Nouveau Testament, liste confirmée par le décret du pape Damase en 382, puis par le second concile de Carthage le 28 août 397. Les écrits retenus sont les suivants : les quatre Évangiles de Matthieu, Marc, Luc et

Jean ; les Actes des apôtres ; quatorze lettres mises sous le nom de Paul ; sept épîtres dites « catholiques » (une de Jacques, deux de Pierre, trois de Jean, une de Jude) ; et la très controversée Apocalypse. Toutefois, la liste ainsi définie n'a pas force de loi, et si la plupart des Églises s'accordent peu ou prou sur ce corpus, des variations existent en fonction des communautés. (Du reste, aujourd'hui encore, toutes les Églises chrétiennes n'ont pas exactement le même canon biblique, tout dépend de la confession à laquelle elles appartiennent : protestante, catholique, orthodoxe…)

Ainsi, les efforts conjugués des théologiens de la Grande Église ont abouti à la mise au point, à l'extrême fin du IIe siècle, d'une Bible en diptyque, avec un Ancien et un Nouveau Testament. Ce diptyque, c'est Jésus qui en assure la cohésion, puisque aux yeux des Pères de l'Église, il est bel et bien le Messie annoncé par les prophètes juifs dans le Premier Livre.

Les apocryphes : une littérature de seconde zone ?

L'essentiel du canon chrétien étant arrêté vers la fin du IIe siècle, que deviennent les quantités d'écrits qui n'y ont pas été intégrés ? La Grande Église leur donne le qualificatif d'« apocryphe », terme qui, comme je l'ai expliqué, signifie à la fois « caché, secret » – car ils ont parfois vocation à divulguer un enseignement secret –, mais aussi « non authentique ». Si les Pères les considèrent avec la plus grande défiance, c'est à plusieurs titres : bien que leur véritable auteur soit anonyme, ils sont souvent faussement attribués à l'un ou l'autre disciple de Jésus ; et ils contiennent fréquemment, comme on l'a dit au sujet des apocryphes gnostiques, des éléments étrangers à la foi chrétienne « orthodoxe ».

Pourtant, nombre de textes apocryphes ne présentent aucune déviance doctrinale. Certains, même, étaient très appréciés et lus dans la Grande Église : c'est par exemple le cas de l'Apocalypse de Pierre (début du IIe siècle) et de celle de Paul (fin du IIe siècle). Mais, pour populaires qu'ils soient, ils ont été rédigés bien après[1] les quatre Évangiles jugés « orthodoxes », et n'émanent donc pas de disciples ayant connu Jésus : à ce titre, ils ne sont pas considérés comme « authentiques ». Quoique relégués au second plan lorsque le canon du Nouveau Testament est élaboré, ils vont continuer à nourrir spirituellement les communautés chrétiennes et à marquer de leur empreinte l'art et la littérature. C'est par exemple le cas du Protévangile de Jacques – dont j'ai déjà parlé – qui a réussi à imposer l'idée, contre les Évangiles canoniques, que Jésus était né dans une grotte. Et c'est dans l'Évangile du pseudo-Matthieu, écrit sans doute au VIe siècle, que se trouve la légende selon laquelle le nouveau-né fut réchauffé par la présence, dans l'étable, d'un âne et d'un bœuf : on sait l'extraordinaire postérité de ces animaux dans le motif de la crèche de Noël, y compris encore de nos jours.

Les Évangiles apocryphes connaissent depuis quelques années un nouvel engouement du public, avide de découvrir des facettes de Jésus inconnues dans les textes canoniques. Ces apocryphes sont en tout cas l'expression de l'incroyable polyphonie dont témoigne la foi des chrétiens aux IIe et IIIe siècles, que la figure de Jésus ne cesse d'inspirer.

---

1. Le plus ancien apocryphe connu est probablement l'Évangile de Pierre, daté de la première moitié du IIe siècle.

Des conciles pour veiller au respect de l'orthodoxie

Cette polyphonie – ou cette cacophonie, selon le point de vue que l'on adopte –, il faudra des siècles à la Grande Église pour y mettre une sourdine. L'un des moyens dont elle dispose pour veiller au respect de l'orthodoxie telle qu'elle l'a définie, c'est de réunir ses chefs afin de discuter des mesures à prendre contre les « dissidents », et de discuter des points de doctrine qui peuvent poser problème.

Jusqu'au IVe siècle, on l'a dit, il était impossible de convoquer en un même lieu toutes les figures de proue du christianisme d'Orient et d'Occident : trop risqué à une époque où la jeune religion est encore illicite, et pas dans l'air du temps non plus, les Églises étant attachées à leur autonomie et soucieuses de gérer leurs affaires hors de l'ingérence de représentants d'autres contrées. En revanche, la pratique des conciles régionaux (également nommés « synodes ») se développe à partir du dernier tiers du IIe siècle : en Asie Mineure, des théologiens de la Grande Église (pas uniquement des évêques) se concertent afin de lutter contre le montanisme dont ils excommunient les membres. L'institution des conciles régionaux se développe encore au IIIe siècle, mais, désormais, seuls les évêques ont voix au chapitre. Vers 220, Agrippinus, évêque de Carthage, fait déclarer, lors d'un concile africain, la nullité du baptême conféré par des chrétiens « hérétiques ». Et c'est encore un concile, réuni cette fois à Antioche en 268, qui condamne l'idée d'Origène selon laquelle l'âme du Christ préexistait, et que l'union du Verbe avec la chair de Jésus s'était faite par l'intermédiaire de cette âme. Les évêques rassemblés récusent, eux, l'idée que le Christ ait eu une âme humaine : c'est le *Logos* qui en tient lieu[1]... Cette affirmation va diviser les rangs des théologiens au IVe siècle – j'aurai l'occasion d'y revenir –, mais elle sera finalement rejetée par le concile de Chalcédoine en 451.

On le voit, même après l'élaboration d'une première orthodoxie, les débats sur l'identité et la nature de Jésus sont loin d'être clos ! Quoi qu'il en soit, lentement mais sûrement, la Grande Église, par son organisation efficace, par sa détermination, par sa doctrine, qu'elle affine progressivement, a réussi à asseoir son autorité face aux courants minoritaires, tandis qu'elle apparaît désormais, aux yeux du pouvoir romain, comme un groupe puissant avec lequel il doit désormais composer.

1. Cette réaction contre Origène est appelée par les théologiens la « théorie du Verbe-chair » : la chair est le réceptacle du Verbe.

7

[illegible]

[illegible]

[illegible]

7

La tempête avant le calme

À l'aube du IIIe siècle, le christianisme a véritablement changé de visage. De secte marginale du judaïsme, il s'est affirmé en religion à part entière, laquelle devient même majoritaire en Asie Mineure, au nord de l'Égypte et dans la région de Carthage. Plus solidement établie à l'intérieur même des multiples courants chrétiens, la Grande Église a enfin pu baisser la garde vis-à-vis de l'extérieur : depuis la fin du règne de Septime Sévère (en 211), les persécutions se sont calmées, laissant place à une manière d'entente cordiale avec les païens. Mieux : certains empereurs, tel Philippe l'Arabe (244-249), manifestent de la bienveillance à l'égard des croyants en Jésus… Mais c'était sans compter le brutal revirement inauguré par son successeur, Dèce, en 250.

D'une persécution l'autre

Fervent païen, Dèce – qui règne de 249 à 251 – ressent une hostilité épidermique envers les chrétiens. Il ne peut supporter de voir, à Rome, son autorité concurrencée par celle d'un « évêque de Dieu ». Qui plus est, le César est confronté à une crise extrêmement grave : les Barbares sont parvenus à forcer les frontières de l'empire et pillent les Balkans, ainsi qu'une partie de l'Asie. Pour Dèce, il devient nécessaire de tout mettre en œuvre afin d'assurer la cohésion de l'empire face à ces dangers.

Il se laisse rapidement convaincre que les chrétiens sont à la source de ces difficultés, eux qui refusent d'honorer les divinités traditionnelles. Aussi publie-t-il, fin 249 ou début 250 (la date est discutée), un édit ordonnant que tous les peuples de l'empire sacrifient aux dieux ; les chrétiens, naturellement, doivent aussi s'y soumettre.

Pour impérative qu'elle soit, cette mesure n'a cependant pas vocation à s'attaquer aux chrétiens en tant que tels, mais à rassembler l'ensemble de la population autour des cultes officiels. Du reste, on n'exige pas d'emblée des chrétiens qu'ils abandonnent formellement leur foi. Mais, de fil en aiguille, le ton se durcit et les plus réticents sont emprisonnés, torturés, mis à mort. L'évêque de Rome, Fabien, est exécuté dès janvier 250. Ceux d'Antioche et de Jérusalem meurent en prison. Devant cette persécution aussi violente qu'inattendue, les chrétiens sont terrorisés. Ils se précipitent en nombre pour apostasier[1] sous les rires moqueurs des païens, rapporte Eusèbe de Césarée.

La mort de Dèce, en mai 251, va certes mettre un terme à cette oppression. Mais le répit sera de courte durée : la peste ravage la population de 250 à 265, et les chrétiens sont jugés responsables de cette épidémie[2]. L'empereur Valérien[3] va encore resserrer l'étau sur les chrétiens en

1. C'est-à-dire renoncer à leur foi.

2. L'évêque de Carthage, Cyprien, s'insurgera contre cette analyse dans son traité *Le Fléau de la peste et la défense des chrétiens accusés à tort d'en être les vecteurs*.

3. Il a régné de 253 à 260.

publiant coup sur coup deux édits persécuteurs. En août 257, il interdit les célébrations liturgiques et ordonne aux évêques, aux prêtres et aux diacres de sacrifier aux divinités païennes sous peine d'exil. Puis, en août 258, il décrète la peine de mort contre les clercs, les sénateurs et les chevaliers chrétiens qui s'obstineraient dans leur foi, tandis qu'il prévoit l'exil pour les femmes de haut rang, l'esclavage et les travaux forcés pour les fonctionnaires de l'État, le tout assorti de la confiscation de leurs biens.

En s'attaquant ainsi à la hiérarchie ecclésiastique et aux laïcs chrétiens de haut rang, l'empereur entend décapiter la jeune religion. C'est ainsi que Denys d'Alexandrie est envoyé en exil, sort néanmoins plus enviable que celui d'autres évêques qui sont condamnés aux mines. Pis : en août 258, l'évêque de Rome Sixte II est décapité avec plusieurs de ses diacres. En septembre de la même année, c'est Cyprien de Carthage qui est exécuté, de même que d'autres membres de l'Église et même des laïcs.

La question des apostats

Pourtant, les chrétiens vont enfin pouvoir souffler lors de l'avènement du fils de Valérien, Gallien : constatant l'inefficacité de la politique menée par son père, celui-ci adopte dès 259 (ou 260) un édit de tolérance stipulant la liberté du culte et la restitution de leurs biens aux Églises. Cette période de coexistence pacifique avec l'État romain va se prolonger pendant plus de quarante ans, permettant à l'Église de retrouver une nouvelle vigueur et de reprendre son expansion.

Mais les persécutions ont imprimé de profonds stigmates dans sa chair. Les clercs sont en effet confrontés à une épineuse question : que faire des (nombreux) chrétiens qui, ayant abjuré leur foi par crainte des représailles – on les appelle en latin les *lapsi*, « ceux qui ont chuté » –, souhaitent maintenant retourner dans le giron de l'Église ?

Sitôt après les persécutions déclenchées par Dèce, un prêtre de Rome, Novatien, avait exigé la plus grande fermeté vis-à-vis des apostats : selon lui, ils ne pouvaient être réconciliés avec l'Église d'aucune manière, pas même par la pénitence. Mais l'évêque de Rome, Corneille, ne l'entend pas de cette oreille, et invite, lui, à faire preuve de mansuétude vis-à-vis des relaps. Taxant Corneille de laxisme, Novatien parvient à convaincre trois épiscopes de la région de le consacrer évêque : pour la première fois, il y a donc deux évêques de Rome. Si un synode réuni en 251 met fin à cette situation en validant l'élection de Corneille au détriment de celle de Novatien, cela n'empêchera pas ce dernier de bénéficier du soutien de très nombreux fidèles et de générer un schisme qui perdurera jusqu'à la fin du VIe siècle, tandis qu'au IVe siècle un autre courant prônera un fondamentalisme tout aussi radical envers les *lapsi* : celui des donatistes, sur lequel je reviendrai.

En somme, non seulement les persécutions ont réduit les effectifs de l'Église chrétienne, mais, de surcroît, elles sèment la zizanie en son sein.

La Grande Persécution de Dioclétien (303-311)

Pourtant, le plus dur reste encore à venir. Car si Dioclétien, empereur depuis 284, manifeste dans un premier temps sinon de la bienveillance, du moins de l'indifférence à l'égard des croyants en Jésus, c'est lui qui va engager contre eux la persécution la plus violente qu'ils aient eu à subir jusqu'alors.

L'année 303 est calamiteuse : le souverain adopte coup sur coup quatre édits dont la sévérité va *crescendo*. Il ordonne, entre autres, la destruction des églises, la confiscation des livres et des biens, l'interdiction des réunions de culte, mesures assorties de déchéances diverses pour les personnes de haut rang et de l'incapacité, pour les chrétiens, d'ester en justice[1] ; les clercs sont incarcérés et ont obligation de sacrifier aux dieux de l'empire ; puis c'est l'ensemble des chrétiens qui doit se plier à cette coutume.

Ces derniers ne sont d'ailleurs pas les seuls à faire les frais de l'implacable volonté impériale d'en revenir aux cultes traditionnels : en 302, un édit similaire a frappé les manichéens, car « la vieille religion ne devrait pas être critiquée par une nouvelle ».

Il faut dire que Dioclétien, qui est parvenu à stabiliser la situation très périlleuse dans laquelle l'empire se trouvait depuis les années 230, souhaite désormais renforcer la toute-puissance de l'État incarné en sa propre personne… divinisée, puisqu'il se déclare Jovius, descendant de Jupiter, père des dieux. Toujours est-il que l'application de ces édits – quoique très contrastée selon les régions – provoque de nombreuses exécutions. Eusèbe de Césarée nous décrit les « tourments variés des admirables martyrs » : « Tantôt ils périssaient par la hache, comme il est arrivé à ceux d'Arabie ; tantôt ils avaient les jambes brisées, comme cela s'est produit pour ceux de Cappadoce ; et parfois ils étaient attachés la tête en bas et suspendus par les pieds tandis qu'un feu doux était allumé sous eux, si

1. C'est-à-dire d'entamer quelque action en justice.

bien qu'ils étaient étouffés par la fumée de la matière enflammée, comme cela se produisit en Mésopotamie ; parfois encore on leur coupait le nez, les oreilles, les mains, et on dépeçait les autres membres et parties du corps, comme il arriva à Alexandrie. Me faut-il ranimer le souvenir de ceux d'Antioche, rôtis sur des grils portés au rouge, non pour les faire mourir, mais pour les supplicier longuement[1] ? »

Après l'abdication de Dioclétien, en 305, la persécution s'atténue, sauf en Orient où elle atteint son paroxysme en 308. Ce n'est qu'en avril 311 que l'empereur Galère, sur son lit de mort, décide de mettre fin à cette violence intestine en promulguant un édit accordant à nouveau le droit aux chrétiens de tenir des réunions cultuelles. Mieux : cet édit reconnaît la légitimité de leur foi : « Les chrétiens devront prier leur dieu pour notre salut, celui de l'empire », leur est-il demandé. Mais c'est un christianisme exsangue, littéralement épuisé par ces longues années de persécutions, qui se voit ainsi intégré au rang des religions autorisées.

Décimés, divisés en leur sein même par de violentes querelles, les chrétiens paraissent en effet à bout de souffle. Qui aurait parié que, quelques années plus tard, le christianisme allait s'imposer comme religion officielle de l'empire ? Sûrement pas les « Sept Dormants d'Éphèse » qui, raconte la légende, furent persécutés, à l'époque de Dèce, et se réfugièrent dans une grotte pour ne sortir de leur long sommeil que sous le règne de Théodose II (408-450). L'un d'eux s'étant alors décidé à quitter son abri, quelle ne fut pas sa surprise de voir la porte de la ville surmontée du signe de la croix ! « Qu'est ceci ? pensait-il.

1. In *Histoire ecclésiastique,* 8, 12.

Hier, personne n'osait prononcer le nom de Jésus-Christ, et aujourd'hui ils se confessent tous chrétiens[1] ?» C'est que, pendant leur long sommeil, un incroyable coup de théâtre s'était produit. Un coup de théâtre dont l'acteur principal se nomme Constantin.

1. In Jacques de Voragine, *Légende dorée*, § 292-298. Ce récit des Sept Dormants, composé à Éphèse au milieu du Ve siècle, fut traduit en latin au VIe siècle par Grégoire de Tours et connut un grand succès pendant tout le Moyen Âge, en Orient aussi bien qu'en Occident.

Troisième partie

L'homme-Dieu

(IVe-Ve siècles)

1

Le Christ et l'empereur

En octobre 312 Constantin, qui a succédé à son père Constance Ier à la tête de l'Empire romain d'Occident, achève ses conquêtes pour réunifier son empire. Aux côtés de son père d'abord, puis tout seul à partir de 306, il a remporté plusieurs batailles. En 309, la légende raconte que le dieu Apollon lui-même lui serait apparu dans le temple de Grand, dans les Vosges, et lui aurait tendu une couronne de laurier avec le nombre XXX en son centre, présage d'un règne de trente ans. Il a poursuivi son avancée, multiplié les victoires, traversé les Alpes, marché sur Turin, Milan, Valence, redescendu le long des Apennins. En ce mois d'octobre, donc, il lui reste une ultime bataille à mener contre Maxence qui règne sur Rome : il lui faut prendre la capitale.

Contrairement à ceux qui l'ont précédé, Constantin n'est pas hostile au christianisme, même s'il n'est pas lui-même chrétien : il est plutôt enclin à suivre la religion de son père, une forme de monothéisme païen fondé sur le culte solaire. Sa mère, Hélène, qui exerça une influence considérable sur lui, était-elle déjà chrétienne ? Les avis des historiens divergent sur ce point, aucun chroniqueur de l'époque n'ayant pris le soin de noter ce détail. Le fait est que l'empereur compte plusieurs chrétiens dans son entourage, et l'un de ses plus proches conseillers est même un évêque, Ossius de Cordoue.

Ossius n'est pas loin de Constantin quand celui-ci se réveille, à la veille de la bataille décisive, et lui conte le rêve étrange qu'il a fait : un dieu s'est adressé à lui en inscrivant dans le ciel un trait vertical surmonté de la devise grecque, *en toutoï nika* : « la victoire est dans ce signe », et de deux lettres grecques, χ et ρ. Constantin est persuadé qu'il s'agit d'Apollon ; Ossius lui décrypte son rêve et lui révèle que ces deux lettres sont les initiales du mot « Christ », utilisées en guise d'étendard par la petite minorité chrétienne persécutée dans l'empire depuis sa naissance, ou presque. C'est donc au Christ que Constantin attribue sa victoire et son entrée dans Rome, le 28 octobre, à l'issue de la terrible bataille du pont Vilnius qui lui permit de vaincre Maxence et d'arriver, triomphant, dans la capitale impériale.

Cet épisode, raconté par l'empereur lui-même, a été largement repris et commenté par les chroniqueurs chrétiens de l'époque. Est-ce une histoire vraie ? Je me contenterai ici de reprendre les propos d'Eusèbe, évêque de Césarée, qui reconnaît son caractère incroyable, tout en s'empressant d'ajouter : « Mais, puisque ce victorieux empereur nous l'a racontée lui-même, à nous qui écrivons cette histoire longtemps après, lorsque nous avons été connus de ce prince et que nous avons eu part à ses bonnes grâces, confirmant ce qu'il disait par serment, qui pourrait en douter[1] ? »

En entrant dans Rome, Constantin réalise enfin son ambition : unifier l'empire occidental sous une seule auto-

1. Eusèbe de Césarée, *Vie de Constantin*, I, 31-32.

rité, la sienne. Jusqu'en 324, il composera avec Licinius, l'empereur d'Orient, avant de vaincre ce dernier à Andrinople et de régner seul sur l'ensemble de l'empire – occidental et oriental.

L'une des premières mesures que prend l'empereur est la réhabilitation du christianisme qui, sans transition aucune, accède au statut de religion privilégiée. L'évêque de Rome, Miltiade, émerge des catacombes pour prendre possession du palais du Latran, première de la très longue série de dotations que fera l'empire à l'Église. Des chantiers sont inaugurés dans tout Rome, la capitale païenne, qui se couvre de basiliques : Saint-Pierre-du-Vatican, Saint-Jean-du-Latran, près du siège de la papauté, Saint-Paul-hors-les-murs, Saint-Laurent, Sainte-Croix-de-Jérusalem où la mère de Constantin, l'impératrice Hélène, fera plus tard déposer des reliques de la « Vraie Croix » ramenées de Terre sainte.

Le nouvel empereur protège « ses » chrétiens, il les couvre d'honneurs, leur réserve bientôt les plus hautes fonctions de l'empire (ce qui entraîne bien vite la conversion des élites romaines à la « nouvelle » religion), mais il se préoccupe également du sort des chrétiens d'Orient qui continuent de subir des persécutions épisodiques. En février 313, il convie Licinius, son homologue oriental, à Milan, et le convainc de la nécessité de protéger tous les cultes, toutes les religions ; en juin de la même année, l'édit de tolérance est promulgué par Licinius à Nicomédie (et non par Constantin à Milan, comme on le pense généralement, assurant la liberté de culte aux citoyens de l'empire.

Ce traité, remarquable par son esprit de tolérance, est digne des textes des grands penseurs modernes qui fonderont, au XVIIIe siècle, le principe de liberté de conscience et de religion. Il précise que les chrétiens peuvent désormais adorer leur dieu « librement et complètement, sans être inquiétés ni molestés », de même que les autres citoyens, « ainsi qu'il convient à notre époque de paix, afin que chacun ait la libre faculté de pratiquer le culte de son choix. Ce qui a dicté notre action, c'est la volonté de ne point paraître avoir apporté la moindre restriction à aucun culte ni à aucune religion ». Le traité précise que les lieux de culte des chrétiens leur seront aussitôt rendus « sans paiement ».

L'unité de l'empire et celle de l'Église

Constantin est-il alors chrétien ? Formellement, et contrairement à bien des idées reçues, il ne l'est pas, puisqu'il ne se fera baptiser que sur son lit de mort, en mai 337, par l'évêque Eusèbe de Nicomédie, et il conservera le titre païen de *pontifex maximus*, c'est-à-dire souverain pontife de la religion de la Rome ancienne, celui qui est garant de la relation entre les hommes et les dieux du panthéon. Cependant, sa proximité avec le christianisme ne laisse aucun doute, sa sympathie pour les chrétiens non plus.

D'emblée, il s'érige en protecteur de l'Église, n'hésitant pas à intervenir directement dans les affaires ecclésiales et même dogmatiques, et il se donne le titre d'« évêque du dehors », ce qui légitime son interventionnisme – lequel ne suscite au demeurant aucune réaction négative au sein même de l'Église. Cette dernière le considéra d'ailleurs très vite non seulement comme le premier souverain chrétien de l'histoire, mais aussi comme le « treizième apôtre » – voire *isapostolos,* « l'égal des apôtres », selon la terminologie retenue par les chrétiens d'Orient, et elle en fit un saint, inscrit dans la plupart des calendriers byzantins et célébré le 21 mai par les Églises orthodoxes, conjointement à sa mère, sainte Hélène.

Pourtant, Constantin n'a rien d'un enfant de chœur ni d'une âme charitable. Roi guerrier, voire sanguinaire, impitoyable envers ses ennemis, il a notamment fait assassiner son fils aîné, Crispus, puis son épouse Fausta, ébouillantée dans son bain, pour des raisons qui nous sont inconnues. Les Pères de l'Église qui l'ont rapporté, notamment Eusèbe de Césarée, se sont abstenus de toute allusion aux passages les plus tumultueux de sa vie, ainsi qu'à la cruauté dont il sut faire montre. Il en va d'ailleurs curieusement de même de nombreux historiens contemporains qui ne font guère mention de ses crimes. Les Églises qui l'ont sanctifié précisent cependant qu'il l'a été non pour sa vie personnelle, mais pour l'aide qu'il apporta à la religion chrétienne. Bien étrange aveu quand on sait que la sainteté exige des « vertus héroïques » !

Quoi qu'il en soit, il est tout à fait probable que les privilèges accordés par Constantin aux chrétiens ne l'aient pas été simplement par affinités personnelles, quand bien même celles-ci auraient joué un rôle non négligeable dans sa promotion du christianisme. L'empereur est en effet d'abord un homme d'État, soucieux de reconstruire un empire affaibli par les luttes pour le pouvoir et fragilisé par la décadence des mœurs. La corruption sévit en effet à tous les échelons, les divorces deviennent monnaie courante, la natalité enregistre une baisse vertigineuse, menaçant les recrutements dans l'armée et la marine, les riches se prélassent dans la débauche et l'hédonisme, ils entretiennent des écuries d'esclaves destinés à leur confort personnel et aux jeux du cirque où ils affrontent les lions et les ours ou bien se battent entre eux jusqu'à ce que mort s'ensuive. Les pauvres vivent de la sportule, la mendicité, délaissent leurs boutiques ou leur artisanat pour assister aux jeux.

Dans ce contexte, l'armature morale qu'apporte le christianisme n'est pas pour déplaire à l'empereur, sincèrement admiratif de cette minorité qui prône la justice et la probité, se refuse aux actes sanglants et s'abstient de s'adonner à tous les plaisirs terrestres dans la mesure où elle est dans l'attente de la Vie éternelle. En tant qu'ancien militaire, il se reconnaît certainement aussi dans l'organisation hiérarchisée de l'Église, et il sait, lui, l'unificateur de l'empire, l'avantage qu'il peut tirer d'une religion bien structurée, surtout s'il la place, comme cela est le cas, sous son contrôle direct, et s'il jouit de la fidélité de ses clercs.

Bientôt, de fait, l'empire se christianise : ses fêtes célèbrent désormais la Résurrection, la Nativité, le dimanche devient le jour du Seigneur, le visage des criminels, « formé à l'image de la beauté céleste », n'est plus marqué, comme le voulait l'usage, et les jeux sanglants sont interdits.

Pourtant, Constantin s'inquiète des divisions doctrinales qui minent l'unité des chrétiens. Les querelles sur l'identité du Christ, qui les déchiraient déjà sous les persécutions, sont loin d'être closes, et de nouvelles controverses surgissent. Dans son très érudit *Dictionnaire historique* publié en 1673, l'abbé Moreri recense à cette époque cinquante-cinq hérésies portant, pour la plupart d'entre elles, sur la nature et la personne de Jésus. Le projet politique de l'empereur, qui consiste à unifier son empire sous la bannière du christianisme et sous la houlette de l'évêque de Rome (ce qui établira la puissance de la papauté), est menacé par ce chaos doctrinal.

Dès 314, Constantin prend donc l'initiative de convoquer un concile régional en Arles, le premier d'une série de conciles à être réunis à l'initiative d'une autorité civile et non pas ecclésiale. L'influence croissante des donatistes en Afrique du Nord commence à l'inquiéter sérieusement. Ces derniers, passant outre l'avis de Rome, qui prône la tolérance envers les *lapsi* – ceux qui ont renié leur foi durant les persécutions –, adoptent une attitude intransigeante à leur endroit, notamment pour ce qui est des prêtres et évêques dont ils refusent la réintégration après pénitence et invalident les sacrements. Les donatistes ont engagé là-dessus un bras de fer avec l'évêque de Rome, et Constantin craint le schisme et ces querelles cléricales qui commencent à perturber l'ordre public. Le concile ordonne la dissolution des communautés donatistes ; les forces impériales se chargent de faire appliquer les mesures répressives – en vain : le donatisme survivra plus d'un siècle à ce premier concile.

Arius l'Alexandrin

C'est cependant d'Égypte, plus précisément d'Alexandrie, que viennent les rumeurs les plus alarmistes. Les controverses christologiques et trinitaires des deux siècles écoulés ne sont pas encore éteintes qu'un nouveau mouvement hétérodoxe voit le jour et gagne rapidement en popularité. À l'origine de ce mouvement, un prêtre nommé Arius. Né en Libye vers 256, ancien élève à Antioche d'un maître réputé, Lucien, auprès duquel de grands noms du christianisme de l'époque iront s'abreuver de science théologique, Arius est, au début du IVe siècle, titulaire de la paroisse du port d'Alexandrie, l'église de Baucalis, fréquentée par les marins, les marchands et par le petit peuple. Il a une solide réputation de théologien, il est également admiré pour son ascétisme, il sait parler au cœur des foules. Cette réputation déborde le port pour attirer à ses prêches les chrétiens de toute la ville, et même les étrangers de passage qui sont d'emblée séduits par le pieux personnage. Une communauté de vierges consacrées s'attache à lui, ce qui accroît son prestige autour de la rive sud de la Méditerranée.

L'un des rares portraits qui nous soient parvenus d'Arius est rédigé vers 375 par l'hérésiologue Épiphane de Salamine qui le décrit en termes évidemment peu amènes : « De stature élevée, il avait un visage triste et composait son apparence comme un serpent rusé, capable de s'emparer des cœurs naïfs avec son air de sainteté. Il portait toujours un demi-manteau et une tunique courte sans manches, il parlait avec douceur, il séduisait les âmes en les flattant[1]. »

Or, si les donatistes s'attaquaient à la discipline ecclésiale, Arius, lui, touche à ce qui constitue la pierre d'achoppement du christianisme : la personne du Christ qu'il refuse de considérer à l'égal de Dieu, seul éternel et increé, répète-t-il à longueur de prêches. Son discours n'est pas inédit dans la tradition alexandrine, celle des néoplatoniciens, tels Plotin et Porphyre, qui concevaient le principe divin sous la forme de trois hypostases ou trois Réalités : un Principe inengendré, immuable et inaccessible, l'Un suprême ; la Raison, ou Verbe, qui découle de lui ; et, enfin, l'Âme. Le discours néoplatonicien avait par ailleurs fortement influencé les gnostiques alexandrins pour qui le Verbe n'était pas Dieu Lui-même, mais une parole proférée par Dieu, donc créée par Lui et inférieure à Lui.

Arius sera également accusé de reprendre des éléments de l'hérésie de Paul de Samosate, le fantasque évêque

1. In *Panarion I*, II, 69, 3.

d'Antioche qui, dans la seconde moitié du IIIe siècle, militait en faveur d'un monothéisme parfait et, pour cela, voyait dans le Christ un humain adopté par Dieu et élevé par Lui à la divinité jusqu'à prendre la même substance que le Père pour ne plus former qu'une seule et même personne avec Lui.

A-t-il aussi été pénétré de l'influence de son maître présumé, Lucien d'Antioche ? Ce dernier était un bibliste renommé qui lisait l'Écriture de manière historique à une époque où l'exégèse se faisait essentiellement de manière allégorique ; il est possible que ses commentaires du credo d'Israël, le *Shema Israel* (« Écoute Israël, notre Dieu éternel, notre Dieu un »), et ses exposés sur le strict monothéisme juif, qui prévalait d'ailleurs dans les premières communautés chrétiennes, aient eu un fort impact sur la pensée de son élève Arius.

Les autres élèves de Lucien, qui accédèrent pour certains à de hautes fonctions épiscopales, ont pour la plupart soutenu Arius, ou tout au moins refusé de le condamner quand il fut plus tard déclaré hérétique. Hilaire de Poitiers, qui faisait partie des adversaires les plus farouches d'Arius, l'accusera en tout cas de s'appuyer sur le credo d'Israël pour développer sa doctrine, dite l'arianisme.

Le Christ, dieu en second

On ignore à quelle date Arius a commencé à répandre sa conception de la nature du Fils, mais c'est aux alentours de 316 que l'évêque d'Alexandrie, Alexandre, commence à s'en émouvoir du fait du succès qu'elle remporte auprès des fidèles et de la zizanie qui s'ensuit parmi les chrétiens. Car la construction théologique arienne lui semble d'autant plus dangereuse qu'elle repose non seulement sur une solide connaissance des Écritures, mais aussi sur une logique certaine, issue des catégories de la philosophie grecque, en particulier d'Aristote, qui a profondément imprégné la pensée égyptienne et plus largement méditerranéenne de l'époque.

Selon Arius, il existe un seul Dieu, le Père, qu'il décrira ainsi dans une lettre à son évêque Alexandre, quand il tentera de le convaincre de la justesse de ses positions : il est « seul inengendré, seul éternel, seul sans commencement, seul véritable, seul possédant l'immortalité ». C'est, ajoute-t-il, de cet unique inengendré que le Verbe a surgi du néant, par la volonté du Père, afin d'être son instrument dans la création du monde. Le Verbe n'est donc pas éternel, puisqu'il y eut un temps où il n'était pas. D'ailleurs, s'il avait été éternel, à l'image du Père, cela signifie qu'il y aurait deux inengendrés et non pas un seul, ce qui irait à l'encontre de la conception monothéiste prônant un Dieu unique. Le Verbe ou *Logos*, c'est-à-dire le Fils, est donc un être créé – Arius refuse la différence entre les termes « engendré » et « créé ». Un être certes exceptionnel, parfaitement saint, sans péchés, doté d'une insurpassable perfection morale… mais un être qui n'est pas Dieu, qui n'est pas égal au Père.

Arius place donc le Christ dans une position subalterne, celle d'un dieu en second, engendré, par nature imparfait, le Père seul étant éternel, parfait et répondant ainsi totalement à la définition de Dieu. Pour étayer sa doctrine, il s'appuie sur la Bible étudiée à Antioche auprès de Lucien, plus exactement sur la Prosopopée de la Sagesse, dans le livre des Proverbes où la Sagesse, en quelque sorte le *Logos*, affirme : « Yahvé m'a créée, prémices de Son œuvre, avant Ses œuvres les plus anciennes. Dès l'éternité, je fus établie, dès le principe, avant l'origine de la terre. Quand les abîmes n'étaient pas, je fus enfantée, quand n'étaient pas les sources aux eaux abondantes. Avant que fussent implantées les montagnes, avant les collines, je fus enfantée ; avant qu'Il eût fait la terre et la campagne et les premiers éléments du monde [...]. Quand Il traça les fondements de la terre, j'étais à Ses côtés comme le maître d'œuvre » (Proverbes 8, 22-30).

Moralement parfait, le Verbe n'est pas pour autant totalement parfait comme l'est le Père, ajoute Arius dans son argumentaire qui se fonde cette fois sur les récits de la vie de Jésus dans les Évangiles. « Le Verbe s'est fait chair », est-il dit dans le prologue de l'Évangile de Jean. Ce qu'Arius interprète en ces termes : en s'incarnant, le Verbe a assumé un corps mortel, mais non une âme mortelle ; la chair du Christ était donc habitée par le Verbe, et le Christ n'était, de ce fait, pas entièrement humain. Et ce Verbe qui anime le corps du Fils se révèle être changeant par nature, comme le sont toutes les créatures du Père. On le voit ainsi tantôt en colère, et même violent, quand Jésus chasse les marchands du temple ; tantôt pacifique et doux, pleurant en certaines occasions, implorant Dieu le Père au moment de la crucifixion. « C'est par son propre libre arbitre qu'il demeure bon tant qu'il veut », écrit Arius dans la *Thalie,* ce long récit en vers qu'il rédigera en exil et sur lequel j'aurai l'occasion de revenir.

En somme, Arius ne récuse pas la divinité du Christ dont il reconnaît la préséance dans la création, ainsi que la nature exceptionnelle. Le Fils est certes divin, dit-il, mais il ajoute aussitôt que le Christ n'est pas Dieu et ne saurait être confondu avec Lui : issu du Vrai Dieu, il est subordonné à Lui. Et c'est justement parce qu'il est un dieu second qu'il a pu s'unir à la chair, acte inconcevable s'agissant du Père.

À partir de là, Arius peut donc affirmer que le Père et le Fils ne sont pas de la même substance ou essence, ils ne sont pas consubstantiels (*homoousios,* en grec), ainsi que le prône l'orthodoxie de la Grande Église pour qui « le Fils est consubstantiel au Père et éternel avec Lui », cette identité dépassant la simple ressemblance.

Le concile d'Alexandrie

La première confrontation entre Arius et l'évêque d'Alexandrie se serait déroulée aux alentours de 318, mais les détails de cette rencontre ne nous sont pas parvenus. Nous savons par contre que chacune des deux parties a commencé à ce moment à compter ses alliés : Alexandre, en adressant des missives aux évêques, dont celui de Rome, et à l'empereur Constantin ; Arius, auprès de ses condisciples à l'école de Lucien d'Antioche, notamment Eusèbe, devenu évêque de Césarée, et un autre Eusèbe, évêque, lui, de Nicomédie, qui s'empressent de le soutenir.

La teneur de la lettre adressée par Arius à ce dernier a été conservée ; Arius y expose évidemment ses idées, et il l'achève par un clin d'œil complice se référant aux années passées : « Porte-toi bien dans le Seigneur en te souvenant de nos tribulations, écrit-il. J'en formule le souhait, en vérité collucianiste » – expression qui est une allusion évidente à Lucien, leur maître commun d'Antioche.

Les alliés d'Arius n'en restent pas là. Ils sont pour la plupart bien installés dans l'Église orientale, et ils convoquent deux petits synodes locaux, l'un en Bithynie, l'autre en Palestine, qui décrètent l'orthodoxie des idées du prêtre égyptien dont la popularité ne cesse de croître à Alexandrie. Dans cette ville des rives de la Méditerranée, les tensions vont croissant du fait de la division entre les chrétiens, et les heurts se multiplient entre les fidèles d'Arius et ceux de l'évêque. Pour Alexandre, c'en est trop : en 319, il convoque les évêques d'Égypte et de Libye pour un concile qui se tient à Alexandrie. Arius comparaît devant l'aréopage de clercs qui le somment de revenir sur sa doctrine, mais il leur oppose un net refus. Il n'accepte pas leur principe selon lequel le Verbe est forcément coéternel au Père, parce qu'il ne peut exister un Père, un Dieu sans Verbe, sans *Logos*, sans Raison. Il se contente de leur réitérer son intime conviction : « Si le Père a engendré le Fils, celui-ci a donc dû commencer à exister ; par conséquent, il y eut un moment où il n'existait point[1]. »

Le concile s'achève rapidement. Les évêques réunis réaffirment solennellement que le Verbe, donc le Christ, est consubstantiel et coéternel au Père. Ils excommunient Arius ainsi que sept prêtres et des diacres qui ont pris partie en sa faveur, et ils les expulsent d'Alexandrie. Sept cents vierges consacrées quittent elles aussi la ville pour suivre leur maître spirituel.

Alexandre écrit aussitôt aux autres évêques pour les informer de la tenue du synode et de ses résolutions, et pour leur demander de ne pas réintégrer Arius, dont il dénonce les erreurs, dans leur communion. En vain : Arius se dirige d'abord vers Césarée, en Palestine, où Eusèbe l'accueille. De là, il se rend chez Eusèbe de Nicomédie, ville proche de Constantinople, où ce dernier, proche de l'empereur, entame une campagne en sa faveur, multipliant les

1. Ignacio Ortiz de Urbina, *Histoire des conciles œcuméniques*, tome 1, *Nicée et Constantinople, 324 et 381*, Fayard, 2006, p. 39

missives pour défendre les idées ariennes et dénoncer les décisions hâtives du synode d'Alexandrie.

Entre-temps, de son refuge de Nicomédie, Arius rédige un curieux ouvrage, un long poème, la *Thalie*, où il expose et défend ses idées. Ses vers, faciles à retenir, sont rapidement mis en musique pour devenir des chansons populaires, entonnées dans le port et dans les rues d'Alexandrie, et exportées hors de la ville par les voyageurs, ainsi que le racontera un siècle plus tard Philostorge dans son *Histoire ecclésiastique*, en précisant : « C'est par le plaisir qu'il leur faisait trouver à ses mélodies, qu'il attirait à sa propre impiété les hommes les plus ignorants[1]. » Car c'était un temps où les chansons tenaient souvent lieu de catéchisme…

La plupart des écrits d'Arius ont été détruits après sa condamnation pour hérésie, comme il était de règle à cette époque. Trois lettres de lui, dont l'une à l'évêque Alexandre et l'autre à l'empereur Constantin, ainsi que quelques fragments de la *Thalie* sont parvenus jusqu'à nous grâce à ses ennemis qui le citaient pour mieux le critiquer. Des vers de la *Thalie* sont ainsi cités par Athanase d'Alexandrie dans son *De Synodis*, plus connu sous le nom de « Traité contre les ariens », où l'évêque alexandrin traduit avec mépris « Thalie » par « Chanson à boire ». On découvre, à travers ces extraits, un Arius très pédagogue, certainement très persuasif, expliquant par exemple : « Dieu n'était pas dès toujours Père, mais il y a eu un moment où Dieu était seul et n'était pas encore Père ; c'est plus tard

1. *L'Histoire ecclésiastique de Philostorge*, 2, 2. Des douze volumes rédigés par Philostorge, consacrés à une période allant des débuts de la controverse arianiste jusqu'à 425, il ne subsiste que la compilation réalisée au IXe siècle par le patriarche Photius de Constantinople.

qu'il est devenu Père. Le Fils n'était pas dès toujours ; car puisque tout est devenu à partir du néant, le Fils de Dieu lui aussi est du néant. Et puisque tout est créatures et œuvres devenues, lui aussi est créature et œuvre. Et puisque tout n'était pas encore auparavant, mais est survenu, pour le Verbe aussi, il y eut un moment où il n'était pas, et il n'était pas avant qu'il devienne : il a un commencement d'être[1]. »

La « querelle arienne » n'est que l'une des multiples « querelles byzantines » qui ont embrasé l'Orient au cours des cinq premiers siècles du christianisme. Curieusement – mais j'aurai l'occasion d'y revenir –, l'Occident s'est toujours tenu davantage à l'écart de ces déchirements, ses évêques embrassant, à de rares exceptions près, la foi dictée par l'orthodoxie, celle de Rome et de son pasteur qui deviendra au fil des siècles, dans l'Occident latin, la figure de plus en plus prééminente du « pape ».

1. Athanase, *Traités contre les ariens*, I, 5-6.

2

Nicée, le premier concile œcuménique

Au début des années 320, la paix scellée entre Constantin, empereur d'Occident, et Licinius, empereur d'Orient, vole en éclats. La guerre éclate en 324 : une guerre éclair qui voit la victoire des troupes de Constantin lors de la bataille d'Andrinople, en décembre de cette année-là. Licinius est arrêté, exilé à Thessalonique, exécuté l'année suivante.

Dès lors, Constantin règne en maître absolu sur son immense empire. Sa préoccupation principale reste d'en maintenir l'unité face aux Barbares, nom générique donné à tous les peuples non romains, qui menacent ses frontières.

Au lendemain de sa victoire, Constantin entre triomphant à Nicomédie, capitale de l'empire d'Orient, et prend possession du palais de Licinius dans lequel il résidera d'ailleurs bien plus souvent qu'à Rome. Mais il réalise bien vite que cette unité tant voulue risque d'être sérieusement mise à mal par les querelles dogmatiques entre chrétiens. La controverse arienne a en effet débordé les prêtres et les théologiens pour gagner la rue, avec une ampleur que l'on a du mal à imaginer aujourd'hui, surtout pour des querelles portant sur des subtilités théologiques.

Des incidents de plus en plus violents ébranlent la quiétude des cités, mettant aux prises les partisans des deux camps. Alexandrie est en ébullition depuis qu'Arius en a été expulsé. Dans leurs églises, prêtres ariens et antiariens échauffent les esprits des fidèles par des sermons tonitruants. Les théologiens produisent quantité d'ouvrages pour démolir l'idéologie du camp adverse ; la menace d'un schisme plane sur le christianisme. Un tel schisme ne serait pas sans incidences sur toute la politique intérieure de l'empire…

Un « point de détail insignifiant »

Constantin décide donc de se saisir de l'affaire, mais, à vrai dire, il a du mal à en comprendre les tenants et les aboutissants : le statut du Fils par rapport au Père et les querelles sur leurs substances respectives ne sont pour lui qu'un « point de détail insignifiant », ainsi qu'il le répétera à ses interlocuteurs et l'écrira dans ses missives officielles aux principaux protagonistes, dont Arius, réfugié à Nicomédie sous la protection d'Eusèbe, et Alexandre, qui tente vainement de rétablir l'ordre à Alexandrie.

Mais Constantin veut à tout prix mettre fin à la division interchrétienne. Il invite solennellement les deux hommes à se demander mutuellement pardon. Dans les nombreuses lettres qu'il leur adresse, il cherche à leur prouver que leur querelle ne porte pas atteinte « aux préceptes capitaux de la loi », qu'il s'agit d'une simple mésentente sur les termes de l'Écriture, ainsi que le rapportera Eusèbe de Césarée dans sa *Vie de Constantin*[1]. Mais en vain.

1. Eusèbe, *op. cit.*, II, 64-72.

Constantin dépêche alors à Alexandrie son principal conseiller, Ossius, l'évêque de Cordoue, qui serait, selon toute vraisemblance, d'origine égyptienne, avec pour mission de rétablir la concorde entre les belligérants. Comme l'écrasante majorité des évêques de l'empire d'Occident, Ossius s'oppose aux thèses ariennes et se reconnaît dans la thèse d'Alexandre, qui est aussi celle de l'évêque de Rome. Arrivé sur place, il convoque un synode d'évêques égyptiens, il s'entretient avec l'évêque d'Alexandrie et avec son secrétaire, Athanase, qui lui succédera quelques années plus tard à la tête du diocèse, il dialogue également avec des proches d'Arius, parvient même à convaincre le puissant prêtre Kollouthos des erreurs de l'arianisme et de reconnaître l'autorité d'Alexandre ; mais il ne réussit pas à obtenir de compromis entre les deux clans.

Sur le chemin du retour à Nicomédie, où est installé Constantin, Ossius fait halte à Antioche et, au nom de l'empereur, il convoque un synode des évêques de Syrie et d'Asie Mineure. Plusieurs évêques et épiscopes, se méfiant du délégué impérial, s'abstiennent de répondre à la convocation, mais ils sont tout de même cinquante-neuf à siéger pour produire un premier texte de compromis sur la nature du Père et du Fils, substituant au terme controversé de *homoousios* (consubstantiel) celui de *homeousios* (semblable) que les ariens acceptent, même si c'est à contrecœur. Mais ce texte de compromis est aussitôt rejeté par Ossius au profit d'une ferme condamnation des thèses d'Arius. Les partisans de ce dernier sont excommuniés, et, parmi eux, Eusèbe, évêque de Césarée. Par contre, Ossius, fin diplomate, passe sous silence le cas d'Eusèbe de Nicomédie, l'évêque de la ville impériale, qui accueille pourtant Arius mais qui a l'oreille et la confiance de Constantin.

Querelles orientales

L'« affaire Arius » est loin d'être réglée par le synode d'Antioche qui, au contraire, soulève la grogne dans les milieux orientaux – les échos de la querelle n'ont pas suscité de véritables remous en Occident à ce moment. La menace d'un schisme au sein de l'Église se faisant de plus en plus criante, Constantin adopte une mesure inédite : il décide de convoquer le plus vite possible tous les évêques chrétiens, d'Orient et d'Occident, en un même lieu, afin qu'ils débattent ensemble de cette question qui menace l'unité de l'empire, et aboutissent à un compromis sur la nature du Christ et sur la théologie de la Trinité – compromis qui serait agréé par tous sans exception, insiste-t-il. Par commodité, il décide que ce concile se tiendra à Nicée, ville proche de Nicomédie, l'actuel Izmit, en Turquie, où il s'est installé, laissant à l'évêque de Rome la pleine jouissance de l'ancienne capitale impériale.

Pourquoi Nicée ? Outre sa proximité avec le lieu de résidence de l'empereur, la ville est alors réputée pour son accès facile par terre et par mer, et, par ailleurs, les biens y sont abondants, grâce aux champs qui l'entourent, et les évêques y jouiront d'un confort certain.

Des courriers nominatifs sont adressés à tous les diocèses, mais est-ce la lenteur de ces courriers, les difficultés de déplacement ou tout simplement le désintérêt pour ce qui fait figure de querelle orientale qui expliquent la désaffection des évêques d'Occident ? Ils sont bien peu nombreux à se présenter à Nicée au mois de mai 325, et ils ne seront d'ailleurs pas plus assidus aux autres conciles œcuméniques où la présence se fera majoritairement orientale. Pour la petite histoire, je citerai l'exemple de Hilaire, l'évêque de Poitiers, qui non seulement n'assista pas au concile, mais ne lut sa conclusion essentielle, dite « symbole de Nicée », sur laquelle je reviendrai, que plus de trente ans après sa promulgation !

Le pape, dont la primauté est reconnue par l'empereur, mais aussi par les autres évêques d'Occident, ne se déplace pas en personne : il ne quitte pas Rome, mais envoie ses légats, des représentants officiels qui s'expriment en son nom et se chargent de lui rapporter le détail des séances. Ce sera d'ailleurs le cas pour la plupart des autres conciles œcuméniques.

Par contre, dès les premiers jours de mai, les évêques d'Orient prennent possession de la ville, entourés de larges escortes : des prêtres, des diacres, des théologiens, des philosophes et même de simples partisans, professionnels de la controverse, dont les cris et les disputes résonnent dans toutes les rues de la cité. Les chroniqueurs de l'époque racontent qu'à son arrivée à Nicée, vers la mi-mai, l'empereur se vit remettre par les deux camps une quantité impressionnante de lettres et autres argumentaires dont l'essentiel tenait en la désignation nominale des « ennemis » de l'autre camp – « ennemis de la foi », bien évidemment. Accablé par tant de documents, Constantin déclara alors qu'en tant que simple mortel il refusait d'entrer dans ces querelles entre prêtres, mais qu'il remettait tous ces documents au grand Juge pour le jour du Jugement. Et il les fit brûler sans les lire !

Le concile de Nicée s'est ouvert le 20 mai 325, non pas dans une église, comme le voulait la tradition, mais dans la salle principale du palais impérial et sous la présidence de l'empereur qui, dans son discours d'ouverture, exhorta une ultime fois les évêques à la concorde, leur annonçant qu'il les réunissait pour « éviter et réduire la discorde à l'intérieur de l'Église – qui est plus funeste et dangereuse que la guerre ».

Nicée est considéré comme le premier concile « œcuménique », littéralement universel, de l'histoire de l'Église, mais ce terme ne lui fut appliqué que dans un deuxième temps, après le concile de Chalcédoine de 451, premier concile à recevoir après sa tenue l'appellation officielle d'« œcuménique. »

Les Actes du concile de Nicée, à supposer que des actes aient été rédigés, ne nous sont pas parvenus. On ne peut reconstituer le déroulement des séances, qui se sont étalées sur plus d'un mois, qu'à partir des témoignages, en particulier des chroniques fort détaillées d'Eusèbe de Césarée, ainsi que celles du moine Rufin d'Aquilée et celles de Sozomène, auteur d'une érudite *Histoire ecclésiastique* qui décrit avec force éloquence le « merveilleux concours des prélats de toutes les provinces, dont les uns étaient recommandables par leur science, les autres par leur éloquence, les autres par leur piété, et quelques-uns par toutes ces qualités jointes[1] ».

Ce dernier raconte un épisode qui se serait déroulé en ouverture du concile, auquel assistaient et participaient également des laïcs et même des païens. L'un d'eux, philosophe connu pour son art de la dialectique, prend la parole « pour insulter la simplicité des prêtres ». C'est un vieillard perdu dans l'assistance, raconte Sozomène, un martyr marqué par les séquelles des persécutions, qui se lève pour lui répondre et lui résumer en termes simples le credo de l'orthodoxie : « Il n'y a qu'un Dieu qui a créé le ciel et la terre et toutes les choses visibles, qui a tout fait par la force de son Verbe, et tout affermi par la sainteté

1. Sozomène, *op. cit.*, 1, 17.

de son esprit. Ce Verbe que nous appelons le Fils de Dieu ayant eu pitié de l'égarement des hommes, et de l'ignorance où ils vivaient comme des bêtes, a bien voulu naître d'une femme, vivre parmi les hommes, et mourir pour leur salut. Il viendra un jour pour juger ce que chacun aura fait durant cette vie. Nous croyons simplement toutes ces choses[1]. »

Plus de deux cents évêques participent aux travaux du concile – trois cent dix-huit, dit l'histoire officielle, en référence au nombre de serviteurs d'Abraham[2], mais la réalité semble éloignée de ce chiffre. Ossius, le conseiller de Constantin, y tient un premier rôle (après l'empereur) en tant que représentant du pape, aux côtés d'Eusèbe, évêque de la ville de Nicomédie. Les évêques excommuniés par les précédents conciles, notamment Eusèbe de Césarée, exclu l'année précédente de la communion chrétienne par le synode d'Antioche, comptent au nombre des participants, ainsi que d'autres évêques qui portent encore les traces de leur martyre pour la foi et qui sont bien résolus à se battre encore pour elle : Maxime de Jérusalem, Potamon de Héraclée à qui un œil a été crevé, Paul de Néo-Césarée qui a eu les nerfs des mains arrachés, Jacques de Nisibe dont on disait qu'il avait ressuscité deux morts, et bien d'autres encore.

L'empereur prend part à une partie des débats – intervenant en latin alors que la majorité des présents, des Orientaux, ne parlent que le grec – pour inciter les évêques à la conciliation. Rufin d'Aquilée assure que les discussions autour de l'arianisme furent longues et âpres, et qu'Arius fut convoqué à plusieurs reprises pour s'expliquer

1. *Ibid*, 1, 18.
2. Genèse 14, 14.

devant la prestigieuse assemblée. Mais il est d'emblée évident que Constantin est acquis aux thèse anti-ariennes, celles de la Grande Église, très puissante en Occident, notamment à Rome : il « les écoutait avec patience, approuvant ceux qui tenaient le bon sentiment, tentant d'apaiser les opiniâtres », raconte Sozomène en décrivant les houleuses séances de débats[1]. Bien que l'issue de ce concile ne fasse pas de doute, et en dépit de la solennité de l'événement, Arius reste arc-bouté sur ses positions initiales : la conception du Fils comme créature, et sa subordination au Père.

Naissance d'une orthodoxie universelle

Tenant à prouver sa bonne foi devant l'empereur, en dépit de son excommunication par le synode d'Antioche, Eusèbe de Césarée propose un accord autour de la profession de foi utilisée dans son Église, le « symbole de Césarée », ainsi formulé : « Nous croyons en un seul Dieu, le Père tout-puissant, créateur de toute choses visibles et invisibles, et en un seul Seigneur, Jésus-Christ, le Verbe de Dieu, Dieu né de Dieu, lumière née de la lumière, vie née de la vie, Fils unique, premier-né de toute créature, engendré du Père avant tous les siècles, par qui tout a été fait. Pour notre salut il a pris chair et a habité parmi nous. Il souffrit sa passion, il ressuscita le troisième jour, il monta vers le Père et il reviendra dans sa gloire juger les vivants et les morts. Nous croyons aussi en un seul Saint-Esprit. »

Après un premier temps d'hésitation, les Pères réclament des amendements au symbole de Césarée qui,

1. Sozomène, *ibid.*, 1, 20.

disent-ils, peut être facilement interprété dans le sens des thèses ariennes, dans la mesure où il fait état d'un Fils « premier-né », un Fils « engendré », et qu'il ne recèle aucune mention de l'identité de substance entre le Père et le Fils. Les querelles reprennent de plus belle. Au cœur des discussions figure le terme grec *homoousios*, la consubstantialité, que les ariens s'obstinent à rejeter, arguant qu'il ne figure pas dans la Bible, mais provient des écrits gnostiques, donc hérétiques, du IIe siècle, et que, de surcroît, au IIIe siècle, Paul de Samosate avait été condamné pour l'avoir utilisé de manière telle qu'il en vint à nier la distinction des personnes du Père et du Fils. Les anti-ariens, majoritaires, passent outre ces remarques et rédigent, probablement sous la direction d'Ossius, et en prenant pour base de départ le symbole de Césarée, ce que l'on appelle le « symbole de Nicée », dont tous les mots, sauf un seul (*homoousios*), sont tirés de la Bible, et qui est ainsi libellé :

« Nous croyons en un seul Dieu, le Père tout-puissant, créateur de toutes choses visibles et invisibles, et en un seul Seigneur Jésus-Christ, Fils unique engendré du Père, c'est-à-dire de la substance du Père, Dieu né de Dieu, lumière née de la lumière, vrai Dieu né du vrai Dieu, engendré non pas créé, consubstantiel (*homoousios*) au Père par qui tout a été fait au ciel et sur la terre. Pour nous les hommes et pour notre salut, il est descendu, il s'est fait chair et s'est fait homme. Il souffrit sa passion, il ressuscita le troisième jour, il monta au ciel d'où il viendra juger les vivants et les morts. Et en l'Esprit saint. Quant à ceux qui disent "il fut un temps où il n'était pas", ou bien "il n'était pas avant d'être engendré", ou bien "il est sorti du néant", ou que le Fils de Dieu est d'une autre substance ou essence, ou qu'il a été créé, ou qu'il n'est pas immuable, mais soumis au changement, l'Église les anathématise. »

Entièrement centré sur le « mystère trinitaire », puisqu'il évoque le Père, le Fils et l'Esprit saint, le symbole de Nicée ne laisse place à aucun doute quant à la pleine divinité du Fils, « vrai Dieu né du vrai Dieu », méritant comme le Père le nom de Dieu, ni à sa totale équivalence avec le Père qui l'a « engendré non pas créé » (Arius, je le rappelle, refusait de reconnaître la différence ou nuance entre ces deux mots). L'*homoousios* est désormais érigé en dogme universel ; l'idée qu'en Dieu il y a une seule substance et trois personnes commence à prendre place dans le dogme chrétien. Il insiste par ailleurs sur le caractère non changeant du Verbe – alors que l'un des arguments d'Arius en faveur de sa thèse d'un dieu second est son caractère changeant, qu'il dégage de la lecture des Évangiles.

En fait, la première partie du symbole aurait suffi à faire condamner les thèses ariennes. Mais les Pères, menés par les anti-ariens les plus intransigeants, prennent ainsi soin d'ajouter au symbole une dernière phrase qui non seulement déconstruit la doctrine d'Arius, mais jette sur elle l'anathème au nom de toute l'Église. Or c'est la première fois qu'une telle condamnation unanime, au nom d'un dogme commun, se produit dans l'histoire du christianisme.

De même, avant le concile de Nicée, il n'existait pas une profession de foi unique, un « symbole » commun reconnu par toutes les Églises, érigé en règle de foi, c'est-à-dire considéré comme exprimant une vérité venant de Dieu, et ayant même valeur que les Écritures. Une ligne majoritaire exprimait le point de vue dit « orthodoxe », les évêques réunis en synode excommuniaient ceux qui n'y adhéraient pas. Mais, comme nous l'avons vu dans le cas d'Arius, les évêques de la ligne minoritaire convoquaient également des synodes et édictaient des excommunications. Chaque Église avait par ailleurs forgé son propre symbole, récité lors du baptême et ne s'inspirant pas forcément du symbole dit des Apôtres, essentiellement retenu par les Églises occidentales. En fixant un credo unique, le concile de Nicée forge une orthodoxie censée provenir de l'inspiration du Saint-Esprit, vis-à-vis de laquelle les autres doctrines seront considérées comme hétérodoxes.

Ainsi est née l'idée du magistère de l'Église et de son infaillibilité, à laquelle s'ajoutera plus tard, dans l'Église latine, celle de l'évêque de Rome, c'est-à-dire du pape. Infaillibilité du magistère que redéfinira ainsi le concile Vatican II au milieu du XXe siècle : « Le Collège des Évêques jouit de l'infaillibilité dans le magistère lorsque les Évêques assemblés en Concile œcuménique exercent le magistère comme docteurs et juges de la foi et des mœurs, et déclarent pour l'Église tout entière qu'il faut tenir de manière définitive une doctrine qui concerne la foi ou les mœurs ; ou bien encore lorsque les Évêques, dispersés à travers le monde, gardant le lien de la communion entre eux et avec le successeur de Pierre, enseignant authentiquement en union avec ce même Pontife romain ce qui concerne la foi ou les mœurs, s'accordent sur un point de doctrine à tenir de manière définitive[1]. »

Il est fort intéressant de souligner que ce magistère unique, qui demande de la part des fidèles une adhésion sans laquelle on ne saurait véritablement se réclamer catholique, est née de la volonté d'un empereur qui visait avant tout l'unité politique de son empire. Au terme de semaines de débats en effet, dix-sept évêques sont encore

1. *Lumen Gentium*, 25, 2.

réticents à signer ce symbole que l'on présente alors à Constantin : l'empereur, disent les chroniqueurs, lève les bras au ciel et s'exclame que ces paroles sont certainement d'inspiration divine. Il intime aux récalcitrants l'ordre de le signer sous peine d'être excommuniés et bannis « comme des personnes qui s'opposeraient au jugement de Dieu même[1] ». La majorité obtempère, y compris les disciples de Lucien d'Antioche qui avaient pourtant protégé Arius et s'étaient même reconnus dans sa thèse ; ils signent le symbole par crainte du courroux impérial. Seuls Arius et deux évêques libyens, Secundus de Ptolémaïs et Théonas de Marmarique, s'abstiennent : ils sont déclarés hérétiques et exilés en Illyrie.

Constantin publie aussitôt un édit ordonnant la destruction par le feu des ouvrages des trois « hérétiques », « sous peine du dernier supplice contre ceux qui, au lieu de brûler ces livres, les auraient gardés », note Sozomène, précisant que Constantin adressa également aux chrétiens une lettre menaçant de châtiment ceux qui persisteraient dans cette voie désormais interdite[2].

Bien que n'en partageant pas les idées, Eusèbe de Nicomédie et Théognis de Nicée s'alignent sur la majorité, mais refusent de signer la déposition d'Arius. Un certain nombre de prêtres et de fidèles du moine égyptien se réfugient dans leurs diocèses. Quelque temps plus tard, ils sont à leur tour exilés sur ordre de l'empereur.

Le concile de Nicée s'achève par un grand banquet dont Eusèbe de Césarée livre force détails, le comparant au « royaume du Christ ». Les évêques défilent au milieu d'une haie d'honneur formée par les soldats de l'empereur

1. Sozomène, *ibid*, 1, 20.
2. Sozomène, *ibid*, 1, 21.

qui présentent leur épée nue, puis ils prennent place sur les divans disposés tout autour de la salle. C'est au cours de ce dîner que Constantin prononce une phrase restée célèbre : « Vous êtes les évêques de ce qui est dans l'Église, moi je suis l'évêque placé par Dieu pour les affaires du dehors. » Et il comble les Pères conciliaires de somptueux présents.

Des « lettres synodales », récapitulant les décisions du concile, ont certainement été envoyées à toutes les communautés chrétiennes ; seule celle qui fut adressée à l'Église d'Égypte nous est parvenue. Elle narre longuement la condamnation de « l'impie » Arius, coupable de « blasphème » pour avoir affirmé qu'il y eut un temps où le Fils n'existait pas, et que ce dernier était libre de faire le bien ou le mal, faire le bien ayant été son choix propre. La lettre reprend également les vingt canons, c'est-à-dire les décrets disciplinaires édictés par le concile, mais aussi un document relatif à la date de Pâques, les nouvelles procédures de réadmission des schismatiques et des hérétiques, et surtout l'interdiction désormais faite aux clercs de cohabiter avec des femmes, à l'exception de leur mère, de leur sœur ou d'autres femmes « au-dessus de tout soupçon ».

Cet article n'évoque pas le cas des épouses, tant sa formulation est ambiguë, mais on sait, par les récits des chroniqueurs, que cette question fut débattue lors du concile, l'évêque Paphnuce ayant notamment rejeté une proposition d'imposer la chasteté aux prêtres et aux évêques puisque, selon lui, il n'était de mariage que chaste. La question du mariage des prêtres ne déboucha donc pas sur un interdit lors de ce concile.

Constantin écrivit également deux lettres, l'une « aux Églises », l'autre plus spécifiquement à l'Église d'Alexandrie où était née l'« affaire Arius », pour leur annoncer que les desseins du diable, agissant par l'intermédiaire d'Arius, avaient enfin été déjoués. Le symbole de Nicée fut imposé à tout l'empire, et les troupes de l'empereur veillèrent à ce qu'il fût partout scrupuleusement respecté.

L'arianisme n'est cependant pas mort à Nicée, loin de là…

3

La revanche d'Arius

En dépit des interventions musclées des troupes impériales, devenues le bras séculier de l'Église, auxquelles Constantin a donné ordre d'éradiquer l'arianisme de tout le territoire impérial, les thèses d'Arius continuent de prospérer en Orient ; elles commencent même à gagner l'Occident, en particulier l'actuelle Italie où des communautés dissidentes trouvent refuge.

En Orient, un certain nombre d'évêques, qui avaient pourtant signé le symbole de Nicée, restent insatisfaits de la formule imposée par l'empereur et l'interprètent au quotidien d'une manière bien peu restrictive. À mots couverts, ils mettent en avant la rationalité de la doctrine arienne, avec un seul vrai Dieu, un Fils qui est son agent et qui lui reste soumis, et un Esprit consolateur, le Paraclet. Quelques mois à peine se sont écoulés depuis la fin du concile que deux évêques, Eusèbe de Nicomédie et Théognis de Nicée, qui avaient déjà refusé de signer la déposition d'Arius, franchissent le pas et se récusent : ils écrivent à Constantin leur refus d'adhérer au symbole de Nicée. L'empereur ordonne aussitôt leur bannissement en Gaule, mis à exécution par ses troupes, et les excommunie en vertu des résolutions du concile excluant les tenants de l'arianisme de la communion chrétienne.

Constantin n'est pas sourd aux soubresauts de l'arianisme, et s'en inquiète vivement. Dans une missive très ferme à Théodore de Laodicée, l'un des évêques les plus récalcitrants à Nicée, il le menace du même châtiment que ses deux confrères. Ce rappel à l'ordre suscite pour quelque temps la discrétion des partisans d'Arius.

La réhabilitation d'Arius

En 328, soit moins de trois ans après leur bannissement, Eusèbe et Théognis écrivent à leur tour à Constantin pour se repentir et implorer leur réhabilitation. Ils retrouvent leurs sièges respectifs avec une célérité qui doit beaucoup à l'intervention de Constantia, la demi-sœur de l'empereur, veuve de Lucinius, mais aussi à celle de Hélène, mère de Constantin, qui, du fait de ses fréquents pèlerinages à Jérusalem, au cœur de l'Orient chrétien, s'est laissé gagner par une certaine sympathie envers des proches de l'arianisme, fervents défenseurs d'Eusèbe. D'ailleurs, celui-ci ne se contente pas de se réinstaller dans ses fonctions d'évêque de Nicomédie : il prend aussi la place d'Ossius auprès de Constantin dont il devient le principal conseiller.

Le repentir d'Eusèbe n'était que de façade : au fond de son cœur, il reste profondément attaché aux thèses ariennes qu'il interprète toutefois de manière moins restrictive que son ami Arius. Et il est surtout décidé à prendre sa revanche sur ceux que l'on appelle désormais les « nicéens », ceux qui ont fait condamner Arius à Nicée, lui ont jeté l'anathème et l'ont fait exiler.

Le premier d'entre eux, Alexandre d'Alexandrie, vient de décéder ; son successeur, Athanase, n'a pas encore abattu toutes ses cartes anti-ariennes. Le premier ennemi déclaré d'Eusèbe est pour l'heure Eustathe d'Antioche qu'un synode local fait condamner pour avoir rudoyé verbalement Hélène, la mère de Constantin. Celui-ci met à exécution les résolutions de ce synode : Eustathe est déposé et exilé en Thrace.

Cette première victoire obtenue, Eusèbe de Nicomédie et ses alliés ariens, dont Théognis et Eusèbe de Césarée, poursuivent leur combat et obtiennent la destitution de plusieurs autres évêques nicéens, toujours sous couvert de questions d'ordre personnel, sans jamais évoquer le volet dogmatique de leur action. Et ils resserrent leur étau autour de Constantin, d'autant plus facilement qu'en 330 celui-ci transfère sa capitale de Rome à Byzance, qu'il baptise Constantinople. Les travaux d'habilitation de la ville auront duré douze ans, mais elle présente l'avantage d'être située sur un site naturel imprenable, alors que Rome reste sous la menace constante des Barbares. D'autre part, Constantin est ainsi plus proche de deux autres fronts particulièrement inquiétants pour l'empire : les frontières du Danube, que les Goths ont prises d'assaut, et celles de l'Euphrate, au-delà duquel s'étend l'Empire perse.

Le pape, reconnu par ses pairs comme le primat de l'Église chrétienne, devient ainsi le seul maître de l'ancienne capitale impériale, érigée en centre de pèlerinage important pour les chrétiens. L'empereur étant désormais géographiquement éloigné de Rome – où il ne résidait d'ailleurs que très épisodiquement, lui préférant le palais impérial de Nicomédie – et surtout des théologiens occidentaux proches du pape, les théologiens orientaux ariens peuvent agir plus librement pour réhabiliter leur doctrine, voire pour réhabiliter Arius, chose qui eût été impensable quelques années plus tôt.

En 335, à la demande pressante de Constantia qui, de son lit de mort, demande à Constantin cette ultime faveur, Arius est effectivement rappelé de son exil par l'empereur et est invité à s'exprimer devant la cour en vue d'une révision de son dossier. Arius présente une profession de foi assez allusive en Jésus-Christ, « engendré [du Père] avant tous les siècles », et assure « recevoir vraiment le Père et le Fils et le Saint-Esprit, comme l'Église catholique et les saintes Écritures l'enseignent. Que Dieu soit notre juge dans ce siècle et dans l'autre[1] ». Il n'évoque pas sa doctrine, il ne reprend pas non plus les termes du symbole de Nicée, en particulier pour ce qui a trait à la consubstantialité entre le Père et le Fils. Constantin transmet le texte aux évêques réunis en synode à Jérusalem, assorti d'un message leur demandant d'examiner favorablement cette profession de foi et de réadmettre Arius dans la communion chrétienne.

La seule entrave à ce projet se nomme alors Athanase, qui s'emploie à alerter les nicéens de la résurgence de la menace arienne. Athanase est l'ancien diacre d'Alexandre, qui lui a succédé comme évêque du diocèse d'Alexandrie et qui est devenu le chef de file des anti-ariens. S'est-il rendu coupable de violences à l'égard des Méliciens, les disciples de Mélèce qui revendiquent l'autonomie de l'Église de Haute-Égypte et qui sont accusés de velléités schismatiques ? Constantin entend les plaintes de ces derniers et adresse à Athanase une première lettre comminatoire : « Puisque vous connaissez ma volonté, accueillez sans réserve tous ceux qui désirent entrer dans l'Église.

1. Sozomène, *ibid*, 2, 27.

Car, si j'apprends que vous avez refusé ou exclu quelqu'un, je dépêcherai un émissaire qui, sur mon ordre, vous déposera et vous chassera d'Alexandrie[1]. » Pourtant – les divers témoignages concordent sur ce sujet – les violences se multiplient contre les disciples de Mélèce. Sur les conseils d'Eusèbe, l'empereur convoque un synode à Tyr, devant lequel l'évêque égyptien refuse de se présenter, prenant la fuite pour rejoindre Constantinople et défendre directement son dossier devant la cour. Constantin le juge coupable et le condamne à l'exil en Gaule – victime des controverses ariennes, Athanase sera banni d'Alexandrie à cinq reprises et totalisera dix-sept années d'exil.

Quant aux évêques réunis à Tyr, faute de pouvoir juger Athanase qui n'a pas comparu devant leur tribunal, ils se déplacent à Jérusalem et tiennent un synode pour décréter la réhabilitation d'Arius sans dire mot de sa doctrine. Les deux évêques libyens exilés en même temps que le prêtre égyptien demanderont eux aussi, par la suite, leur réhabilitation.

C'est l'heure de la victoire pour les ariens. À Constantinople, malgré l'avis défavorable d'Alexandre, l'évêque de la capitale impériale, Eusèbe de Nicomédie, décide d'organiser une fastueuse cérémonie, le jour de Pâques de l'an 336, pour la réhabilitation solennelle de son condisciple. Les anciens élèves de Lucien ont afflué des quatre coins de l'empire, mais les nicéens sont également à l'affût. À la veille de la cérémonie, tandis qu'il se promène avec ses amis par les rues de la ville, Arius est pris de violentes douleurs au ventre. Il se précipite dans les latrines publiques où il expire, très probablement assassiné par empoisonnement.

1. Athanase, *Traités contre les ariens*, 59.

Le camp nicéen ne se privera pas, par la suite, de répéter qu'Arius n'a jamais été réintégré dans la communauté chrétienne. Constantin, lui, meurt l'année suivante. Il demande à être baptisé sur son lit de mort, « pour la rémission de ses péchés », et semble avoir opté pour une profession de foi arienne.

Ses deux fils se partagent alors l'empire : Constance II en Orient, où il favorise la diffusion de l'arianisme dont les défenseurs sont regroupés autour du siège de Constantinople ; Constant en Occident, où il se range à la doctrine nicéenne qui est celle de Rome et d'Alexandrie.

La conversion des Barbares à la foi arienne

Avant d'aller plus loin dans les péripéties qui mèneront à un complet retournement de situation, il me paraît essentiel de préciser qu'avec les années, surtout après la mort d'Arius, l'arianisme a perdu de sa rigidité doctrinale pour donner naissance à plusieurs écoles de pensée entre lesquelles éclateront disputes et controverses. L'arianisme des origines, on s'en souvient, récusait la pleine divinité du Fils en affirmant qu'il n'est pas de la même substance que le Père, tandis que le concile de Nicée avait établi que le Père et le Fils sont de la même substance, ce qui signifie que le Fils est Dieu au même titre que le Père. Ceux que l'on appelle les « semi-ariens », parmi lesquels on peut ranger les deux Eusèbe, de Césarée et de Nicomédie, mais aussi Basile d'Ancyre ou encore Théognis de Nicée, préfèrent parler de « substance semblable ». Mais c'est sur la nature et le degré de similitude entre les substances du Père et du Fils que l'essentiel de leurs débats va désormais porter.

La mort de Constantin laisse les coudées franches aux ariens et semi-ariens qui, par égard pour l'empereur, n'osaient, de son vivant, s'attaquer directement à la doctrine nicéenne, mais mettaient en avant des mesures disciplinaires pour déloger les évêques nicéens et établir les leurs à la tête des principaux évêchés. Pourtant, tout juste intronisé, et malgré l'avis défavorable de son entourage, Constance rétablit Athanase sur son siège d'Alexandrie. Mais ce dernier, sitôt arrivé, s'adresse au pape Jules, se plaignant des attaques incessantes portées contre lui par les ariens ; Jules convie alors un synode à Rome, donne son plein appui à l'évêque d'Alexandrie et réitère son attachement au symbole de Nicée : pour Eusèbe et ses partisans, il s'agit là d'une véritable déclaration de guerre, d'une intrusion de l'Occident, soucieux d'affirmer sa suprématie sur l'Orient. Face à cet affront, ils ne peuvent rester muets. Ils passent donc à l'attaque : Athanase doit à nouveau s'exiler.

Les années 340 et 350 sont celles de la multiplication des synodes semi-ariens dont l'objectif est de présenter une profession de foi acceptable par toutes les parties quant au statut du Christ. Le premier de ces synodes se tient en 341, en présence d'une centaine d'évêques, en l'église de la Dédicace, à Antioche. Mis à part le mot « substance » qu'on évite de formuler, le credo retenu n'est pas encore très éloigné de celui de Nicée, postulant la croyance en un « Fils, le Monogène, Dieu, Verbe, puissance et sagesse, Notre Seigneur Jésus-Christ par qui tout est, qui a été engendré du Père avant les siècles, Dieu parfait du Dieu parfait, qui est hypostatiquement en Dieu ». Mais, finalement, cette formule mécontente toutes les parties, et un second synode, conviant cette fois évêques orientaux et occidentaux, dont des légats du pape, est prévu en 343 à Sardique.

Il s'ouvre, mais se clôt aussitôt, les Orientaux exigeant le départ de grandes figures nicéennes qui avaient été déposées par leurs propres synodes, notamment Athanase d'Alexandrie. Face au refus des Pères occidentaux, les Orientaux s'en vont de nuit, en catimini, laissant une lettre explicative dans laquelle ils condamnent tous les soutiens d'Athanase, y compris le pape Jules. Ce qui aurait dû être le second concile œcuménique de l'histoire du christianisme s'achève ainsi par une déroute ; en réponse à l'attitude de leurs confrères d'Orient, les évêques occidentaux excommunient un certain nombre d'entre eux et réitèrent, avant de se séparer, leur attachement à la profession de foi de Nicée. Cet épisode marquera durablement les relations entre les deux Églises sœurs, quand bien même Athanase sera autorisé, trois ans plus tard, en 346, à réintégrer son siège.

Avec la mort de son frère Constant en 350, Constance II étend son empire aux frontières occidentales, la répression s'abat sur les nicéens dont plusieurs évêques sont exilés, et, parmi eux, l'évêque de Rome, le pape Libère, ainsi qu'Ossius de Cordoue, devenu un vieil homme. L'arianisme, lui, s'étend dans toutes les régions de l'empire, et même au-delà de ses frontières, en grande partie grâce à l'activisme d'un homme, un dénommé Wulfila, un Cappadocien né en royaume goth où ses grands-parents avaient été pris en esclavage à la suite d'un raid des Barbares en Asie Mineure. Enfant, Wulfila était assoiffé de savoir, il connaissait bien sûr la langue de ses maîtres, mais il avait aussi appris à lire et écrire le grec et le latin. Bien qu'esclave, il fut promu ambassadeur des Goths auprès de l'empire d'Orient. C'est là qu'il rencontra Eusèbe de

Nicomédie, conseiller de l'empereur, se prit d'amitié pour lui, se laissa même séduire par sa religion, le christianisme dans sa version arienne, jusqu'à se faire baptiser, puis ordonner, et enfin consacrer évêque en 341 à Antioche.

Eusèbe assigne une nouvelle mission à Wulfila : il lui demande d'aller chez les Goths, et plus largement chez les Barbares – terme par lequel on désigne les peuples non romains d'Europe : Germains, Goths, Lombards, Burgondes, Francs… – afin de les convertir.

Wulfila s'attaque d'emblée à ce qui sera son œuvre majeure : il met au point un alphabet gothique et entame la traduction de la Bible en goth – il l'achèvera trente ans plus tard. Dans le même temps, il dispense aux foules barbares ses enseignements, puisés dans les thèses d'Arius, il multiplie les déplacements à Constantinople où il défend la cause arienne auprès de l'empereur, défie les persécutions des Goths païens qui se méfient de la nouvelle religion importée par l'ancien esclave. Il triomphe au-delà de toutes les espérances, obtient des conversions massives au christianisme chez les Goths, mais aussi, plus tard, chez les Vandales, les Alamans et les Lombards. Tant et si bien qu'au début de la seconde moitié du IVe siècle la majorité des chrétiens, romains et non romains confondus, sont ariens, d'où la phrase restée célèbre de saint Jérôme de Stridon décrivant cette période, une vingtaine d'années après : « La terre tout entière gémit et s'étonna d'être arienne[1]. »

La conversion des Barbares au christianisme explique certainement le fait qu'après leur invasion de l'Empire romain d'Occident (le sac de Rome a lieu en 410) ils aient préservé le christianisme et ses institutions. On peut

1. Jérôme, *Dialogue contre les Lucifériens*, 19, 23, 181.

même se demander ce qu'il serait advenu de l'Église sans les efforts d'évangélisation de Wulfila ! Puisque de foi arienne, ce dernier n'a jamais été canonisé, mais il a rendu un inestimable service à la religion chrétienne, et il s'agit sans doute d'un des plus importants missionnaires de tous les temps.

À la recherche d'une formule de compromis

Pour l'heure, au sein de l'empire, Constance, tout de même inquiet des divisions qui minent celui-ci et qui se sont aggravées en 356 avec l'exil du pape Libère, tente de trouver, avec l'aide des évêques, une formule de compromis qui se substituerait au symbole de Nicée sans se ranger pour autant aux thèses de l'arianisme le plus rigide.

En 357, un concile réduit d'évêques occidentaux se réunit à Sirmium, auquel se joint Ossius de Cordoue. Nous ignorons tout de la teneur des débats qui y eurent cours, mais le résultat en fut pour le moins surprenant, puisque la « formule de compromis » qu'il produisit fut d'un arianisme si extrême qu'elle suscita la colère, y compris dans les rangs orientaux ! Le symbole de Sirmium, encore appelé « blasphème de Sirmium » par le très nicéen Hilaire de Poitiers[1], affirme en effet : « Il ne faut pas dire deux dieux, puisque le Seigneur Lui-même a dit : "Je m'en vais vers mon Père et votre Père, vers mon Dieu et votre Dieu" », ajoutant plus loin, au sujet du terme « substance » et de ses équivalents grec et latin : « Il ne faut plus qu'on en fasse mention ni qu'on les expose, parce qu'il n'y a rien d'écrit à leur sujet dans les divines Écritures,

1. Hilaire de Poitiers, *De Synodis*, 9.

et parce que cela dépasse la connaissance et l'intelligence de l'homme et que personne ne peut raconter la naissance du Fils [...]. Seul le Père sait comment Il a engendré le Fils. » Et de conclure : « Personne ne doute de ce que le Père est plus grand, car personne ne pourrait douter de ce que le Père est plus grand en honneur, en dignité, en divinité, et par le nom paternel même, le Fils lui-même en témoignant : "Le Père qui m'a envoyé est plus grand que moi." (Jn, 4, 28) Et personne n'ignore que ce propos est catholique : il y a deux personnes, celle du Père et celle du Fils, et le Père est plus grand et le Fils soumis au Père avec tous ceux que le Père lui a soumis, et le Père n'a pas de commencement, et Il est invisible, immortel et impassible, alors que le Fils a été engendré du Père. » Le pape Libère, qui signe une profession de foi semi-arienne de Basile d'Ancyre, ainsi que le credo de Sirmium, est autorisé à regagner Rome. De toute évidence, il n'a pas apposé sa signature par conviction, mais tout simplement pour obtenir la levée de son bannissement.

Un autre concile se réunit l'année suivante à Antioche : il corrobore les conclusions de Sirmium et va jusqu'à rejeter la formule « semblable en substance », reconnue par les semi-ariens. Interpellé par plusieurs évêques, Constance est bien forcé d'admettre qu'il n'a pas encore trouvé la formule de compromis tant espérée, celle qui rétablira l'unité chrétienne, qui réconciliera Occidentaux et Orientaux autour du Fils de Dieu dans son empire. Seul un synode réellement œcuménique, pense-t-il, permettra de résoudre ce qui s'apparente désormais à la quadrature du cercle. En 359, il convie donc évêques d'Orient et d'Occident à se retrouver à Nicomédie pour trancher une fois pour toutes la question de la nature du Fils. Il fait au préalable rédiger ce qu'il estime être un texte de compromis, une voie moyenne entre nicéens et ariens : c'est ce que l'on appelle couramment aujourd'hui, en reprenant une formule méprisante utilisée par Athanase, le « credo daté », achevé d'être rédigé le 22 mai 359.

Celui-ci souligne que le Père a engendré le Fils « Monogène, seul issu du seul Père, Dieu de Dieu, semblable au Dieu qui l'a engendré, selon les Écritures, dont personne ne connaît la génération, si ce n'est le Père seul qui l'a engendré ». Il omet par ailleurs toute allusion à la substance, le terme *ousia* « qui, inconnu des fidèles, leur cause du scandale, parce que les Écritures ne le contiennent pas. Il a paru bon de le supprimer et d'éviter entièrement à l'avenir toute mention d'*ousia* à propos de Dieu [...]. Mais nous disons que le Fils est semblable au Père en toutes choses, comme le disent et l'enseignent les Écritures ».

Constance prévoyait de présenter son credo aux Pères réunis à Nicomédie. Mais, peu avant la date d'ouverture du synode, alors que les évêques sont déjà en route, la ville est ébranlée par un terrible tremblement de terre. Plutôt que d'annuler la réunion, l'empereur choisit de la scinder : les évêques orientaux se réunissent à Séleucie, les Occidentaux à Rimini. Cependant, trop allusif, trop peu précis, le credo impérial mécontente les deux groupes d'évêques qui finissent toutefois par le signer, cédant aux pressions musclées de l'empereur.

Celui-ci convoque aussitôt un nouveau synode, beaucoup plus réduit, à Constantinople, pour ratifier les décisions de Séleucie et de Rimini. Les évêques réunis – pour la plupart des Orientaux titulaires des diocèses environnant la capitale – retouchent toutefois le credo dans un sens plus « arien », maintenant ainsi la formule « semblable au Père », mais éliminant « en toutes choses ». Et ils décident d'abroger les professions de foi antérieures, incluant bien évidemment dans leur décision le symbole de Nicée.

L'empereur se déclare satisfait du « compromis » et fait exiler les quelques évêques qui persistent à exprimer leur désaccord avec la nouvelle formule, qu'ils soient ariens ou nicéens.

La nature du Christ déchire le christianisme

On ignore ce qu'il serait advenu du dogme chrétien si Constance n'était pas décédé quelques mois plus tard. Très tôt orphelin, son successeur, Julien, surnommé l'Apostat par les chrétiens, dit aussi Julien le Philosophe, a été élevé dans le christianisme arien par Eusèbe de Nicomédie auquel il a été confié dès son plus jeune âge. Mais il se laisse surtout séduire par la philosophie et par les classiques de la culture grecque auxquels l'initie Mardonios, l'eunuque dévoué à son service. Assigné à résidence durant plusieurs années par Constance, alors empereur, chez l'évêque Georges de Cappadoce, dans des conditions non élucidées, Julien dévore la bibliothèque de l'évêque où, à côté des ouvrages chrétiens, figurent les œuvres des philosophes de l'Antiquité. C'est durant cette période qu'il est baptisé, mais Julien n'est pas pour autant chrétien. Quand Constance le rappelle de son exil forcé pour lui décerner le titre de César, c'est-à-dire de vice-empereur, et l'envoie en Gaule à la tête des armées, Julien laisse une lettre déchirante : « J'ai prié Athéna [la déesse grecque] de sauver son suppliant, de ne pas l'abandonner. Beaucoup d'entre vous m'ont vu et en sont témoins [...]. Et la déesse n'a pas trahi ni abandonné son suppliant ; elle l'a montré par des faits. Car partout elle m'a guidé, et de tous côtés elle m'a entouré d'anges gardiens que le Soleil et la Lune lui avaient accordés[1]. »

Julien règne à peine plus de deux ans, au cours desquels il règle essentiellement ses comptes avec son prédécesseur auquel il impute l'assassinat de ses parents. L'influence prise par le clan arien sous le règne de Constance lui déplaît fort. Son objectif est-il aussi, comme l'affirme certains historiens, d'affaiblir le christianisme en ravivant les divisions dans les rangs chrétiens ? Le fait est que, prenant le contre-pied de Constance, Julien fait annuler par décret les dispositions du synode de Constantinople et réhabilite la foi nicéenne. Dès son accession au pouvoir, il promulgue en effet un édit de tolérance et annule les mesures prises par son prédécesseur contre les païens, les juifs et les chrétiens nicéens. Il prend par contre une mesure plus générale interdisant aux chrétiens d'enseigner la grammaire et la philosophie[2]. Enfin, écrivain fécond, il multiplie les pamphlets s'attaquant aux croyances chrétiennes, notamment son célèbre *Contre les Galiléens* dans lequel il qualifie le christianisme de religion « nouvelle » et « sans racines ».

Quand Julien meurt au cours d'une expédition militaire, l'empire est à nouveau divisé. Je ne m'étendrai pas ici sur les multiples synodes, contre-synodes et autres disputes qui émaillèrent les relations interchrétiennes sous les règnes des divers empereurs d'Orient et d'Occident qui se succédèrent jusqu'à Théodose, chaque faction cherchant à tirer tout le bénéfice possible de ses courtes périodes de grâce, excluant et bannissant les évêques de la

1. Julien, *Lettre aux Athéniens*, 274d-275b.
2. Cet épisode est longuement décrit par Théodoret de Cyr dans son *Histoire ecclésiastique*, III, 8.

faction opposée qui, à leur tour, une fois réhabilités et rétablis sur leurs sièges, excluaient et bannissaient ceux qui les avaient châtiés peu auparavant. Dans les églises, la teneur des sermons change selon la couleur dogmatique de l'évêque en place, un jour nicéen, un autre arien. Dans les cités, et jusque dans les paroisses, les esprits s'échauffent : la divinité du Christ, ou plus exactement son degré de divinité (est-il Dieu, ou dieu en second ?) donne lieu à des empoignades, des altercations nécessitant souvent l'intervention des troupes impériales pour rétablir l'ordre.

Quant aux empereurs, beaucoup plus occupés par les guerres contre les Perses ou les Barbares et par la défense de leurs frontières extérieures, ils sont loin de s'impliquer, comme le firent Constantin ou Constance, dans les affaires d'Église, et aucun d'eux ne songea par exemple à convoquer un nouveau concile œcuménique pour tenter de rétablir l'unité dans le camp chrétien.

Apollinaire et le Christ-Dieu

Avant de m'atteler au revirement complet de la politique chrétienne de l'empire, à l'œuvre sous l'égide de Théodose, il me faut au préalable expliciter un problème qui sera également objet de débats, notamment lors du concile œcuménique convoqué par Théodose dès son arrivée au pouvoir, même s'il ne revêtira pas la même ampleur que la querelle arienne : celui soulevé par les apollinaristes, disciples d'Apollinaire de Laodicée.

Apollinaire est un opposant de longue date à Arius et à sa doctrine du Christ comme dieu second. Né à Laodicée, l'actuelle Lattaquieh, en Syrie, il en devient évêque vers 360. Un évêque farouchement nicéen, qui ne fait cependant pas mystère de sa propre conviction selon laquelle le Christ est pleinement Dieu, « Dieu incarné », selon ses propres termes, sa chair ayant été habitée non par une âme humaine, mais directement par le Verbe. Une formule, que l'on retrouve fréquemment sous sa plume et celle de ses disciples, résume cette conviction : « Une seule nature du Verbe incarné » – sous-entendu : une nature divine. Ce qui signifie donc que le Christ n'est pas vraiment homme, puisqu'il n'a pas d'âme, mais que son corps d'homme est habité et mû par le Verbe, par Dieu.

Dès 362, un concile se réunit à Alexandrie pour rappeler que « le Christ n'a pas eu un corps sans âme, sans sens, sans esprit », mais, trop occupés par la querelle arienne, soucieux de ne pas diviser les rangs nicéens par de nouvelles querelles, les évêques ne condamnent pas nominalement Apollinaire, et ne lui interdisent pas non plus de poursuivre ses enseignements.

Apollinaire sera formellement condamné lors du concile de Constantinople, mais, avec lui, s'ouvre une nouvelle page du débat sur le dogme : celle qui consiste à expliquer le mode d'union, dans le Christ, entre le divin et l'humain, Dieu et l'homme.

4

Constantinople, une victoire catholique

En 379, Théodose, général d'origine espagnole, fort de ses succès militaires sur le terrain, accède à la tête de l'Empire romain d'Orient, et, quatre ans plus tard, réunifiera l'empire pour régner à la fois sur l'Orient et l'Occident. Sous son égide, la politique religieuse romaine est l'objet d'un revirement radical.

Théodose Ier, qui nourrit déjà de profondes sympathies chrétiennes, découvre un empire déchiré par les querelles internes au christianisme. Il est lui-même un nicéen convaincu – l'Espagne où il a grandi s'est toujours tenue à l'écart des querelles ariennes, et il est par ailleurs probable qu'il ait côtoyé dans l'armée des nicéens qui l'ont amené à leur foi. Le christianisme a en tout cas les faveurs du nouvel empereur qui, en février 380, promulgue son premier décret religieux, dit l'édit de Thessalonique, cosigné avec Gratien, encore empereur d'Occident, qui fait du christianisme la seule religion officielle de l'empire (à cette époque, seule l'Arménie était déjà dans ce cas, le christianisme ayant été adopté par elle en 311[1]).

1. Et non en 301, comme le veut la tradition. À ce sujet, voir Aram Mardirossian, « Le synode de Vagharshapat (491) et la date de la

Mais il ne s'agit pas de n'importe quel christianisme : d'emblée, l'empereur se déclare pour la « vraie foi », celle « que confessent le pontife Damase et Pierre, évêque d'Alexandrie », précise le décret, c'est-à-dire celle qui est fondée sur la croyance en « l'unique divinité du Père, du Fils et du Saint-Esprit, ayant une majesté égale dans la pieuse Trinité ». Autrement dit, la doctrine nicéenne. Et le décret ajoute que « ceux qui refuseront de s'y soumettre devront s'attendre à être l'objet de la vengeance divine, mais aussi à être châtiés par nous selon la décision que le Ciel nous a inspirée ». En somme, tous les citoyens de l'empire doivent désormais obligatoirement être catholiques romains.

L'une des premières mesures de Théodose à son arrivée à Constantinople est la convocation de l'évêque, un arien qu'il somme de « revenir à la vraie foi ». Celui-ci refusant, l'empereur le condamne à l'exil et installe Grégoire de Nazianze sur le siège épiscopal de la capitale.

C'est en cette même année 380 que Théodose se fait baptiser, devenant ainsi le premier empereur romain baptisé au début de son règne. Puis il envoie ses troupes à l'assaut des églises et des lieux de rassemblement ariens qui sont détruits, tandis que les ouvrages « hérétiques » sont brûlés. Car Théodose n'est pas homme de compromis. Ses ennemis sont les dissidents qui s'écartent de l'orthodoxie romaine – arianistes, donatistes, apollinaristes, etc. –, désormais en butte aux rigueurs de la loi. Au total, sous son règne, une quinzaine d'édits de persécution seront promulgués à leur encontre.

---

conversion au christianisme du royaume de Grande Arménie (311) », *Revue des études arméniennes*, nouvelle série n° 28, 2001-2002, p. 249-260.

Un concile oriental

En 381, Théodose convoque le concile de Constantinople, qualifié ultérieurement d'œcuménique, mais qui ne concerne en fait que les évêques d'Orient ; contrairement aux autres conciles œcuméniques, celui-ci se tient en l'absence de légats du pape. Il s'agit bel et bien d'une reprise en main de l'Église d'Orient.

Ils sont quelque cent cinquante évêques à participer à la séance inaugurale, en mai de cette année-là, au palais impérial. Parmi eux, des noms que nous connaissons encore aujourd'hui : Grégoire de Nysse et Grégoire de Nazianze, Diodore de Tarse, que l'empereur qualifie de « boulevard de l'orthodoxie », ou encore Mélèce d'Antioche et Cyrille de Jérusalem. Quelques évêques appartenant à la mouvance pneumatomaque – littéralement, celle des « adversaires de l'Esprit », n'adhérant pas à la doctrine de la pleine divinité de l'Esprit saint (mais seulement à celle du Christ) – participent aux premières séances avant de s'en aller, refusant d'adhérer aux arguments de la majorité nicéenne. La divinité de l'Esprit sera d'ailleurs au cœur des querelles du Ve siècle sur lesquelles on reviendra plus longuement aux chapitres suivants.

Les Actes du concile de Constantinople ne nous sont pas plus parvenus que ceux de Nicée, et, là aussi, il faut nous en tenir aux témoignages pour en reconstituer le déroulement. De ces témoignages il ressort que les débats les plus houleux ont porté sur les attributions de sièges épiscopaux (l'évêque Mélèce est mort durant le concile), et, plus encore, sur le fait de conférer à Constantinople le titre de « nouvelle Rome », c'est-à-dire le deuxième rang du primat d'honneur au sein de l'Église, et de reléguer

Alexandrie et Antioche, qui se flattaient pourtant de leur antériorité, aux troisième et quatrième places.

Sur le plan du dogme, et après le départ tonitruant de leurs homologues pneumatomaques, les évêques trouvent rapidement un terrain d'entente en partant du symbole de Nicée auquel ils adjoignent une formulation sur le Saint-Esprit. Ce nouveau texte, rédigé en grec, est connu sous le nom de symbole Nicée-Constantinople : c'est le credo chrétien encore récité aujourd'hui à la première personne du singulier (« je »), mais originellement rédigé à la première du pluriel (« nous ») :

« Nous croyons en un Dieu, le Père tout puissant, créateur du ciel et de la terre, de l'univers visible et invisible, et en un Seigneur, Jésus-Christ, le Fils unique de Dieu, engendré du Père avant tous les siècles, lumière de lumière, vrai Dieu de vrai Dieu, engendré non pas créé, de la même substance (*homoousios*) que le Père, et par lui tout a été fait. Pour nous les hommes, et pour notre salut, il est descendu des cieux. Par l'Esprit saint, il s'est incarné de la Vierge Marie, il s'est fait homme, il a été crucifié pour nous sous Ponce Pilate, il a souffert, a été enseveli et il est ressuscité au troisième jour selon les Écritures, il est monté aux cieux et il siège à la droite du Père. Il reviendra dans la gloire pour juger les vivants et les morts, et son règne n'aura pas de fin. Nous croyons en l'Esprit saint, Seigneur qui donne la vie, qui procède du Père, qui avec le Père et le Fils est conjointement adoré et glorifié, et qui a parlé par les prophètes. Nous croyons en une sainte Église, catholique et apostolique. Nous confessons un seul baptême pour le pardon des péchés. Nous attendons la résurrection des morts et la vie du monde à venir. Amen. »

Les évêques ont ainsi reconnu la consubstantialité de l'Esprit qui commence alors à faire débat dans le monde chrétien, après quatre siècles durant lesquels ce sujet n'avait pas attiré vraiment l'attention des théologiens qui se contentaient à peine de l'évoquer dans le cadre des débats trinitaires axés sur la personne du Fils. Ils lui accolent même le qualificatif de « Seigneur » ou *kyrios*, donné dans la Bible à Dieu, et jusque-là, dans la tradition chrétienne, également au Christ auquel les Pères ôtent le titre d'« unique Seigneur » figurant dans le symbole de Nicée. De la même manière, ils lui reconnaissent la qualité divine de « donner la vie ». L'Esprit est donc Dieu, comme l'écrira Grégoire de Nazianze : « Combien faut-il que tu aies l'intelligence épaisse et que tu sois loin de l'Esprit si tu doutes de cela et qu'il faut qu'on te l'enseigne[1] ! »

Cependant, dans ce texte originel, et dans un évident souci de compromis, les évêques réunis en concile affirment que l'Esprit procède du Père, omettant de mentionner le Fils. Le filioque, c'est-à-dire la procession de l'Esprit « du Père et du Fils », sera introduit dans ce symbole, contre l'avis de l'Orient, par le troisième concile de Tolède réuni en 589, mais il restera longtemps à l'écart des usages liturgiques. On sait par exemple que, vers 810, Charlemagne demanda au pape Léon III d'introduire le filioque dans le credo, mais ce n'est qu'au début du XIe siècle qu'il entrera effectivement dans l'usage liturgique occidental ; ce sera l'une des principales raisons du schisme avec le monde orthodoxe en 1054. Aujourd'hui, les orthodoxes et même les catholiques orientaux n'ont pas introduit le filioque dans leur credo.

Mais revenons à Constantinople : dès la fin de leurs travaux, en juillet 381, les Pères adressent leurs conclusions à l'empereur, qu'ils qualifient d'« instrument de Dieu », et

1. Grégoire de Nazianze, *Discours théologique*, 5, 26-27.

lui demandent d'une part de ratifier leurs déclarations doctrinales, d'autre part de faire appliquer sur le terrain la condamnation des hérétiques qui fait l'objet du premier canon conciliaire. Celui-ci cite « spécialement » les ariens et semi-ariens, les pneumatomaques, les apollinaristes et les sabelliens dont il précise qu'ils doivent tous être « anathémisés », sans s'étendre sur les « erreurs » propres à leurs hérésies. Théodose publie aussitôt un décret exigeant la remise de toutes les églises aux seuls tenants de la « vraie foi ».

Une religion d'État

Le christianisme, qui était « religion privilégiée » de l'empire sous Constantin, puis « religion officielle » au début du règne de Théodose, devient en 391 « religion d'État » de l'empire : ce ne sont pas seulement les citoyens qui sont chrétiens, c'est l'État lui-même qui le devient. Théodose interdit les cultes païens, les rapports entre le pouvoir politique et l'autorité ecclésiale se font de plus en plus étroits, et l'Église ne cesse de bénéficier de nouveaux privilèges, et surtout de nouvelles richesses, une fois autorisée à s'emparer des biens des temples païens au cours de ce qui se révélera être de véritables pogroms dont sont victimes les non-chrétiens, voire les non-nicéens. Désormais, les sénateurs, comme tous les autres hauts personnages de l'État, doivent solennellement jurer fidélité au Christ pour accéder à leurs fonctions. Le pape Damase confère à Rome le titre de « siège apostolique » ; l'empereur est plus que jamais son bras armé.

Quand le commerçant se met à parler théologie

Le christianisme n'est pas pour autant pacifié : le mystère du Christ continue d'interpeller les théologiens, mais aussi la foule des fidèles qui se livre à de véritables empoignades et organise manifestations et contre-manifestations dans les cités de l'empire. En fait, tout le monde participe aux querelles dogmatiques et se sent même personnellement concerné par elle. L'historien Ammien Marcellin, qui vécut cette époque de déchirures, en vient à constater, dans son œuvre phare, *Res Gestæ* (Histoire), que les chrétiens se disputent entre eux « comme des bêtes fauves[1] ».

C'est la « substance » du Fils qui, en cette fin du IVe siècle, puis au Ve siècle, fait l'objet de toutes ces querelles aiguës : comment expliquer la double nature, humaine de Jésus, divine du Verbe ? Sont-elles à égalité dans le Fils, ou bien l'une l'emporte-t-elle sur l'autre ? Et comment ces deux natures se concilient-elles avec l'unité de la personne du Christ ? Le vieux débat sur la divinité du Fils resurgit : le Fils est-il vraiment de la même substance que le Père ? Est-il son égal ? Les déchirures se font aussi autour du statut de l'Esprit : est-il pleinement Dieu ? Dans ce cas, comment expliquer, comment comprendre le mystère de la Trinité, des trois personnes qui n'en font en fait qu'une seule ? Dans une homélie restée célèbre, prononcée en 383 à Constantinople, Grégoire de Nysse (v. 341-394) se plaint : « Réclamez votre monnaie, et le commerçant se met à parler théologie, du créé et de l'Incréé ; demandez le prix du pain, on vous répondra : “Le Père est plus grand et le Fils est inférieur” ; et si vous vous inquiétez de savoir si

1. Ammien Marcellin, *op. cit.*, 22, 5, 4.

votre bain est prêt, l'intendant vous déclare que le Fils est sans importance[1]… »

Par ailleurs, la querelle arienne n'est pas éteinte, elle non plus, malgré sa condamnation par les conciles de Nicée puis de Constantinople, et surtout malgré la répression mise en œuvre par Théodose. L'arianisme, qui prospère chez les Barbares, continue d'attirer les fidèles de l'empire, au premier rang desquels figure Justine, la mère de Valentinien II qui a succédé à Gratien à la tête de l'empire d'Occident. Cédant à l'insistance de Justine, l'empereur promulgue en 386 un édit restituant ses droits « pour l'éternité » à une faction arienne. Cet édit sera retenu dans le Code théodosien, promulgué par Théodose II en 438, et permettra à certains ariens de conserver leurs églises à condition que celles-ci soient situées hors des villes.

Cependant, dans les années qui suivent, une série de lois seront promulguées, de plus en plus restrictives envers les hérétiques à qui il sera progressivement interdit d'ordonner des clercs ou de posséder des églises. Ces textes ne seront pas toujours strictement appliqués, mais indiquent clairement l'orientation de la politique religieuse impériale, favorable aux décisions de Rome et de la papauté qui rassemble finalement, à ce moment, la majorité des chrétiens.

Le plus chrétien des empereurs ?

Théodose Ier meurt en janvier 395, ayant réussi durant son règne un double exploit : d'une part, rétablir l'unité de l'Empire romain (il aura été à la fin de son règne l'empe-

1. Grégoire de Nysse, *De deitate Filii et Spiritus sancti* (Sur la divinité du Fils et de l'Esprit saint), in *Patrologia Græca*, 46, 557.

reur de l'empire réunifié), et, d'autre part, faire triompher la Croix à travers son gigantesque territoire. Appelé Théodose le Grand par les historiens chrétiens, il assume effectivement à merveille son rôle de bras armé de l'Église.

Réputé comme étant le plus chrétien des empereurs de l'empire unifié, Théodose avait certes la foi chevillée au corps, c'était probablement un fervent pratiquant, mais aussi un homme d'une grande cruauté.

Un épisode permet de résumer le personnage. Il a pour théâtre la Thessalonique où, en 390, un conducteur de chars de cirque fort populaire dans la ville, coupable du viol d'un des esclaves du gouverneur, est arrêté et emprisonné par celui-ci. Des émeutes éclatent, le gouverneur et plusieurs hauts responsables sont tués par les émeutiers. Théodose Ier ne supporte pas ces débordements et entend donner une leçon qui serve d'exemple au reste de l'empire ; il invite les Thessaloniciens à assister à des jeux de cirque, les enferme dans l'amphithéâtre, et, pendant une pleine journée, ses troupes se livrent à un effroyable massacre, faisant une dizaine de milliers de morts parmi les spectateurs et ceux qui ont accouru en entendant les hurlements venant du cirque. Ambroise, l'évêque de Milan, qui avait pourtant fermé les yeux sur bien d'autres atrocités, ne put se taire face à celle-ci : il sermonna publiquement l'empereur, lui intima l'ordre de faire repentance, le menaça de l'exclure de l'Église. Au bout de quelques semaines de ce bras de fer, et face à l'intransigeance de l'évêque, l'empereur plia : vêtu de la robe blanche des pénitents, la tête couverte de cendre, il s'agenouilla devant Ambroise et se confessa publiquement pour obtenir l'absolution.

Quelques mois plus tard, un nouvel édit fut promulgué, renforçant la répression contre les hérétiques…

[illegible]

[illegible]

[illegible]

[illegible]

5

Nestorius et la « mère de Dieu »

Une nouvelle crise majeure, dont les conséquences ne sont toujours pas effacées aujourd'hui encore, éclate à Constantinople en 428 quand Nestorius, l'évêque nouvellement installé par l'empereur Théodose II sur le trône patriarcal, pourtant réputé pour être un pourfendeur d'hérésies, développe en chaire sa conception de la Vierge Marie.

L'homme, un moine d'Antioche, né en 381, l'année du concile de Constantinople, est connu pour ses prouesses d'orateur qui en font un tribun hors pair. C'est en termes puisés dans son registre lexical le plus tonitruant que, dans son premier sermon de Noël, il refuse à Marie le titre de *Theotokos*, « mère de Dieu », s'indigne en chaire à l'idée que Dieu puisse avoir une mère, et lui concède finalement le titre de *Christotokos*, « mère du Christ », ou à la rigueur celui de *Theodokos*, « celle qui a reçu Dieu ». Il insiste : « Les Saintes Écritures ne disent pas que Dieu est né de la Vierge mère du Christ, mais elles disent que c'est Jésus-Christ, le Fils et le Seigneur (qui est né d'elle). Et cela, nous le confessons. » Ce qui revient d'une certaine manière à nier la pleine divinité de Jésus.

Les mots de Nestorius sont virulents, la réaction de l'auditoire est elle aussi immédiate et violente. Car, quoique n'étant pas encore entré dans le dogme, le très populaire titre de « mère de Dieu » donné à Marie appartient déjà à la tradition chrétienne, et les fidèles y sont fort attachés. C'est pour des raisons probablement christologiques plutôt que mariologiques que ce titre est apparu, relativement tôt dans l'histoire du christianisme, chez un certain nombre de Pères de l'Église soucieux d'asseoir la divinité du Christ. On le retrouve ainsi couramment utilisé, dès le IIe siècle, notamment par Origène, puis par Alexandre d'Alexandrie, et plus tard par Eusèbe de Césarée, entre autres. Au IVe siècle, Grégoire de Nazianze peut même affirmer : « Si quelqu'un pense que Marie n'est pas mère de Dieu, il est en dehors de la divinité[1]. »

À ce moment, l'orthodoxie n'a pas encore tranché, bien que Rome se montre déjà très favorable à l'usage du titre de *Theotokos* pour qualifier la mère de Jésus.

Les écoles d'Antioche et d'Alexandrie

Ce n'est à l'évidence pas dans son homélie de Noël, prononcée en tant qu'évêque de Constantinople, que Nestorius a exposé pour la première fois sa conception de Marie. Ce discours, il le tenait déjà à Antioche, sans provoquer tant de remous ni susciter l'indignation des fidèles. On ne vit, dans ses paroisses antiochiennes, aucune manifestation de colère contre ses thèses, aucune injure fusant en pleine messe, pas plus que de pétitions circulant dans les communautés, comme ce fut le cas à Constantinople.

1. Grégoire de Nazianze, *Epistula*, 101, PG 37, 177.

Il faut dire que la « deuxième Rome » était, sur le plan dogmatique, plus proche d'Alexandrie que d'Antioche où deux écoles théologiques assez différentes l'une de l'autre avaient prospéré.

Avant d'aller plus loin sur le développement du nestorianisme et d'évoquer la crise profonde qu'il inaugura entre factions chrétiennes, commençons par décrypter rapidement les vues antagonistes de ces deux écoles, notamment pour ce qui a trait à la christologie.

L'école d'Antioche, ville où, on s'en souvient, avait enseigné Lucien, le maître d'Arius et de plusieurs évêques ariens et semi-ariens, s'est illustrée dès l'origine par une approche historique et littérale de la Bible, par opposition à l'école d'Alexandrie, connue pour son exégèse plus symbolique et allégorique.

Les théologiens d'Antioche insistent sur la pleine humanité *et* sur la pleine divinité du Christ : selon eux, la nature du Christ est issue de l'union de deux natures complètes, ou *prosopon*. C'est ce que l'on appelle la dualité Verbe-homme, qui sépare l'homme et Dieu dans le Christ, et qui vaudra à ces théologiens d'être accusés de diviser le Christ, voire de parler de deux fils distincts : celui de Marie, d'une part, celui de Dieu, d'autre part.

À l'inverse, dans la lignée d'un Ignace d'Antioche qui, au Ier siècle, parle déjà d'un « Dieu né de Marie[1] » les théologiens d'Alexandrie insistent sur la nature – la *physis* – unique du Christ, le Verbe qui s'est fait chair. Ils affirment l'union indissoluble des natures, humaine et divine, fondues en cette seule nature christique. Une formule de l'Église d'Alexandrie permet de mieux expliciter ce concept : elle affirme qu'au moment de sa conception la

1. Ignace d'Antioche, *Lettre aux Éphésiens*, 7, 2.

nature humaine du Christ a été totalement absorbée par sa nature divine, « comme une goutte d'eau se dilue dans la mer ». Poussée à son extrême, cette logique donnera la doctrine monophysite, sur laquelle j'aurai l'occasion de revenir, qui reconnaît une seule nature divine au Christ.

Le maître de Nestorius est Théodore de Mopsueste, le grand théologien de l'école d'Antioche. Avant son élève, il aura insisté sur la parfaite humanité et la parfaite divinité du Christ qui possède ainsi deux natures, celle d'homme total et celle de Dieu total, « car si cette conjonction s'abolit, ce qui fut assumé ne paraît plus rien d'autre qu'un simple homme comme nous. C'est pourquoi les Livres saints proclament comme d'un seul Fils les deux termes[1] ». C'est « l'homme assumé », ajoute-t-il, qui reçut la mort et fut détruit, et non « la nature divine » qui, au contraire, le ressuscita[2]. Le Christ, dit Théodore de Mopsueste, « participe à la nature humaine du fait qu'il est de la nature de Marie[3] », mais il est en même temps « de la nature divine de Dieu le Père, laquelle, pour notre salut, se revêtit d'un homme, habita en lui et fut manifestée par lui et connue de tous les hommes[4] ». Le Christ est donc « la conjonction exacte des deux natures », « l'homme assumé dont Dieu se revêtit » ; or « on ne peut dire ces deux choses d'une seule nature[5] ». Tout en insistant sur la distinction fondamentale entre ces deux natures, il utilise le terme de *sunapheia* – conjonction – pour dire qu'en la personne du Christ la divinité et l'humanité sont conjointes. Théodore de

1. *Explication du symbole de foi, homélie catéchétique*, 6, 3.
2. *Ibid*, 6, 6.
3. *Ibid*, 6, 10.
4. *Ibid*, 3, 5.
5. *Ibid*, 3, 7.

Mopsueste sera le premier théologien chrétien condamné pour hérésie après sa mort, et non de son vivant.

Au contraire, un autre grand théologien, de l'école d'Alexandrie cette fois, Cyrille, évêque de cette ville, n'aura eu de cesse de réfuter le principe antiochien de « deux natures en une personne » au profit du principe d'« une seule personne en deux natures », c'est-à-dire une unité de la personne du Christ après l'union. Il refuse ainsi de dire que c'est la part humaine du Christ qui est née, a souffert et a été crucifiée : c'est le Christ tout entier, un et indivis, le « Verbe incarné », qui est né, a souffert et a été crucifié, à partir du moment où le Verbe s'est uni à la chair qu'il a assumée. À la « christologie des natures », il oppose la « christologie de la personne » : « Il ne faut pas diviser l'unique Seigneur Jésus-Christ en homme à part et en Dieu à part, mais nous disons qu'il n'y a qu'un seul Jésus-Christ, tout en sachant la différence des natures et en les maintenant l'une et l'autre sans confusion[1] », insiste-t-il, ajoutant que « tout le divin secret disparaît » si celui qui est né et qui est mort n'est pas Dieu[2]. Sa bataille avec Nestorius sera pour lui l'occasion d'approfondir cette thèse, jusqu'à creuser de manière définitive le sillon monophysite.

Une bataille christologique ou de primauté ?

À Constantinople, depuis le prêche de Noël du nouvel évêque, la grogne populaire ne cesse de monter. Les voyageurs qui débarquent dans les autres villes de l'empire racontent les troubles dans les rues, les interruptions

1. Cyrille d'Alexandrie, *Scholia de Incarnatione*, PG 75, 13 85 C.
2. *Id.*, *Quod unus sit Christus*, PG 75, 1265.

d'homélies, ils parlent de ce Nestorius qui s'obstine à répéter qu'il refuse d'adorer « un Dieu qui est né, qui est mort et qui a été enseveli », y compris en présence d'autres évêques tels Eusèbe de Dorylée ou Proclus de Cyzique qui défendent, eux, le titre marial de « mère de Dieu ». Nestorius est certain d'être dans le vrai, et il écrit d'ailleurs à l'évêque de Rome, le pape Célestin, pour dénoncer la déviance de ses opposants. Ces derniers, notamment Eusèbe, prennent également le pape à témoin, lui envoient des extraits des homélies qu'ils contestent, et leurs propres arguments pour les réfuter.

Cependant, les thèses nestoriennes commencent à faire souche dans l'empire, à Antioche bien sûr, mais aussi en Égypte où éclatent des bagarres entre fidèles en désaccord sur la nature du Christ. Cyrille, évêque d'Alexandrie, s'inquiète des réactions de son clergé, et plus encore de celles des moines du désert ; les échos qui lui en parviennent lui font comprendre qu'ils ne sont pas insensibles aux propos de Nestorius. Il s'empresse de leur adresser une longue lettre en faveur de la *Theotokos*, mais il écrit aussi à Nestorius, qui a pourtant la primauté d'honneur sur Alexandrie, pour lui réclamer sèchement quelques éclaircissements sur sa foi et lui demander d'éviter le « scandale universel ». Affirmant être poussé à lui écrire « par la charité du Christ », il intime à son homologue d'accepter le titre de « mère de Dieu » donné à Marie et « enseigné partout par la foi orthodoxe et par les Saints Pères[1] ».

Nestorius répond brièvement, ne fournit aucune explication, mais appelle à la modération son homologue alexandrin qu'il appelle « l'Égyptien » – par ailleurs connu

1. Deuxième lettre de Cyrille à Nestorius, janvier 430.

pour son humeur vive et son zèle exacerbé dans la défense de ce qu'il juge être la « vraie foi » : il anéantira par ses persécutions la communauté juive de sa ville et s'en prendra de même manière aux autres communautés chrétiennes, à ses yeux hérétiques.

Cyrille lui ayant renvoyé une lettre comminatoire, la réponse de Nestorius est elle-même très sèche : « Je passe sur les injures envers nous de ton étonnante lettre : elles réclament la patience d'un médecin, et les faits leur répondront en temps voulu. » Et il expose une fois de plus sa doctrine : « Ce n'est pas la divinité qui est née récemment ou qui est capable de pâtir des souffrances corporelles, mais bien la chair jointe à la nature de la divinité [...]. Dieu a été uni à la chair crucifiée, mais il n'a pas souffert avec elle. » Et de préciser : « Tout ce que le Verbe a subi pour nous dans la chair qui lui est unie est adorable, mais l'attribuer à la divinité est un mensonge et nous ferait justement accuser de calomnie[1]. »

Ce n'est sans doute pas aussi sans arrière-pensées politiques que Cyrille a décidé de croiser le fer avec Nestorius. Alexandrie, grand centre intellectuel du christianisme des premiers siècles, n'a toujours pas digéré la décision du concile de Constantinople d'accorder, en 381, le deuxième rang dans la hiérarchie cléricale à l'évêque de Constantinople, au détriment du sien. En dénonçant une nouvelle hérésie, en défendant l'orthodoxie, Cyrille espère-t-il récupérer une partie de la primauté et de l'importance qui étaient accordées autrefois à son siège ? Voire le deuxième rang dans la hiérarchie, injustement attribué à Constantinople, selon les Alexandrins ? Certes, il est profondément convaincu de l'unité des deux natures dans le Christ, et il

1. Lettre de Nestorius à Cyrille, juin 430.

entend défendre ses convictions, mais la théologie, de toute évidence, n'est pas seule ici en jeu.

Il se lance donc tout entier dans cette bataille, affûtant ses arguments et comptant ses alliés au sein de l'épiscopat et même à la cour impériale où il écrit longuement à l'empereur, à son épouse Eudocie et à ses sœurs, dont l'influente Pulchérie. Il rédige par ailleurs des traités fort argumentés qu'il intitule *Contre les blasphèmes de Nestorius*, et il finit par s'adresser au pape auquel il fait envoyer, au cours de l'été 430, un dossier qu'il a constitué autour de cette affaire.

À Rome, Célestin convoque aussitôt un synode qui condamne les thèses de Nestorius, et il adresse à celui-ci une lettre sévère l'enjoignant d'enseigner « ce que tient la foi commune » et que professent « les Églises de Rome, d'Alexandrie et toute l'Église catholique ». Il lui accorde dix jours, à partir de la date à laquelle lui parviendra sa missive, pour revenir sur sa thèse, faute de quoi il sera excommunié. Candeur ? Naïveté ? Le fait est que Célestin charge Cyrille de transmettre cette décision à Nestorius, puis de la faire exécuter.

Cette situation n'est évidemment pas pour déplaire à l'évêque d'Alexandrie, qui prend tout son temps. Se prévalant désormais de la bénédiction papale, mais allant bien au-delà de la mission qui lui a été assignée par ce dernier, il commence par convoquer un synode égyptien qui se réunit à la fin de l'automne, et c'est seulement après qu'il transmet à Nestorius la décision pontificale, assortie de douze anathématismes de sa propre rédaction : douze préceptes de foi auxquels il somme Nestorius de souscrire. Mais il s'agit là de préceptes très radicaux, puisés, pour certains, au cœur de la tradition alexandrine, et dont il est évident qu'ils sont inacceptables pour un Antiochien.

Ainsi, outre le fait de confesser que Marie est mère de Dieu (1er anathématisme), Nestorius se voit intimer l'ordre de reconnaître l'union des deux natures, humaine et divine, du Christ, sans division des hypostases (3e anathématisme), Dieu et homme tout à la fois mais aussi pleinement Dieu, dont la chair est vivifiante parce qu'elle est la chair du Verbe lui-même et non un temple dans lequel le Verbe a choisi d'habiter (11e anathématisme). Et de conclure : « Si quelqu'un ne confesse pas que le Verbe de Dieu a souffert selon la chair, a été crucifié selon la chair, a enduré la mort selon la chair, et est devenu le premier-né d'entre les morts, en tant qu'il est la vie et qu'il la donne comme Dieu, qu'il soit anathème » (12e anathématisme).

Ces douze anathématismes sont accompagnés d'une lettre destinée à jeter de l'huile sur le feu. Passant outre la préséance hiérarchique, Cyrille s'adresse à Nestorius comme à un vulgaire prêtre de son diocèse : « Il ne suffira pas à Ta Révérence de confesser avec nous le symbole de foi exposé en son temps sous l'inspiration du Saint-Esprit par le saint synode réuni alors à Nicée, car tu ne le comprends ni ne l'interprètes adroitement, mais plutôt de travers, même si tu en confesses en voix le texte. Mais il convient que par écrit, et sous la foi du serment, tu confesses que tu anathématises tes doctrines criminelles et profanes, et que tu penses et enseignes tout ce que nous pensons et enseignons[1]. »

Nestorius n'a pas le temps de répondre : avant même que la troisième lettre de Cyrille lui parvienne, l'empereur Théodose II, soucieux de maintenir la paix au sein du christianisme (et donc dans son empire), par ailleurs plutôt

1. Troisième lettre de Cyrille à Nestorius, novembre 430.

favorable à Nestorius qu'il a installé sur le siège de Constantinople, convoque un concile œcuménique, le troisième de l'histoire de l'Église, et choisit, pour l'organiser, la ville d'Éphèse, qui n'est pas éloignée de la capitale et est par ailleurs facilement accessible à la fois par terre et par mer. A-t-il répondu, ce faisant, à une requête de Nestorius, comme le laissent entendre certains chroniqueurs de l'époque ? Le fait est qu'il demande instamment à chaque province de se faire représenter par un petit nombre d'évêques afin d'instaurer un équilibre dans les débats.

La doctrine nestorienne

Avant de détailler ce concile, certainement le plus houleux de tous, je voudrais expliciter davantage la doctrine nestorienne qui, au-delà du titre marial, remet en cause une partie du dogme christique élaboré par l'Église (ou par les Églises, serait-il plus sage de dire) au cours des tumultueux quatre premiers siècles du christianisme. Il faut signaler qu'outre les extraits d'homélies cités par ses détracteurs, et quelques lettres, un seul ouvrage de Nestorius est parvenu jusqu'à nous presque dans son intégralité, le *Liber inscriptus*, également connu sous le nom de « Livre de Héraclide de Damas » dans sa version syriaque (lui-même écrivait en grec ; cette traduction remonte à 535). J'ajouterai pour l'anecdote que ce livre, que l'on avait longtemps cru disparu, a été retrouvé en 1895 dans la bibliothèque du patriarche de l'Église nestorienne à Qochanis, dans les montagnes du Kurdistan. Dans cette œuvre tardive rédigée au cours de son dernier exil, Nestorius défend l'orthodoxie de sa théologie. Le reste de sa production a été brûlé sur ordre impérial, mais nous aurons l'occasion d'y revenir.

Nestorius distingue de manière exacerbée les deux natures du Christ, l'une humaine, l'autre divine, et refuse de les confondre, même s'il affirme leur union ; il précise que seul l'homme est né de Marie, seul l'homme est mort sur la croix, un homme qui n'est pas seulement la chair mais qu'il décrit comme « instrument de la divinité ». Dans son fameux sermon de Noël, il avait toutefois pris soin d'ajouter ce qui restera sa conviction profonde : « Je sépare les natures, mais j'unis l'adoration. Confessons qu'il est double, et adorons-le comme un. Il est double quant aux natures, mais un à cause de l'unité. » Un siècle plus tôt, Eustathe, alors évêque d'Antioche, avait utilisé à peu près les mêmes mots pour dire que le Verbe « assuma un instrument humain pris à la Vierge », appelant cet instrument, c'est-à-dire le corps charnel de Jésus, « temple du Verbe ». Mais ne peut-on pas voir aussi dans ces propos un héritage d'un Père du IIe siècle, Ignace, qui fut également évêque d'Antioche et qui, commentant le prologue de l'Évangile de Jean où il est dit que « le Verbe s'est fait chair », parlait du « Verbe *sarcophoros* », autrement dit le « Verbe porteur de chair », distinguant ainsi, sans l'exprimer vraiment, le Christ Dieu du Christ homme ? Quant à Diodore, évêque de Tarse, celui-là même que l'empereur Théodose Ier nommait « boulevard de l'orthodoxie », il distinguait lui aussi le fils de Marie, devenu le temple du Verbe, d'une part, et, d'autre part, le Fils de Dieu, tous deux unis en un seul Christ, ce qui lui aura valu par la suite les reproches de Cyrille d'Alexandrie, l'accusant de parler de deux Fils, de deux Christ différents, l'un né de Marie, l'autre Fils de Dieu. C'est exactement le reproche que le même Cyrille adresse à Nestorius.

Or, quand Cyrille affirme que le « Verbe est devenu chair, conformément aux Écritures, mais il n'est pas venu dans un homme[1] », Nestorius lui rétorque qu'il lui est impossible de penser que « la divinité du Christ est capable de souffrances corporelles », et c'est pourquoi « il est bon et conforme à la tradition évangélique de confesser que le corps est le temple de la divinité du Fils, temple qui lui est uni par une suprême et divine conjonction, au point que la nature de la divinité s'approprie ce qui appartient à ce temple. Mais, sous prétexte de cette appropriation, attribuer au Verbe les propriétés de la chair qui lui est unie, c'est-à-dire la naissance, la souffrance et la mort, est le fait d'un esprit égaré[2] ».

Mais, à ce stade, l'affaire Nestorius a dépassé la simple querelle entre deux hommes ou entre deux écoles, elle a gangrené tout le peuple chrétien. L'empereur exige donc de l'Église qu'elle se prononce de manière définitive. Et c'est à la Pentecôte 431 que s'ouvre le concile d'Éphèse. Du moins son premier acte…

1. Cyrille d'Alexandrie, *Dialogue sur la Trinité*.
2. Lettre de Nestorius à Cyrille, juin 430.

6

La « bataille » d'Éphèse

À l'instar de ses prédécesseurs, c'est l'empereur lui-même qui adresse aux évêques la lettre les conviant à participer au concile d'Éphèse. Cette lettre, Théodose II l'assortit d'une menace à peine voilée : « La chose nous tenant fort à cœur, nous ne tolérerons pas, leur écrit-il, que quelqu'un s'abstienne sans autorisation. Les absents ne trouveront d'excuse ni devant Dieu ni devant moi-même[1]. » S'il convient dans cette missive que « le bien de notre empire dépend de la religion », il ajoute : « Nous servons la divine providence en veillant aux intérêts de l'État [...]. Le bien de notre empire dépend de la religion : une étroite connexion rapproche ces deux choses. »

Les convocations partent en novembre 430. Les évêques sont attendus en juin 431 ; le pape Célestin confirme qu'il enverra ses légats pour le représenter « spirituellement », et demande à ceux-ci d'agir conjointement avec Cyrille d'Alexandrie qu'il avait chargé de la première médiation manquée avec Nestorius.

1. *Acta conciliorum oecumenicorem*, ed. Schwartz, Berlin, 1914, I, 1, p. 114.

Les trois conciles

Après Pâques, Cyrille embarque du port d'Alexandrie avec une énorme escorte de plus de quarante évêques égyptiens, sans compter des prêtres et des moines qui l'accompagnent également. En cette période de l'année, les conditions de navigation sur la Méditerranée sont idéales : les tempêtes hivernales sont terminées, la mer n'est pas d'huile comme elle peut l'être à l'automne, mais la brise printanière souffle à point pour faire avancer les navires sans maltraiter leurs occupants.

À Éphèse, ses hommes sont déjà à pied d'œuvre : des agents secrets auxquels il a adressé un mémorandum confidentiel leur détaillant l'art et la manière de préparer son arrivée, et surtout de maintenir la pression sur l'entourage de l'empereur afin que celui-ci ne bascule pas dans le camp nestorien auquel il n'est pas complètement hostile[1].

En fait, Cyrille arrive avant l'heure. Les évêques macédoniens et ceux d'Asie Mineure sont déjà là, ainsi que Nestorius. Mais, le 7 juin, date annoncée de l'ouverture du concile, beaucoup d'évêques manquent encore à l'appel, dont les légats du pape, et surtout les évêques d'Antioche, de Syrie et d'Orient, en majorité des soutiens de Nestorius, qui viennent par voie de terre à travers des chemins rendus quasi impraticables par les séquelles de l'hiver écoulé. Jean d'Antioche adresse d'ailleurs un message à Cyrille pour le prévenir du retard de la délégation antiochienne, et s'en excuser ; l'ouverture du concile est retardée.

1. Peter Brown, *Pouvoir et persuasion dans l'Antiquité tardive*, Seuil, 1998, p. 30.

À Éphèse, les premières grosses chaleurs estivales échauffent les esprits. Dans les églises, dans les rues, sur les places publiques, évêques, prêtres et moines, nestoriens et cyrilliens se prennent à partie et s'invectivent en termes crus. La situation devient intenable.

Le 21 juin, on sait que la délégation antiochienne ne devrait plus tarder à arriver, la délégation romaine non plus, mais Cyrille prend brusquement, et de son propre chef, la décision d'ouvrir le concile le lendemain. Il adresse une convocation aux évêques déjà à Éphèse, ainsi qu'à Nestorius qu'il somme de venir s'expliquer devant la docte assemblée qui l'accuse d'hérésie. Nestorius refuse de se présenter en l'absence de la totalité des évêques convoqués par l'empereur : le procès sera à charge, il le sait, et ses principaux soutiens ne seront pas là pour prendre sa défense. Mais, pour Cyrille, l'occasion est trop belle de parvenir aussi rapidement à ses fins, à savoir la condamnation et l'exclusion de l'évêque de Constantinople, sans passer par l'étape des débats, qui, lors des conciles précédents, s'étaient prolongés plusieurs semaines. Il passe outre la révolte de plusieurs dizaines d'évêques d'Asie Mineure, scandalisés par cette précipitation, et qui le font savoir. Il n'entend pas plus le mécontentement de l'empereur qui, par l'intermédiaire de son représentant, le comte Candidien, lui demande de patienter. Cyrille affirme haut et fort agir au nom de l'évêque de Rome.

Le concile s'ouvre donc le 22 juin au matin, les lettres de Cyrille à Nestorius sont lues, ainsi que la réponse de celui-ci. Il se clôt le soir même par une condamnation de l'hérétique, accusé d'avoir « blasphémé le Christ ». Les 197 évêques présents lui jettent l'anathème et signent une lettre synodale rédigée par Cyrille : « Notre Seigneur Jésus-Christ, qu'il a blasphémé, décrète, par le Saint Synode ici présent, que Nestorius est exclu de la dignité épiscopale et de toute assemblée sacerdotale. » La lettre affirme que le Verbe s'est uni à la chair pour naître de Marie, chair qui était elle-même animée d'une âme humaine, mais elle insiste sur une formule alors propre à l'école d'Alexandrie : « l'unique nature du Christ », alors que l'orthodoxie insiste sur le principe de deux natures unies dans le Christ.

Les évêques écrivent également à Nestorius pour l'informer des décisions du concile, et ils le qualifient de « nouveau Judas » aux « prédications impies ». Bien plus tard, depuis son dernier exil, Nestorius se remémorera en termes amers cet épisode qu'il consignera dans son ultime ouvrage, le *Liber inscriptus* : « Cyrille constituait tout le tribunal, il tenait lieu de tribunal. Il a réuni le concile, il en était le chef. Qui était le juge ? Cyrille. Qui était l'accusateur ? Cyrille. Qui était l'évêque de Rome ? Cyrille. Cyrille était tout… »

Le concile est officiellement clos sur ordre de Cyrille, mais l'affaire, elle, n'est pas du tout terminée. En effet, le 26 juin, la délégation orientale, conduite par l'évêque Jean, parvient enfin à rejoindre Éphèse. Jean explose de colère quand il est mis au courant de la tenue de la session dont il refuse de reconnaître la légitimité. Il convoque aussitôt un nouveau concile, auquel participent une cinquantaine d'évêques ainsi que le représentant de l'empereur, encore offusqué par la précipitation de Cyrille, qui décident de déposer ce dernier, sa thèse sur la nature du Christ s'écartant de l'orthodoxie, et d'excommunier tous les évêques ayant participé à la session du 22 juin, s'ils ne reviennent pas immédiatement sur leur signature de la lettre synodale rédigée par l'évêque d'Alexandrie. Un rapport est envoyé à Théodose qui répond avec célérité, le 29 juin, et annule les décisions du synode du 22. Il demande par ailleurs aux évêques de ne pas quitter la ville.

Les légats romains, eux, ne sont toujours pas arrivés à Éphèse. Ils n'y font leur entrée qu'au début du mois de juillet. La ville est à feu et à sang : les deux clans, celui du 22 juin et celui du 26 juin, se livrent une guerre outrancière, y compris sur les parvis des églises où aussi bien les moines que les laïcs participent à des rixes musclées qui se soldent par un grand nombre de blessés. Les représentants du pape convoquent pour le 10 juillet un synode auquel ne participent que les opposants à Nestorius. Les procès-verbaux de la session du 22 juin sont lus et approuvés, Nestorius est déposé.

Une session supplémentaire est convoquée le 16 juillet, au cours de laquelle sont promulgués six canons qui condamnent les erreurs de Nestorius et celles du pélagien Célestius. Jean d'Antioche et une trentaine d'autres évêques sont excommuniés, les décisions de la session du 26 juin, qu'il avait présidée, sont rendues caduques. La référence à tout autre symbole que celui de Nicée est interdite.

Cyrille d'Alexandrie se délecte de son triomphe. L'empereur, lui, est ulcéré. Rome aurait donc remis en cause son propre avis, celui du 29 juin, annulant les décisions du 22 ? L'argument selon lequel il s'agit là d'une affaire d'Église, d'une question théologique, ne le convainc pas. Sans vouloir non plus entrer en guerre avec le pape, il choisit de renvoyer dos à dos tous les protagonistes et, début août, par lettre impériale, il dépose Cyrille d'Alexandrie, Nestorius et Memnon, évêque d'Éphèse, proche de Cyrille, et demande aux autres évêques de regagner leurs diocèses respectifs, sans toutefois déclarer officiellement clos le concile d'Éphèse.

Les « bénédictions » de Cyrille

Entre-temps, à la tête de la délégation orientale, Jean est retourné à Antioche. Entre les deux camps, le cyrillien et le nestorien, la guerre reste totale, chacun s'arc-boutant sur ses positions et multipliant lettres et messages à la cour, aux autres évêques, et même aux fidèles pour asseoir ses positions. L'empereur lui-même n'est pas totalement convaincu par les décisions qui ont été adoptées, y compris les siennes et notamment la déposition de Nestorius. Il envoie tout de même le tribun Aristolaos à Antioche pour imposer les décisions conciliaires.

Cyrille, lui, craint par-dessus tout qu'un nouveau revirement intervienne avant l'arrivée d'Aristolaos chez Jean sous la pression des nestoriens, encore nombreux dans l'entourage impérial. Alors il mobilise ses hommes, inonde la cour de cadeaux qu'il nomme des « bénédictions » et dont une liste très détaillée nous est parvenue. J'en donnerai ici un bref aperçu : plus de mille livres d'or (qui auraient pu nourrir vingt mille miséreux pendant une année entière), vingt-cinq tapisseries de laine, vingt-quatre tapis de sol et quatorze tapis muraux, soixante sièges dont huit en ivoire, quatorze trônes en ivoire et trente-six couvertures de trônes, douze tours de portes, vingt-deux nappes, et j'en passe… Le très influent eunuque Chryséros, connu pour ses sympathies nestoriennes, reçut un traitement de faveur : quatre trônes d'ivoire et des couvertures de trônes richement brodées, des tapisseries à ne plus savoir qu'en faire, des nappes, des œufs d'autruche, et deux cents livres or, entre autres. Comme l'écrira avec humour l'historien Louis Sébastien le Nain de Tillemont dans ses *Mémoires pour servir à l'histoire ecclésiastique des six premiers siècles*, publiés au XVIIe siècle : « Saint Cyrille est saint, mais on ne peut pas dire que toutes ses actions soient saintes[1]. »

Son activisme fut certainement déterminant pour l'avenir de la christologie. Sous la pression de son entourage, Théodose II se laisse convaincre de la réalité de l'hérésie nestorienne. En septembre, l'empereur déclare la clôture de cet étrange concile qui s'est achevé sans qu'ait jamais été tenue une session commune aux belligérants, ni sans qu'ait été édictés une doctrine et des canons, comme c'est la règle pour les conciles œcuméniques, sans qu'aient été non plus adoptées des résolutions, hormis les anathèmes lancés de part et d'autre. Éphèse est toutefois le premier concile dont nous possédions les actes, incluant la liste des participants, leurs discours, les lettres de Théodose II, ainsi que les textes de Nestorius, de Cyrille et des Pères de l'Église produits par les cyrilliens pour convaincre de la justesse de leurs arguments.

Cyrille est réhabilité par l'empereur, tandis que Nestorius est définitivement déposé. Il se retire au monastère de Saint-Euprepius, près d'Antioche, où il avait autrefois résidé et où il passera quatre ans avant que l'empereur, toujours dans le but d'éteindre l'embrasement allumé par l'« affaire Nestorius », l'exile encore plus loin, d'abord à Petra, puis dans une oasis perdue au cœur du désert égyptien où il continuera d'écrire. Il serait mort aux environs de 451, année de la tenue du quatrième concile œcuménique de l'Église, à Chalcédoine.

1. Louis Sébastien le Nain de Tillemont, *op. cit.*, Paris, 1709, tome 14, p. 541.

L'acte d'union de 433

Le christianisme sort d'Éphèse profondément meurtri et divisé, même si, en fin de compte, hormis Nestorius, la plupart des évêques acceptent – ou du moins disent accepter – de donner à Marie le titre de *Theotokos*, mère de Dieu. Mais, cette fois, les divisions entre chrétiens sont allées trop loin ; tant Antioche qu'Alexandrie en conviennent : c'est tout l'édifice ecclésiastique qui menace de se briser à force d'excommunications et d'anathèmes réciproques.

Des médiateurs interviennent entre les deux sièges, l'empereur intervient pour exercer quelques pressions, Cyrille et Jean commencent à échanger des lettres où l'acrimonie cède progressivement le pas, de part et d'autre, à une réelle volonté de conciliation. En 433, au terme de ces échanges, Jean d'Antioche adresse à Cyrille d'Alexandrie la confession de foi probablement rédigée par l'Antiochien Théodoret de Cyr, qui est une sorte de juste milieu propre à ne froisser aucune des deux parties, en tout cas à être acceptée par elles à condition qu'elles y mettent de la bonne volonté. Celle-ci postule la croyance en un Christ « Fils Monogène de Dieu, Dieu parfait et homme parfait composé d'une âme raisonnable et d'un corps, engendré du Père avant les siècles selon la divinité, le même dans les derniers temps, pour nous et pour notre salut, engendré de la Vierge Marie selon l'humanité. Il y a eu en effet union des deux natures, c'est pourquoi nous confessons un seul Christ, un seul Fils, un seul Seigneur. En raison de l'union sans mélange, nous confessons que Marie est Mère de Dieu parce que le Dieu Verbe a été incarné, qu'il est devenu homme, et que, dès le moment de la conception, il s'est uni à lui-même le temple qu'il a tiré de la Vierge ».

Cyrille tergiverse puis se décide à accepter à condition que Jean reconnaisse la déposition de Nestorius, ce qu'il n'avait pas encore fait. Jean s'exécute. La réponse de Cyrille est dithyrambique : « Que les cieux se réjouissent et que la terre exulte ! » dit-il en citant le psaume 96, puis il ajoute : « La barrière de séparation est détruite ; ce qui nous attristait a cessé. » C'est ce que l'on appelle l'acte d'union de 433. Dans la foulée, l'empereur ordonne que tous les exemplaires de l'œuvre de Nestorius soient brûlés.

Pendant une dizaine d'années, c'est-à-dire jusqu'à la mort de Jean en 442, puis de Cyrille en 444, l'accord d'union sera plus ou moins respecté par les deux parties qui tenteront de leur mieux de faire taire les contestations dans leurs rangs respectifs. Cependant, cette union reste de façade, chaque camp interprétant à sa manière le texte de la profession de foi de 433. La pierre d'achoppement reste le principe de la nature du Christ : s'agit-il d'une nature unique, ainsi que l'ont toujours professé les Alexandrins, ou de deux natures, ainsi que l'affirment les Antiochiens ? Et, dans ce cas, la question reste entière : de quelle manière, et jusqu'à quel stade ces deux natures sont-elles unies ? Tel va être l'objet de la nouvelle querelle qui ne tardc pas à s'ouvrir.

Les Églises nestoriennes

Avant d'aller plus loin dans l'étude de ces controverses qui aboutiront à la tenue du concile œcuménique de Chalcédoine en 451, je dirai un mot de la postérité du nestorianisme qui perdurera en dépit de sa condamnation officielle – je rappelle que ce fut aussi le cas, un siècle plus tôt, pour l'arianisme, qui continua à prospérer chez les peuples barbares, notamment en Gaule, plus de quatre siècles après la condamnation d'Arius. Toutefois, contrairement à l'arianisme qui a depuis lors disparu, le nestorianisme, lui, continue d'exister, et ses Églises participent aujourd'hui aux rencontres œcuméniques qui rassemblent toutes les Églises chrétiennes.

Mais revenons en arrière. En 431, la condamnation de Nestorius est refusée par un certain nombre de communautés chrétiennes, notamment dans le périmètre d'Antioche. La colère de celles-ci monte d'un cran quand, en 433, pour signer l'accord d'union avec Cyrille, Jean d'Antioche accepte la déposition de Nestorius. Mais l'évêque est à la fois redouté et respecté : ces communautés n'osent pas, de son vivant, s'opposer à ses décisions ; elles continuent donc, dans la plus totale discrétion, d'enseigner la doctrine nestorienne, et Jean ferme les yeux sur ces enseignements tant qu'ils ne se font pas trop bruyants. Mais, à la mort de Jean en 442, et avec la nomination de son successeur, Domnus II, proche de Rome, tous les espoirs d'un retour de la doctrine nestorienne se volatilisent pour ces communautés. Sous le nom d'« Église de Perse », elles se détachent alors du patriarcat d'Antioche, donc de l'Église romaine, et déclarent leur autocéphalie. Sous cette appellation, elles ne participeront plus aux rencontres d'Églises, notamment aux conciles œcuméniques ultérieurs.

L'Église de Perse est l'une des premières Églises indépendantes d'Orient (il y en aura d'autres, comme nous le verrons au chapitre suivant). Cette Église, ainsi que celles qui en sont issues, sont appelées « Églises des deux conciles » : elles ne reconnaissent en effet que les deux premiers conciles dont nous avons déjà longuement parlé dans ce livre, celui de Nicée en 325 et celui de Constantinople en 381. (Quelques années plus tard naîtront ce que l'on appelle les Églises des trois conciles qui reconnaîtront, elles, les deux premiers conciles ainsi que celui d'Éphèse qui a fait l'objet de ce chapitre, mais qui refuseront les conciles ultérieurs, notamment celui de Chalcédoine.)

Les principales Églises nestoriennes encore actives aujourd'hui sont l'Église assyrienne (son nom complet est Église apostolique assyrienne de l'Orient) dont le patriarche réside près de Chicago, aux États-Unis – le transfert de son siège à Bagdad était prévu en 1990, mais il n'a pu avoir lieu du fait de la guerre du Golfe et de ses séquelles en Irak ; mais aussi l'Ancienne Église de l'Orient, née en 1968 d'un schisme avec l'Église assyrienne en raison de l'adoption par celle-ci du calendrier grégorien : son patriarche réside en Irak ; enfin la troisième grande Église nestorienne se trouve en Inde : il s'agit de l'Église malabar orthodoxe, rattachée à l'Église apostolique assyrienne et dont le chef porte le titre de métropolite de Malabar et de toute l'Inde. Cette dernière compte près de quatre millions de fidèles, tandis que les deux Églises assyriennes n'en ont pas plus de un million cinq à deux millions – chiffre difficile à préciser en raison de la grande dispersion de leurs fidèles entre les pays du Moyen-Orient et la diaspora établie en Europe, au Canada, en Australie et surtout aux États-Unis.

Le Code théodosien

Le 15 février 438, le christianisme s'est apaisé ou en donne à tout le moins l'illusion quand, depuis sa capitale, Constantinople, Théodose II, empereur d'Orient, promulgue ce qui est connu sous le nom de « Code théodosien », recueil en seize volumes rassemblant toutes les lois et constitutions générales promulguées dans l'empire depuis le règne de Constantin 1er. Il en fait parvenir un exemplaire à Valentinien III, empereur d'Occident, qui vient d'épouser, à Constantinople, la sœur de Théodose. Le Code entrera en vigueur dans l'ensemble de l'empire le 1er janvier de l'année suivante, et restera, jusqu'au XIe siècle, le seul code impérial occidental.

Le seizième et dernier volume, formé de 201 lois réparties en onze chapitres, est entièrement dévolu à la religion. Le premier chapitre définit le christianisme comme étant « la foi catholique » professée par le pape Damase et l'évêque d'Alexandrie, foi à laquelle doivent être fidèles toutes les Églises ; ceux qui ne s'inscrivent pas dans cette foi, « nous les jugeons fous et déments, ils supporteront l'infamie de leurs doctrines hérétiques. Leurs lieux de réunion ne recevront pas le nom d'églises, et ils s'exposeront d'abord à la vengeance divine et ensuite à ce que nous déciderons de leur réserver, en toute conformité avec le jugement divin[1] ». Les privilèges de l'Église et ceux des clercs sont énumérés au deuxième chapitre : ils sont exemptés de taxes, ainsi que leurs esclaves et leurs épouses ; « leurs enfants doivent poursuivre leur chemin dans l'Église[2] » (preuve, s'il en est, que le mariage des prêtres était alors tout à fait habituel et légal).

Théodose insiste dans son Code : « Les privilèges qui ont été consentis au titre de la religion doivent bénéficier seulement aux adeptes de la foi catholique. C'est Notre Volonté, en outre, que les hérétiques et les schismatiques soient non seulement privés de ces privilèges, mais aussi

1. Code théodosien, 16, 1, 2.
2. *Ibid.*, 16, 2, 10.

qu'ils soient contraints et forcés à exécuter divers travaux publics obligatoires[1]. »

Le droit à la croyance individuelle n'est pas remis en cause, mais seul le christianisme nicéen est autorisé à apparaître en public : « Toutes les hérésies sont interdites, autant par les lois divines que par les lois impériales. Si un impie, par des enseignements coupables, affaiblit l'idée de Dieu, qu'il parle pour lui, c'est son droit, des doctrines aussi nuisibles. Mais qu'il ne blesse pas les autres en les leur communiquant[2]. » De toute manière, le Code interdit de discutailler les articles de foi : « Nul n'aura la possibilité de se produire en public pour raisonner sur la religion ou en discuter ou donner des conseils[3]. »

Enfin, le Code ordonne la destruction des lieux de culte non chrétiens nicéens, notamment les temples païens, et prévoit « la privation de leurs biens et l'exil pour les païens, s'ils sont encore en vie », la peine de mort s'ils se livrent à des « sacrifices aux démons[4] ».

Une ultime recommandation s'adresse tout de même aux tenants de la « vraie foi » : ils ne doivent pas « s'abriter derrière l'autorité de la religion en portant la main contre les juifs et les païens qui vivent tranquillement et ne tentent rien de contraire à l'ordre et à la loi. Si des chrétiens se livrent à des violences à l'encontre de personnes vivant tranquillement et s'approprient leurs biens, ils devront non seulement restituer ce dont ils se sont emparés, mais même le triple ou le quadruple de ce qu'ils auront dérobé[5] ».

1. *Ibid.*, 16, 5, 1.
2. *Ibid.*, 16, 5, 5.
3. *Ibid.*, 16, 4, 2.
4. *Ibid.*, 16, 10, 23.
5. *Ibid.*, 16, 10, 24.

[illegible]

[illegible]

[illegible]

[illegible]

[illegible]

7

Chalcédoine : les deux natures du Christ

Après la conclusion de l'acte d'union de 433 et malgré la promulgation du Code théodosien qui assoit, sous peine de châtiments, le seul christianisme nicéen, c'est-à-dire romain, dans tout l'empire, les esprits restent surchauffés. C'est le cas à Antioche, mais surtout à Alexandrie où il est reproché à Cyrille d'avoir reconnu deux natures au Christ ; à quoi ce dernier s'empresse d'avancer des explications embarrassées pour dire aux siens qu'après tout l'union des deux natures donne, de fait, une seule nature (*mia physis*) au Verbe. Et il produit une formule qui suscitera une agitation extrême à Antioche, mais aussi dans le reste de l'Orient : « Je confesse que Notre Seigneur a été de deux natures avant l'union, mais, après l'union, je confesse une seule nature. »

Eutychès et la radicalisation de l'école d'Alexandrie

Les propos de Cyrille tombent dans l'oreille d'Eutychès, le père abbé d'un important monastère de Constantinople, un saint homme, disait-on, connu pour être un adversaire résolu de Nestorius. Est-ce sa lutte farouche contre le nestorianisme qui le poussa peu à peu dans la logique de l'école d'Alexandrie ? Sans participer directement au concile d'Éphèse, il avait toutefois déjà soutenu le camp cyrillien, et l'évêque d'Alexandrie lui avait transmis, dans son monastère, les documents conclusifs des débats.

Eutychès avait par ailleurs pour filleul l'eunuque Chryséros, que Cyrille avait comblé de cadeaux à l'époque du concile d'Éphèse et qui exerçait une grande influence sur l'empereur. Chryséros était entièrement dévoué à Eutychès qui, par ce biais, avait l'oreille du pouvoir. Nestorius s'en plaindra dans son *Liber inscriptus* ou « Livre de Héraclide de Damas », écrit lors de son dernier exil dans le désert d'Égypte, qualifiant Eutychès d'« évêque des évêques » qui, dit-il, « dirigeait les affaires de l'Église », faisant destituer les évêques qui lui déplaisaient et nommer ceux qui étaient proches de ses idées. Il lui en voulait particulièrement pour sa dénonciation des derniers évêques nestoriens en place, en 448, en particulier Théodoret de Cyr, auteur d'un truculent dialogue, *Erasites* ou « Le Mendiant », mettant en scène le personnage d'un mendiant, très fortement inspiré d'Eutychès, défendant l'unique nature du Fils, et un orthodoxe répondant point par point à ses arguments pour lui prouver que la nature du Fils est double.

Peu à peu, Eutychès devient plus cyrillien que Cyrille, plus alexandrin que l'école d'Alexandrie. Là où cette école prend maintes précautions pour avancer sa doctrine sur la nature du Fils, le père abbé de Constantinople clame haut et fort qu'après l'union des deux natures il ne reste dans le Christ qu'une seule nature, divine, dans laquelle est absorbée la nature humaine. Saisi de l'affaire, Flavien, patriarche de Constantinople, convoque en 448 un synode qui, en présence d'une trentaine d'évêques, dépose Eutychès et l'excommunie après avoir vainement tenté de le raisonner pour lui faire reconnaître dans le Christ deux natures distinctes.

Le vieux moine, qui a plus de soixante-dix ans à l'époque, ne désarme pas : il fait directement appel à l'empereur Théodose II et au pape Léon Ier auxquels il adresse de longues lettres, se plaignant des persécutions qui lui sont infligées. Il bénéficie à ce moment d'un soutien de taille : Dioscore, qui a succédé à Cyrille, à la mort de ce dernier, à la tête du diocèse d'Alexandrie, et qui est entièrement acquis aux thèses d'Eutychès. Léon Ier s'agace de n'avoir pas été mis plus tôt au courant de ce qu'il considère comme un grave problème, une « erreur perverse et folle » qu'il félicite le patriarche d'avoir combattue.

Théodose, lui, influencé par son eunuque et conseiller, prend la défense de l'abbé et convoque un nouveau synode – cette fois à Éphèse. Se considérant comme le gardien de la « vraie foi », il est décidé à invalider la décision prise quelques mois plus tôt lors de la réunion convoquée par Flavien à Constantinople. Malgré les messages désespérés de Flavien au pape, l'empereur ne revient pas sur sa décision.

Les lettres de convocation à ce que l'on appelle le deuxième concile d'Éphèse partent en mars 449, et le moins que l'on puisse dire est que la représentation n'y est pas vraiment équitable. Dioscore d'Alexandrie est ainsi convié avec une vingtaine d'évêques, et est chargé de le présider ; le chef des moines de Syrie, Bar Sauma, très proche d'Eutychès, y est également convié, bien qu'il ne soit pas évêque, au titre de représentant des moines et des archimandrites, c'est-à-dire des pères abbés des monastères. Théodoret de Cyr, dénoncé peu auparavant pour nestorianisme, n'est évidemment pas invité – alors qu'il aurait été l'un des meilleurs défenseurs de l'orthodoxie. Quant à Flavien de Constantinople, l'empereur le convie mais lui retire le droit de voter, ainsi qu'aux évêques ayant condamné Eutychès à Constantinople.

La seconde « bataille » d'Éphèse

La messe est dite avant même que s'ouvrent les travaux, en août 449, en présence de cent quarante-cinq évêques et de trois légats du pape, sous la présidence de Dioscore d'Alexandrie, assisté de Juvénal de Jérusalem, lui aussi acquis à la cause de l'accusé. Les débats ont lieu en grec ; ils ne sont pas traduits en latin aux légats du pape qui ne parlent pas un mot de grec. Malgré leur insistance, ces derniers ne réussissent pas à obtenir que lecture soit faite d'une lettre papale soutenant Flavien et condamnant Eutychès pour ses propos « absurdes, pervers, insensés », lettre dans laquelle Léon Ier réitère le dogme orthodoxe en matière de christologie : « Il est tout aussi impie de dire que le Fils unique de Dieu était de deux natures avant l'incarnation, que de prétendre qu'après que le Verbe s'est fait chair il n'y a plus eu qu'une seule nature [...]. L'union ne supprime nullement la différence des natures ; au contraire, celles-ci restent sauves et se rencontrent en une seule personne, ou hypostase. »

Le déroulement de la première séance, dans l'église même où s'était tenu le premier concile d'Éphèse en 431, est caricatural. À chaque fois que sont évoquées les deux natures du Christ, et sur un signe de Dioscore, les évêques tambourinent sur leurs pupitres en marque de protestation. Quand sont cités des opposants à Eutychès, les évêques s'indignent : « Qu'il soit coupé en deux, celui qui divise le Christ en deux ! » « Vous ne voulez pas qu'on dise que le Christ avait deux natures après l'incarnation ? » leur demande Dioscore. « Anathème ! » s'emportent les évêques. Et quand le président de séance leur demande de se prononcer sur la déposition d'Eutychès, décrétée l'année précédente à Constantinople, les cris fusent : « *Contradicitur !* » (« Nous ne sommes pas d'accord ! »)

La réhabilitation d'Eutychès est votée, l'exclusion de Flavien du sacerdoce également, mais l'excitation est à son comble ; les évêques flavianistes sont pris à partie ; les fidèles qui attendent à la porte avec des moines venus pour beaucoup dans l'immense délégation conduite par Bar Sauma, s'engouffrent dans l'église où se tient le concile ; des soldats de la garde impériale les suivent, Flavien est brutalisé, il réussit néanmoins à prendre la fuite. Il est très vite rattrapé, condamné à l'exil ; il meurt en cours de route, dans des circonstances troubles, officiellement des suites de ses blessures. Mais la rumeur court que Dioscore l'aurait fait assassiner.

Entre son arrestation et son départ en exil, Flavien a eu le temps de rédiger un mémorandum au pape ; il y raconte l'incroyable déroulement du synode, décrit par le menu les brutalités dont il a été victime, y compris quand il a cherché à se cacher derrière l'autel. Il remet la lettre à l'un des légats du pape, Hilaire, qui s'enfuit à grand-peine d'Éphèse et l'emporte avec lui à Rome.

À sa lecture, Léon Ier entre dans une grande colère et convoque aussitôt un synode romain qui dénonce ce qu'il qualifie de « *latrocinium, non concilium* » : littéralement « un brigandage, non un concile ». Il écrit à Théodose II et aux membres influents de la cour, notamment à sa sœur Pulchérie, au clergé de Constantinople, à Flavien, dont il ignore le décès, pour se plaindre du déroulement du synode et en réclamer la convocation d'un second, non plus en Orient, mais en Occident, cette fois, plus précisément en Italie, dit-il. En vain : il n'obtient aucune réponse.

En désespoir de cause, le pape s'adresse à Valentinien III, le frêle empereur d'Occident, et lui demande d'écrire à son tour à Théodose. Valentinien s'exécute ; son homologue oriental lui répond sèchement pour justifier le déroulement du synode tenu à Éphèse, ainsi que la réhabilitation d'Eutychès et l'exclusion de Flavien. Il s'étonne en outre de l'intervention de l'évêque de Rome dans une affaire qui, dit-il, concerne l'Orient.

Nous sommes au début de l'été 450, et la tension commence à monter sérieusement entre le pape et l'empereur, même si la teneur des lettres reste dans l'ensemble plutôt courtoise. Néanmoins, chacun des deux hommes s'arcboute sur ses convictions dogmatiques. Léon Ier ne veut pas en rester là : à la mi-juillet, il adresse à Théodose un pli copieux exposant son argumentation théologique et reprenant des éléments déjà portés à la connaissance de l'empereur, en particulier le *Tome à Flavien* – la lettre dont la lecture a été occultée à Éphèse. Théodose ne recevra jamais ce pli : en effet, le 28 juillet, il tombe de cheval et meurt sur le coup.

Dioscore sur le banc des accusés

L'histoire de la christologie est faite de rebondissements, et la constitution du dogme chrétien en la matière a toujours été, comme on l'a vu, étroitement liée à la personne de l'empereur. Cette fois, c'est à un nouveau coup de théâtre, et non moins spectaculaire, que vont assister l'empire et l'Église.

À l'annonce de la mort de Théodose, sa sœur, Pulchérie, qui s'était enfermée dans un couvent en signe de réprobation de la politique religieuse de son frère, retourne à la vie civile et se marie aussitôt (tout en « réservant sa virginité ») à un général de l'armée romaine, Marcien, lequel est acclamé empereur en août. En moins de temps qu'il n'en faut pour le dire, elle fait exécuter Chryséros, l'influent eunuque de son frère, et emprisonner Eutychès non loin de Constantinople. La dépouille de Flavien est solennellement ramenée dans la capitale et inhumée avec les honneurs ; les évêques bannis par le synode d'Éphèse sont réhabilités ; Anatole, l'évêque de Constantinople, est sommé de signer le *Tome à Flavien* et de couper les ponts avec Dioscore, évêque d'Alexandrie, dont il était très proche. Il s'exécute sans tergiverser ; d'ailleurs il n'a pas le choix.

Marcien et Pulchérie ne s'arrêtent pas là. Ils décident de convoquer un concile œcuménique destiné à rétablir, une bonne fois pour toutes, les bases de la « vraie foi » et de mettre fin aux querelles qui n'ont cessé, depuis quatre siècles, de diviser les chrétiens. En septembre, ils écrivent au pape pour le convier à ce concile qui se tiendra bien sûr en Orient. Léon Ier tarde à répondre, et est bien ennuyé : ce concile auquel il a tant aspiré sous le règne de Théodose II, il le juge désormais superflu. Il s'en méfie même : il craint de réveiller des querelles dont il sait qu'elles sont loin d'être éteintes. Il écrit en ce sens à Marcien, puis lui expédie une ambassade au début de l'été 451 pour mettre en avant la fragile paix retrouvée, et argue de la menace des Huns contre Rome pour tergiverser.

Mais trop tard : Marcien a déjà envoyé aux évêques les lettres de convocation à un concile qui est supposé se tenir en septembre, à Nicée. Le pape exprime à demi-mot son désaccord, l'empereur met en avant son propre rôle de basileus, roi tirant son autorité de Dieu pour maintenir l'unité de l'Église. Léon Ier n'a d'autre issue que de se ranger à la volonté impériale et d'envoyer ses légats, munis de consignes très strictes : s'attacher au symbole de Nicée, et surtout ne pas réhabiliter les nestoriens sous prétexte de mieux condamner l'hérésie unitariste d'Eutychès et Dioscore. Il précise également, dans une lettre à l'empereur et à son épouse, qu'il présidera lui-même ce concile par l'intermédiaire de ses représentants. Encore échaudé par le synode d'Éphèse qu'avait convoqué Théodose II, il ne veut prendre aucun risque, d'autant qu'il sait que la bataille sera rude. Il exprime enfin l'espoir que le suivant concile sera organisé en Italie, de telle sorte qu'il puisse le présider en personne et que les évêques occidentaux y assistent en nombre.

Fin août, les évêques affluent à Nicée. Ils sont presque tous orientaux, à l'exception des légats du pape, et jamais on ne vit pareille affluence épiscopale à un concile tenu jusque-là : six cents, selon certaines sources, mais le chiffre de trois cent cinquante semble plus plausible.

Cependant, à la dernière minute, l'empereur fait transférer tous les participants à Chalcédoine, ville située juste en face de Constantinople, de l'autre côté du Bosphore (Chalcédoine est devenue Kadikoï, et c'est aujourd'hui un quartier d'Istanbul). Les Huns menacent la partie occidentale de l'empire, Marcien ne peut quitter sa capitale, mais, dans le même temps, il tient à prendre part à ce concile. Il veille cependant à en expulser les moines qui soutiennent Eutychès et qui auraient pu créer des troubles inutiles – leur expulsion est d'ailleurs consignée dans les actes du concile.

Le transfert des évêques est relativement rapide : le concile de Chalcédoine s'ouvre le 8 octobre 451 dans la basilique de la sainte martyre Euphémie, lieu de pèlerinage fort réputé où les Pères prennent place selon leurs convictions théologiques : à droite les pro-Dioscore, à gauche les pro-pape – au centre, les Évangiles trônant sur un reposoir.

Le ton est donné dès l'ouverture de la séance quand l'un des trois légats du pape prend la parole pour menacer : « Dioscore ne doit pas siéger au concile [...]. Qu'il s'en aille, ou c'est nous qui nous en irons ! » C'est l'organisation du synode d'Éphèse qui lui est reprochée, et l'évêque d'Alexandrie sait qu'il ne peut s'opposer à la décision papale. Il n'est plus un participant comme les autres : il se lève de son siège pour se tenir entre les deux rangées. Désormais, il est un accusé, c'est son procès qui s'ouvre. On l'interroge sur le synode d'Éphèse, il demande que l'on fasse lecture des actes de ce synode. La séance se prolonge tout le jour, interrompue par les cris des mécontents dans les deux camps. Dioscore assume ses responsabilités : « Il en va de mon âme, de mon salut », répète-t-il. Mais ceux qui avaient signé les résolutions du synode sont nombreux à se dédire, à gémir, à demander grâce, affirmant avoir agi sous la contrainte, par peur de l'évêque d'Alexandrie. Et l'on assiste alors à des scènes surprenantes où des évêques pro-Dioscore, installés à la droite de la nef, ramassent leurs effets et vont rejoindre l'autre camp, le camp romain, à gauche.

À l'issue de cette première séance qui se prolonge jusque tard dans la nuit, Flavien est réhabilité. Dioscore n'est pas encore condamné, mais il sait l'issue du concile inéluctable. Au terme de la troisième séance, il est dépouillé de ses fonctions sacerdotales et cléricales, et envoyé en exil. Les représentants du pape appellent à la nomination d'un nouvel évêque à Alexandrie. Eutychès, lui, est excommunié. Il mourra trois ans plus tard, en 454, sans avoir renié aucune de ses idées. Une lettre de Léon Ier à Marcien déplorera, cette année-là, qu'« Eutychès continue de distiller son poison » ; le pape demandera à l'empereur d'exiler l'ancien père abbé dans un lieu encore plus reculé[1].

La définition de Chalcédoine

Aux légats qui le représenteraient à ce concile, le pape avait clairement demandé de s'en tenir à la formule de Nicée. Cependant, au fil des débats, il apparaît indispensable non pas de réviser le symbole de Nicée, mais d'en compléter la formulation, voire d'en préciser certains termes qui ont fait débat au cours des deux siècles écoulés depuis le premier concile œcuménique de l'histoire du christianisme. Et ce d'autant plus que le concile de Chalcédoine, qui a condamné le monophysisme d'Eutychès et Dioscore, a également réitéré la condamnation de la doctrine d'Arius, à l'époque largement répandue chez les peuples barbares, et celle de Nestorius, revendiquée par ce qui s'appelle encore l'Église de Perse – laquelle deviendra, comme on l'a vu au chapitre précédent, l'Église malabar en Inde et l'Église assyrienne au Proche-Orient. Il a aussi nettement affirmé la *Theotokos*, ainsi que les deux natures, humaine et divine, du Christ, dont l'union n'a pas aboli les différences : « Le Christ est complet quant à la divinité et quant à l'humanité, il est donc consubstantiel

1. Léon 1er, épître 134.

au Père et aux hommes », en « deux natures, sans confusion, sans changement, sans division et sans séparation ».

Ces conclusions seront énoncées dans une profession de foi, la définition de Chalcédoine, ainsi libellée :

« Suivant les Saints Pères, nous enseignons tous, d'une seule voix, un seul et même Fils, Notre Seigneur Jésus-Christ, le même parfait en divinité, le même parfait en humanité, le même Dieu vraiment et homme vraiment, d'une âme raisonnable et d'un corps, consubstantiel au Père selon la divinité, consubstantiel à nous selon l'humanité, semblable à nous en tout hormis le péché, engendré du Père avant les siècles quant à la divinité, mais aux derniers jours, pour nous et pour notre salut, engendré de la Vierge Marie Mère de Dieu selon l'humanité, un seul et même Christ, Fils, Seigneur, Monogène. Nous le reconnaissons de deux natures sans confusion ni changement, sans division ni séparation. La différence des natures n'est nullement supprimée par l'union, mais, au contraire, les propriétés de chacune des d ux natures sont sauvegardées et se rencontrent en une seule personne. »

Marcien et Pulchérie assistent ensemble à la séance de clôture du concile le 25 octobre 451. « Nous nous appliquons à ce que tout le peuple soit unifié dans sa pensée par l'enseignement vrai et saint, qu'il revienne à la même religion et reconnaisse la vraie foi catholique », déclare solennellement l'empereur aux évêques qui approuvent les résultats des délibérations, et il annonce les sanctions qui seront prises à l'encontre des contrevenants, c'est-à-dire tous ceux qui n'adopteront pas la confession de foi de Chalcédoine : l'expulsion hors de la cité impériale, la rétrogradation pour tous les membres de l'armée et de l'administration, l'interdiction de discuter des conclusions conciliaires.

Le schisme monophysite

Les conclusions de Chalcédoine sont un triomphe pour l'Église d'Antioche au détriment de celle d'Alexandrie. Celle-ci ressent par ailleurs une profonde humiliation : son évêque et patriarche, auquel elle était fort attachée, a été traité comme un malpropre, jugé, condamné, exilé ; ceux qui l'ont défendu au cours des sessions n'ont pas connu un sort plus enviable : ils ont été pris à partie par la majorité, sommés de revenir sur des positions plus orthodoxes, au risque de l'exclusion.

En Égypte, mais aussi à Jérusalem, des troubles éclatent. Les fidèles, conduits par les moines, organisent de violentes manifestations au cours desquelles ils dénoncent le retournement de ceux, parmi leurs évêques, qui ont abjuré à Chalcédoine le dogme défendu par Dioscore, et ils promettent de se battre jusqu'au bout, jusqu'au martyre s'il le faut, pour la défense de leur foi. Eudocie, veuve de Théodose, qui réside à Jérusalem, leur offre son soutien. Mais celui-ci pèse peu quand Marcien décide de recourir à la force pour mater les émeutiers, et décrète l'exil pour les évêques rebelles à Chalcédoine, la peine de mort pour ceux qui refusent de s'en aller.

Alexandrie en particulier est au bord de la guerre civile. Les soldats de l'empereur sont écharpés par la population, obligés de se cacher, brûlés vifs dans leur cachette au cours de scènes d'émeutes particulièrement violentes. L'Église refuse fermement Protérios, le nouvel évêque qui a succédé à Dioscore, lui-même exilé. À la mort de Marcien en 457, Protérios est aussitôt destitué, Timothée Elure le remplace sur le siège épiscopal, et sa première initiative est de réunir un synode qui dénonce Chalcédoine.

L'empereur Léon Ier (il porte le même nom que le pape), qui a succédé à Marcien, est pleinement conscient de la gravité de la situation. Avec beaucoup de lucidité, il réalise que la répression armée conduite par son prédécesseur n'a pas réussi à venir à bout de la résistance monophysite, bien au contraire. Et, plutôt que d'envoyer ses troupes à Alexandrie, il entreprend une large consultation des évêques orientaux. De son côté, le pape Léon Ier tente une conciliation, toutefois assez maladroite puisqu'elle consiste pour l'essentiel à adresser des missives aux évêques dissidents afin d'éclaircir la définition litigieuse de Chalcédoine. Mais comment peut-il les convaincre quand cette définition reconnaît deux pleines natures au Christ, deux natures qui subsistent après leur union, alors que les Égyptiens, rejoints par un certain nombre de leurs pairs syriens et palestiniens, voire même éthiopiens et arméniens, ne reconnaissent, après l'union, que la subsistance d'une seule (*monos*) nature (*physis*) divine, infinie et illimitée, dans laquelle s'est résorbée la nature humaine finie et limitée ?

À bout d'arguments, l'empereur décrète l'exil en Crimée de l'évêque d'Alexandrie auquel succède un moine, également prénommé Timothée, dit Salofaciol. Son mandat est de courte durée et marqué par une insurrection populaire qui fait des milliers de victimes.

Après la mort de l'empereur Léon Ier et le règne fugace de l'empereur Zénon, Basilisque accède au trône impérial. Il change radicalement de politique, toujours dans l'objectif de préserver l'unité de l'Église, garante de celle de l'empire. Il renvoie Salofaciol dans un monastère et fait rappeler d'exil Timothée Elure, en espérant pouvoir engager une ultime tentative de conciliation avec lui. Il le reçoit à Constantinople, et, nouveau coup de théâtre, naît de leurs entretiens un document, l'Encyclique, communément appelé l'Antiencyclique, qui dénonce les « innovations » de Chalcédoine et prône un retour aux seules professions de foi de Nicée et de Constantinople, lesquelles ne font guère allusion aux modalités d'union des natures divine et humaine du Christ ! Près de six cents évêques, égyptiens et palestiniens, souscrivent à cette encyclique. Le monophysisme s'implante dès lors fortement dans ses terres d'élection.

Quand Basilisque est renversé par Zénon, qui reprend le pouvoir en 477, le nouvel empereur renvoie Elure en exil et rappelle Salofaciol.

On assiste ainsi, pendant les années qui suivent, à une rocambolesque succession d'évêques institués puis destitués à Alexandrie, qui s'éloigne de plus en plus de Rome. À la fin du VIe siècle, cette Église verra même la cohabitation de deux évêques, l'un prochalcédonien, l'autre antichalcédonien, mais c'est au fond après et grâce à la conquête arabe, vers 630, que l'Église d'Égypte sera pleinement indépendante de celle de Rome pour devenir l'Église copte (mot issu d'*eggyptos*, Égypte).

L'Église copte, d'Égypte et d'Éthiopie, forme, avec l'Église syrienne et l'Église arménienne, ce que l'on appelle les « Églises des trois conciles », qui ne reconnaissent que les trois premiers conciles chrétiens, ce qui exclut donc Chalcédoine.

ÉPILOGUE

L'histoire mouvementée de ces cinq premiers siècles du christianisme voit ainsi l'émergence d'une Église forte sous la houlette du pape et de l'empereur. Constantin aura finalement réussi son audacieux pari d'unifier l'empire sous la bannière chrétienne. Dès 451 et le quatrième concile œcuménique de Chalcédoine, la grande majorité des chrétiens est parvenue à s'accorder sur un credo commun concernant l'identité de Jésus : une seule personne avec deux natures, il est à la fois Dieu et homme. Certes, le christianisme n'est pas pleinement uni, puisque, comme nous l'avons vu, chaque concile a suscité des mouvements schismatiques dont certains subsistent encore de nos jours. Mais l'empire s'est trouvé une foi commune, celle de la Grande Église, et cette dernière est parvenue à imposer son orthodoxie grâce au soutien des empereurs.

L'effondrement de l'Empire romain et les invasions des Barbares ne modifient pas la donne en profondeur, puisque, du côté de ceux-ci, les souverains comprennent qu'ils ont intérêt à se convertir à la foi dominante pour mieux asseoir leur pouvoir. Ainsi, tout au long de cette période d'environ mille ans qu'on appelle « la Chrétienté », qui court de la fin de l'Antiquité au début de la Renaissance, toute la société, du paysan au roi, vibre à l'unisson de la foi héritée des grands conciles des IVe et Ve siècles. On tolère tant bien que mal la survivance d'une petite minorité juive, plus ou moins persécutée selon les périodes et les lieux ; on méprise ou on combat la foi musulmane qui ne cesse de s'étendre aux confins du monde chrétien – foi qui critique de manière virulente le dogme trinitaire et qui se présente comme un retour au strict monothéisme – et on éradique avec la plus grande fermeté les hérésies qui remettent en cause les fondements de la foi commune si durement acquis.

Ces dernières, en effet, risquent non seulement d'ébranler le dogme et le pouvoir catholique, mais aussi l'unité politique de la société chrétienne. Les cathares en font la douloureuse expérience et subissent une répression massive et sanglante qui commence en 1209, quand le pape déclenche la croisade contre les albigeois, première du genre en terre chrétienne, et s'intensifie en 1226 quand Louis VIII succède à Philippe Auguste sur le trône de France et décide d'engager les troupes royales dans la croisade. Tout en se référant à un principe trinitaire, le catharisme, lointain héritier du dualisme de la gnose, considère que la matière est l'œuvre d'un mauvais démiurge, tandis que le « Dieu bon », créateur de l'âme spirituelle, se situe au-dessus des deux autres composantes de la Trinité : l'Esprit, le plus élevé des anges, auquel ils reconnaissent le rôle de médiateur, et le Fils, qui a annoncé le Royaume de Dieu, a apporté un message libérateur, mais qui n'est pas Dieu. En novembre 1215, le quatrième concile du Latran (qui est aussi le douzième concile œcuménique) est consacré à la réfutation de la conception trinitaire des cathares (et des albigeois).

La Grande Église connaît pourtant au XIe siècle un grave schisme qui divise en deux la chrétienté, entre l'Occident romain de langue latine et l'Orient orthodoxe de langue grecque. Mais cette division ne résulte pas de déchirements dogmatiques autour de la foi. La fameuse querelle trinitaire du filioque (la procession de l'Esprit saint) n'est qu'un prétexte pour consommer une rupture déjà ancienne entre un christianisme oriental, jaloux de son indépendance, et un christianisme occidental totalement soumis à l'autorité du pape. Plus politique que théologique, liée aussi à des questions de sensibilité liturgique et d'organisation du clergé, cette séparation, aussi importante soit-elle, ne brise en rien l'unité de foi des chrétiens sur la question christologique : Jésus est partout vénéré comme l'incarnation de la seconde personne de la sainte Trinité.

Il en va de même à la Renaissance avec le nouveau grand schisme qui divise cette fois la chrétienté occidentale : celui de la Réforme protestante. Luther et Calvin entendent réformer l'Église et s'émanciper de la tutelle de Rome ; ils dénoncent le trafic des indulgences et la corruption des clercs ; ils prônent la lecture de la Bible par tous les fidèles et le mariage des prêtres ; ils divergent avec Rome sur certaines questions théologiques, comme le rôle des œuvres et de la foi dans le salut ; mais jamais ils ne remettent en cause les fondements de la théologie trinitaire élaborée au cours des quatre premiers conciles œcuméniques. L'identité de Jésus est la même pour les protestants que pour les catholiques et les orthodoxes.

La Réforme a surtout pour conséquence d'accélérer le processus de démocratisation et, finalement, de sécularisation de la société occidentale, en imposant un pluralisme religieux. Les penseurs des Lumières s'engouffrent dans la brèche ouverte par les réformateurs et quelques humanistes catholiques, tels Montaigne ou Erasme, qui prônent une véritable tolérance religieuse. L'avènement d'un État de droit, démocratique et laïc, est la clé de voûte des sociétés modernes, dorénavant fondées sur l'humanisme des droits de l'homme. Certes, cet humanisme s'inspire en profondeur du message évangélique, mais il entend s'appuyer sur la raison et non plus sur la foi, et s'émancipe totalement du pouvoir clérical. Perdant son emprise sur la société, l'Église catholique s'oppose ainsi pendant des siècles à toutes les valeurs fondatrices de la modernité : laïcité, démocratie, liberté de conscience, droits de l'homme[1].

Ce n'est qu'avec le concile Vatican II (1962-1965) qu'elle entreprend de se réconcilier avec le « monde de son temps » en quittant la posture défensive de condamnation systématique des « idées modernes » qui était la sienne depuis le XVIe siècle et le traumatisme de la Réforme… c'est-à-dire la fin du monopole qu'elle exerçait sur la foi en Occident depuis Théodose. C'est la raison pour laquelle certains théologiens catholiques affirment que Vatican II constitue la « clôture de l'ère constantinienne » ; l'acceptation par l'Église romaine de la fin de l'emprise qu'elle a longtemps exercée sur la société ; le retour au message évangélique proclamant la pauvreté, le primat de l'amour et la séparation des pouvoirs temporel et spirituel. Les traditionalistes l'ont bien compris, à commencer par Mgr Lefebvre, qui refusent le concile Vatican II, principalement à cause de son décret sur la liberté religieuse. Il va sans dire que l'élection de Benoît XVI, à la sensibilité très conservatrice, et la manière dont il a tenté de réintégrer en 2009 les plus extrémistes des traditionalistes dans le giron

1. Voir à ce sujet le « Recueil des erreurs modernes » (*Syllabus*) publié par le pape Pie IX en 1864.

de l'Église (ceux qui continuent de récuser toute légitimité au concile Vatican II) inquiètent à juste titre les catholiques attachés au concile et à ses avancées en terme de dialogue avec le monde moderne et les autres religions.

Le schisme des intégristes, toutefois, n'est pas lié à une définition de foi. Il est lié à une certaine conception de l'Église et du rôle qu'elle doit exercer dans la société. Soulignons que les vives tensions qui agitent celle-ci depuis près de cinquante ans touchent toujours des questions de discipline ecclésiastique, de politique, de société, de morale, mais jamais de dogme. Les chrétiens qui quittent ou contestent l'Église le font à cause de désaccords sur des sujets comme la sexualité, le célibat de prêtres, la théologie de la libération, la place des femmes, le manque (ou l'excès, pour les intégristes) de démocratie interne, etc. Ainsi, après la publication de l'encyclique *Humanae Vitae* par le pape Paul VI en 1968 – encyclique qui a condamné la pilule et entraîné la désaffection de nombreux fidèles –, le cardinal Etchegaray a trouvé le mot juste : « Nous assistons à un schisme silencieux. »

En fait, depuis la fin du Ve siècle, les controverses sur la nature du Christ se sont éteintes – ou l'ont été par la force. De nos jours, cette question ne fait jamais l'objet de synodes ou de querelles théologiques sur la place publique, comme c'était le cas dans l'Antiquité. Tous les chrétiens, de quelque confession qu'ils soient, sont censés partager la foi en la divinité du Christ. Pourtant, malgré cette apparente unanimité de la foi chrétienne, jamais sans doute le dogme trinitaire n'a été aussi peu compris et suivi par les fidèles. Combien de chrétiens connaissent et comprennent la théologie trinitaire ? Combien, même parmi les plus fidèles, croient en la divinité de Jésus ? Les études sociologiques et les enquêtes d'opinion réalisées dans les pays occidentaux montrent que l'individualisation et le développement de l'esprit critique – les deux principaux vecteurs de la modernité – transforment en profondeur la foi des fidèles. L'expression d'une foi collective unanime sur tous les points du dogme est devenue impossible. En caricaturant un peu, on pourrait dire que chaque chrétien a son credo personnel, même si, selon les différentes aires culturelles, des tendances lourdes et divergentes se dessinent : ainsi les Américains sont beaucoup plus nombreux que les Européens à croire au dogme de la sainte Trinité et à l'incarnation[1].

À la question « Pour vous, qui est Jésus ? », les réponses des Européens varient considérablement, même chez les fidèles pratiquants. Il est d'ailleurs intéressant de constater qu'on retrouve dans les formulations actuelles nombre d'« hérésies » des premiers siècles : « un homme choisi ou adopté par Dieu » (adoptianisme), « le Fils de Dieu, mais inférieur au Père » (subordinatianisme, arianisme), « vrai Dieu et vrai homme, mais dont seule la nature humaine a pâti des affres de l'incarnation » (nestorianisme), etc. Mais, surtout, pour de plus en plus de chrétiens croyants et pratiquants européens, Jésus n'est pas l'incarnation de Dieu. Il est conçu soit comme « Fils de Dieu », entendu en un sens symbolique, soit comme un homme exemplaire : un saint, un prophète, un sage. Et, en toute logique, la question de sa résurrection suscite presque autant de doutes que d'adhésions. Et je ne parle même pas des non-croyants et des non-pratiquants encore attachés à la culture chrétienne, pour qui Jésus n'est assurément qu'un homme.

1. Sondage Gallup, août 2003, auprès des chrétiens américains : 75 % disent croire que le « Dieu de la Bible est un en trois personnes, le Père, le Fils et le Saint-Esprit ». La proportion oscille entre 20 et 40 % (chez les baptisés) selon les pays européens.

Se pose dès lors une question d'importance : que reste-t-il de la foi chrétienne ? Ou, pour le dire autrement, qu'est-ce qu'on peut considérer comme le fondement essentiel de la foi ? Comme son substrat ?

Les dogmes de la Trinité et de l'incarnation sont partagés par la plupart des Églises chrétiennes. Mais l'Église arménienne et les Églises coptes orientales ne reconnaissent que la définition de la foi issue des trois premiers conciles. Et l'Église nestorienne, que des deux premiers. Les réformés reconnaissent pleinement l'autorité des quatre premiers conciles. Les Églises orthodoxes en reconnaissent sept (le dernier, au VIIIe siècle, statuant sur la reconnaissance du culte des icônes). L'Église catholique romaine compte quant à elle vingt et un conciles et la « foi authentique » inclut l'intégralité du dogme, du concile de Nicée aux dernières déclarations papales faites *ex cathedra*, ce qui implique les trois derniers dogmes : l'Immaculée Conception (définie en 1854 par Pie IX), l'infaillibilité pontificale (définie en 1870 par le concile Vatican I) et l'Assomption de la Vierge Marie (définie en 1950 par Pie XII).

Pour les Églises chrétiennes, la foi est donc exprimée dans le credo de Nicée-Constantinople tel que nous l'avons évoqué, qui définit le dogme trinitaire et celui de l'incarnation. Mais nous avons vu que la théologie trinitaire était récusée par de nombreux courants chrétiens des trois premiers siècles (ariens, docètes, adoptianistes, etc.) et sont de moins en moins compris et admis aujourd'hui par les fidèles. Cela signifie-t-il que ceux-ci n'ont pas une foi authentiquement chrétienne, que leur foi est fausse ou incomplète ? Si on répond par l'affirmative, cela reviendrait à dire que le substrat de la foi chrétienne a été progressivement défini à travers les conciles après trois ou quatre siècles de tâtonnements. Qu'en est-il alors de la foi des apôtres et des premiers témoins de la vie de Jésus qui ont « cru » en lui bien avant que ne soit conçue la théologie trinitaire, et même celle de l'incarnation ? Il paraît absurde d'affirmer que Pierre, Marie de Magdala, Marc ou Paul n'avaient pas une foi authentique, ou même qu'ils auraient eu une foi incomplète dans la mesure où ils n'avaient encore aucune idée d'un Dieu en trois personnes et d'un Christ en deux natures.

Au-delà des credo élaborés à partir du IIe siècle, la définition de la foi chrétienne, de son substrat, de sa quintessence, c'est tout simplement celle des apôtres. Celle de ceux qui ont connu Jésus et témoigné de leur « foi » en lui, témoignages que l'on retrouve dans les plus anciens écrits chrétiens. Or, quel est le fondement de foi commun à tous ces premiers témoins ? On peut le résumer en deux points élémentaires, qui concernent directement la personne et la mission de Jésus :

1. Jésus est un homme qui entretient un rapport particulier à Dieu et il a un rôle salvifique en tant qu'unique médiateur entre Dieu et les hommes ;
2. Jésus est mort et ressuscité d'entre les morts, et il continue d'être présent aux hommes de manière invisible.

Ces deux affirmations me semblent constituer la clé de voûte de l'édifice chrétien. Pour les disciples de Jésus, celui-ci est pleinement homme : il n'a jamais été conçu comme un dieu ayant pris une apparence humaine, ni comme l'incarnation du Dieu d'Abraham et de Moïse. Il entretient avec Dieu une relation singulière qui en fait non seulement le Messie attendu par les juifs, mais, plus encore, le Fils du Père, celui que Dieu a choisi pour se révéler au monde et pour sauver le monde. Ce statut le met au-dessus de toutes les créatures, y compris les anges.

Cette intimité de Jésus et du Père, cette « élection » de Jésus qui en fait un « homme à part », est clairement manifestée à trois moments clés des Évangiles : le baptême de Jésus, sa transfiguration et sa résurrection. Lors du baptême, la voix divine s'adresse à Jésus et lui révèle l'amour singulier que Dieu lui porte : « C'est toi mon Fils bien-aimé, en toi j'ai mis tout mon amour » (Marc 1,11). Lors de l'épisode sur la montagne en compagnie de Pierre, Jacques et Jean, Jésus apparaît transfiguré de lumière, parlant avec les prophètes Élie et Moïse. Une voix divine confirme alors aux trois apôtres : « Celui-ci est mon Fils bien-aimé, écoutez-le. » Jésus leur demande de ne pas dire ce qu'ils ont entendu avant qu'il ne soit « ressuscité d'entre les morts », annonçant ainsi la troisième manifestation de son élection. Et l'Évangile d'ajouter qu'« ils restèrent fermement attachés à cette consigne, tout en se demandant entre eux ce que voulait dire : "ressuscité d'entre les morts" » (Marc 9, 10).

L'événement de la résurrection est évidemment le signe le plus bouleversant pour les disciples, celui qui confirme leur foi en Jésus comme en un homme unique, choisi par Dieu pour accomplir une mission universelle. Mais il est raconté de manière assez étrange qui donne, à première lecture, un sentiment de « flou ». Jésus a bien repris vie, alors qu'il était assurément mort, mais le corps dans lequel il apparaît n'est pas celui d'avant. C'est Jésus dans un corps bien réel qui leur apparaît, et non un fantôme, puisqu'il mange des poissons grillés et montre ses plaies que ses disciples peuvent toucher ; mais c'est aussi un corps étrange qui peut franchir les portes closes, apparaître et disparaître soudainement. Et, surtout, c'est un corps que même ses plus proches ne reconnaissent pas immédiatement, encore préoccupés qu'ils sont à chercher le cadavre de Jésus (Marie de Magdala) ou à ressasser les événements traumatisants de sa Passion (les pèlerins d'Emmaüs). Comme si, par ces contradictions, les évangélistes voulaient faire comprendre quelque chose d'insaisissable pour la raison : le cadavre de Jésus n'a pas été réanimé, et pourtant Jésus est bien présent à eux dans un nouveau corps, un corps bien réel qui porte les stigmates de sa vie passée, mais qui est en même temps un corps nouveau. Si Jésus n'a pas été « réanimé » comme il a jadis lui-même, selon les évangélistes, réanimé d'autres corps défunts – à commencer par son ami Lazare –, cela signifie que l'événement qualifié de « résurrection » est d'un tout autre ordre qu'une réanimation de cadavre. Son cadavre a été radicalement transformé en un nouveau corps par la toute-puissance divine. Il est dorénavant présent d'une autre manière à ses disciples et à tous ceux qui croient en lui. Mais cette présence demande que ses disciples fassent leur deuil d'une présence sensible à laquelle ils étaient habitués. C'est pourquoi Jésus dit à Marie de Magdala, lorsque, après avoir cherché en vain son cadavre, elle le reconnaît et se jette à ses pieds : « Cesse de me tenir, car je ne suis pas encore monté vers mon Père et votre Père, vers mon Dieu et votre Dieu » (Jean 20, 17).

Dorénavant, l'absence de Jésus devient la condition de sa présence. Présence intérieure dans le cœur du croyant. Après avoir totalement refondé la foi de ses disciples à travers ses apparitions, les Évangiles nous disent qu'il a disparu définitivement de leurs yeux sous la forme d'une ascension au ciel. Par sa propre résurrection, il préfigure aussi la « résurrection » de tous, car il a vaincu la mort et ouvert les portes d'un autre monde. C'est la « bonne nouvelle » (« évangile ») qui fonde la foi des disciples. Comme le dit Paul : « Si le Christ n'est pas ressuscité, alors notre prédication est vide, et vide aussi notre foi » (1 Corinthiens 15, 14).

Mais dire que Jésus a un lien particulier, voire unique à Dieu, et qu'il est ressuscité, ne revient pas à affirmer qu'il est Dieu. Comme nous l'avons vu, la théorie de l'incarnation apparaît plus de soixante-dix ans après la mort de Jésus, et la théologie trinitaire prend son essor au cours du IIe siècle. Cela ne signifie pas non plus que cette théologie et que tout le dogme défini ensuite par l'Église soient superfétatoires. S'appuyant sur certaines paroles de Jésus, l'Église considère en effet qu'elle est assistée par l'Esprit saint dans la définition de la foi. Certains croyants en douteront sérieusement au regard des intérêts personnels et des événements politiques qui ont présidé aux décisions des conciles ; d'autres diront que « Dieu écrit droit avec des lignes courbes » et qu'Il s'est servi même des contingences personnelles et politiques pour aider l'Église à mieux appréhender l'identité du Christ. C'est la foi en l'« infaillibilité » du magistère. Infaillibilité qui n'est toutefois pas perçue de la même manière selon qu'on est arménien, protestant, catholique ou orthodoxe.

Mais, quel que soit le crédit accordé aux Églises et à la tradition chrétienne postérieure au témoignage évangélique, ce qui me semble important, c'est d'affirmer que le substrat de la foi est lisible de manière très explicite dans le témoignage des apôtres pour lesquels Jésus est un homme unique, sans être Dieu pour autant. La théologie trinitaire m'apparaît comme une passionnante tentative d'explicitation rationnelle du mystère du Christ. Explication qui a nourri la foi et la méditation de nombreux saints et mystiques, lesquels ont souligné que puisque « le Bien est diffusif de soi », Dieu ne peut être radicalement seul : l'amour est constitutif de son être même, à travers les relations entre les personnes divines, avant de se diffuser au-delà de lui par son acte créateur[1]. Mais explication qui peut apparaître aussi, y compris pour des croyants, à la fois compliquée et simpliste. Compliquée, parce que sa formulation fait appel à une subtile gymnastique de l'esprit, maniant les paradoxes et les concepts philosophiques, et tendant à rendre confuse une chose qui parle directement au cœur et à l'intelligence de la plupart des croyants : si Dieu existe, il est nécessairement simple, unique. L'« Un » des philosophes grecs, appréhendé par la seule raison humaine, peut rencontrer le Dieu unique « révélé » de la Bible et du Coran. C'est le commun dénominateur de tous les croyants, qu'ils croient en un principe premier, en une personne divine ou même en une force créatrice plus impersonnelle.

Le dogme trinitaire peut sembler aussi « simpliste » : ajoutant du mystère au mystère, il peut apparaître comme une vaine tentative de rationaliser l'impensable, de dire l'indicible. Que peut-on savoir de Celui qui, s'il existe, est par définition le Tout Autre ? Ce n'est sans doute pas pour rien que Jésus est resté énigmatique sur son identité.

Dire que Jésus a un lien singulier au divin pourrait par ailleurs s'exprimer en d'autres termes que ceux de la théologie trinitaire classique. Ainsi pourrait-on dire que, si Dieu existe, il est nécessairement « indicible » et « un » dans son « essence », pour reprendre la terminologie des théologiens médiévaux. Mais qu'il est « trois » dans sa dimension « théophanique » ; il se manifeste à l'homme à travers trois dimensions : la dimension créatrice du Père, celle, intelligible, du *Logos* (Fils) et celle, consolatrice, de l'Esprit. Jésus est l'incarnation du *Logos* divin, car par sa vie et par son

1. Le traité sur *La Trinité* de Richard de Saint-Victor, écrit au XIIe siècle, résume parfaitement bien la théologie mystique trinitaire, Cerf, 1999.

message, il « incarne » Dieu, il « dit » Dieu autant qu'un être humain puisse le dire. Il est à la fois humain et divin, puisqu'il réalise pleinement le divin dans l'humain. Mais Jésus n'est pas l'incarnation de Dieu dans son essence, laquelle reste par ailleurs totalement inaccessible à la raison humaine. Ce que Thomas d'Aquin, le grand docteur de l'Église catholique, reconnaît lui-même. Après avoir écrit plus de deux mille pages sur Dieu, il a voulu brûler son œuvre, tant il savait les mots et les définitions bien en deçà du mystère divin, et il n'a pas hésité à affirmer que « ce Dieu, nous ne pouvons pas savoir ce qu'il est, mais seulement ce qu'il n'est pas[1] ». On pourrait ainsi dire que Dieu est « un » dans son essence inaccessible, mais « trois » dans sa manifestation, formulation parfaitement hérétique mais qui permet de sauvegarder le mystère de Dieu et son unicité tout en rendant compte de la présence des trois figures centrales des Évangiles : le Père, le Fils et l'Esprit. C'est pourquoi l'expression que je trouve la plus forte pour résumer la foi chrétienne – foi qui entend affirmer le statut unique de l'homme Jésus, tout en préservant le mystère divin – est celle de Paul : « Il est l'image (*iconos*) du Dieu invisible. »

Le philosophe Baruch Spinoza, exclu de la synagogue en 1656, probablement à cause de sa lecture rationnelle et critique de la Bible – et que l'on considère souvent, à tort, comme athée – a une conception du Christ qui exprime fort bien le point de vue que je propose ici. Dans le premier chapitre de son *Traité théologico-politique*, il explique ainsi qu'« à Jésus-Christ furent révélés immédiatement, sans paroles et sans visions, ces décrets de Dieu qui mènent l'homme au salut. Dieu se manifesta donc aux apôtres par l'âme de Jésus-Christ, comme il avait fait à Moïse par une

1. *Somme théologique* I, 2, 2.

voix aérienne ; et c'est pourquoi l'on peut dire que la voix du Christ, comme la voix qu'entendait Moïse, était la voix de Dieu. On peut dire aussi dans ce même sens que la sagesse de Dieu, j'entends une sagesse plus qu'humaine, s'est revêtue de notre nature dans la personne de Jésus-Christ, et que Jésus-Christ a été la voie du salut[1]. »

Au-delà, en effet, des tentatives de formulation théologique du mystère divin révélé, il m'apparaît surtout important de rappeler que la foi chrétienne, c'est croire qu'en sa personne Jésus assure une conjonction, un pont, entre l'humain si imparfait et le divin parfait et ineffable. Ainsi le christianisme n'est pas la religion d'un livre, mais une religion de la personne. Pour les musulmans, le Coran est la parole même de Dieu. Pour les juifs, la Loi (la Torah) est presque encore plus sacrée, car elle est la manifestation – le terme même d'*incarnation* est parfois utilisé – de la parole divine. Pour les chrétiens, Dieu se manifeste non pas à travers un texte, mais à travers une personne : Jésus. Et, par sa vie, ses paroles et sa présence toujours actuelle, cette personne exprime la parole divine. Le christianisme est donc une religion de la personne et de la présence.

Religion de la personne, il se doit d'attacher plus d'importance aux personnes qu'à la Loi : c'est tout le sens du fameux épisode de Jésus face à la femme adultère (Jean, 8). On lui amène une femme prise en flagrant délit d'adultère qui, selon la loi juive, doit être lapidée. Jésus lance alors à ses accusateurs cette parole magnifique : « Que celui qui n'a jamais péché lui jette la première pierre. » Bien que juif pratiquant, Jésus refuse d'appliquer la Loi à la lettre, car il considère d'abord la personne qui est en face de lui. Au regard de l'Évangile, le droit canon, créé

1. Traduction E. Saisset, édition numérique.

par l'Église au fil des siècles comme une nouvelle loi d'inspiration divine devant s'appliquer à tous, est une aberration. Si beaucoup de chrétiens (y compris des évêques) ont été choqués par l'excommunication en mars 2009 de la mère et du médecin qui avaient décidé de faire avorter une fillette brésilienne de neuf ans violée par son beau-père – excommunication prononcée par l'archevêque de Recife et confirmée par Rome en vertu du droit canon qui prévoit que toute personne pratiquant l'avortement est automatiquement excommuniée –, c'est qu'une telle décision s'oppose au fondement même de leur foi : un regard personnel et aimant posé par Jésus sur chacun de ses interlocuteurs. Ils comprennent mal comment l'institution, censée représenter Jésus et délivrer son message, puisse agir comme une simple administration bureaucratique sans égard pour les personnes. Comme le dit l'adage médiéval : « La corruption du meilleur engendre le pire. »

Religion de la présence – présence du Christ dans le cœur des fidèles –, le christianisme a une dimension éminemment affective. Il est sensible, favorise l'expression émotionnelle, la communion. Religion de la personne et de la présence, le christianisme est par excellence la religion de l'amour. Ce qui explique qu'à travers sa longue histoire, et malgré tous ses dévoiements liées à la recherche du pouvoir, il ait développé de nombreuses œuvres caritatives et donné naissance à une foule d'ordres religieux dévoués aux personnes fragiles, handicapées, aux orphelins, aux malades, aux prisonniers, aux prostitués, à tous les parias de la société. Car il reconnaît en chaque être humain la personne du Christ, selon la fameuse parole de Jésus à propos du Jugement dernier : « Venez, les bénis de mon père, car j'ai eu faim et vous m'avez donné à manger, j'ai eu soif et vous m'avez donné à boire, j'étais un étranger et vous m'avez accueilli, nu et vous m'avez vêtu, malade et vous m'avez visité, prisonnier et vous êtes venus me voir » (Matthieu, 25, 34-36).

L'amour est présenté dans le Nouveau Testament comme indispensable et même supérieur à la foi : « J'aurais beau être prophète, avoir toute la science des mystères et toute la connaissance de Dieu, et toute la foi jusqu'à transporter des montagnes, si je n'ai pas l'amour, je ne suis rien », affirme Paul (1, Corinthiens 13, 2). Dans toute sa profondeur, l'enseignement de Jésus conduit à affirmer que la foi et l'adoration explicite ne sont pas nécessaires pour que l'esprit humain soit en liaison avec Dieu, pour qu'il soit mû par l'Esprit qui « souffle où il veut » (Jean 3, 8). À la femme samaritaine qui lui demande où il faut adorer Dieu, sur la montagne de Samarie ou au temple de Jérusalem, Jésus a cette réponse fulgurante : « Crois-moi, femme, l'heure vient où ce n'est ni sur cette montagne ni à Jérusalem que vous adorerez le Père [...]. L'heure vient – et c'est maintenant – où les véritables adorateurs adoreront le Père en esprit et en vérité » (Jean 4, 21-23). Jésus opère une désacralisation du monde au profit de l'intériorité de la vie spirituelle. Il invite l'homme à dépasser la religion extérieure, nécessairement plurielle et concurrentielle, pour l'introduire dans la spiritualité intérieure, radicalement singulière et universelle. Au-delà de la diversité des cultures religieuses, ce qui compte, c'est la vérité de la relation intime à Dieu. Il sape ainsi le discours légitimateur de toute tradition religieuse : sa prétention à être un centre, une voie obligée du salut[1].

Jean a deux paroles qui se font écho l'une à l'autre et qui résument pour moi parfaitement la singularité de la foi

1. Je résume ici en quelques lignes ce que j'ai développé dans l'épilogue du *Christ philosophe*.

chrétienne. Il conclut ainsi son prologue : « Dieu, nul ne l'a jamais vu. Le Fils unique, qui est dans le sein du Père, lui l'a fait connaître. » Et, dans sa première lettre, il écrit : « Dieu, nul ne l'a jamais vu. Si nous nous aimons les uns les autres, Dieu demeure en nous » (1, Jean 4, 12). Voilà bien l'essentiel de la foi chrétienne : Dieu est un mystère insondable, mais Jésus, quelle que puisse être sa nature ultime, a révélé que « Dieu est amour » et que « quiconque aime est né de Dieu et connaît Dieu » (1, Jean, 4).

Remerciements

Je remercie très chaleureusement Virginie Larousse et Djénane Kareh Tager pour l'aide précieuse qu'elles m'ont apportée dans l'élaboration de ce livre. Un grand merci également à Aram Mardirossian qui a bien voulu le relire attentivement.

Site Internet de l'auteur :
http://www.fredericlenoir.com

BIBLIOGRAPHIE [illegible]

[illegible]

[illegible]

[illegible]

[illegible], 1999.

[illegible], 2011.

[illegible]

[illegible], 2011.

[illegible], tome 2, Gallimard, Bibliothèque de la Pléiade [illegible]

BIBLIOGRAPHIE SÉLECTIVE

Augias Corrado, Pesce Mauro, *Enquête sur Jésus*, Éditions du Rocher, 2008.

Bovon François et Geoltrain Pierre (dir.), *Écrits apocryphes chrétiens*, tome 1, Gallimard, Bibliothèque de la Pléiade, 1997.

Brown, Peter, *Pouvoir et persuasion dans l'Antiquité tardive*, Seuil, 1998.

Burnet Régis, *Le Nouveau Testament*, PUF, coll. Que sais-je ?, 2004.

Camelot Pierre-Thomas, *Histoire des conciles œcuméniques*, tome 2 : *Éphèse et Chalcédoine, 431 et 451*, Fayard, 2006.

Corbin Alain (dir.), *Histoire du christianisme*, Seuil, 2007 ; et *Les Conciles œcuméniques, le premier millénaire*, Desclée, 1999.

Daniélou Jean et Marrou Henri, *Nouvelle Histoire de l'Église*, tome 1 : *Des origines à saint Grégoire le Grand*, Seuil, 1963.

Dentin Pierre, *Les Privilèges des papes devant l'Écriture et l'histoire*, Cerf, 1995.

Doré Joseph, Lauret Bernard et Schmitt Joseph, *Christologie*, Cerf, coll. Initiations, 2003.

Drobner, Hubertus, *Les Pères de l'Église*, Desclée, 1999.

Ehrman Bart D., *Les Christianismes disparus : la bataille pour les Écritures. Apocryphes, faux et censures*, Bayard, coll. Domaine biblique, 2007.

Geoltrain Pierre et Kaestli Jean-Daniel (dir.), *Écrits apocryphes chrétiens*, tome 2, Gallimard, Bibliothèque de la Pléiade, 2005.

Grillmeier Aloys, *Le Christ dans la tradition chrétienne, De l'âge apostolique au concile de Chalcédoine (451)*, Cerf, coll. Cogitatio Fidei, 2003.

Laboa Juan Maria, *Atlas historique de l'Église à travers les conciles*, Desclée de Brouwer, 2008.

Leclant Jean (dir.), *Dictionnaire de l'Antiquité*, PUF, coll. Quadrige/Dicos poche, 2005.

Lenoir Frédéric, *Le Christ philosophe*, Plon, 2007, Points, 2009.

Mahé Jean-Pierre et Poirier Paul-Hubert (dir.), *Écrits gnostiques, la bibliothèque de Nag Hammadi*, Gallimard, Bibliothèque de la Pléiade, 2008.

Maraval Pierre, *Le Christianisme de Constantin à la conquête arabe*, PUF, 2007.

Marguerat Daniel, *L'Aube du christianisme*, Labor et Fides/Bayard, 2008.

Mattei Paul, *Le Christianisme antique de Jésus à Constantin*, Armand Colin, coll. U, 2008.

Mayeur Jean-Marie, Pietri Charles et Luce, Vauchez André, Venard Marc, *Histoire du christianisme, des origines à nos jours*, tome 1, *Le Nouveau Peuple*, Desclée, 2000, tome 2, *Naissance d'une chrétienté (250-430)*, Desclée, 1995.

Mimouni Simon Claude, Maraval Pierre, *Le Christianisme, des origines à Constantin*, PUF, coll. Nouvelle Clio, 2006.

Ortiz de Urbina Ignacio, *Histoire des conciles œcuméniques*, tome 1, *Nicée et Constantinople, 324 et 381*, Fayard, 2006

Paul André, *La Bible*, Nathan, coll. Repères pratiques, 2005.

Perrot Charles, *Jésus, Christ et Seigneur des premiers chrétiens*, Desclée, coll. Jésus et Jésus-Christ, vol. 70, 1997.

Reynier Chantal, *Le Christ au cœur de l'histoire. L'autorité du Nouveau Testament*, Bayard/Centurion, 1999.

Rouche Michel, *Les Origines du christianisme 30-451*, Hachette, coll. Carré Histoire, 2007.

Scopello Madeleine, *Les Évangiles apocryphes*, Plon, coll. Petite Bibliothèque des spiritualités, 2007 ; et *Les Gnostiques*, Cerf, coll. Bref, 1991.

Sesboüé Bernard, *Jésus-Christ dans la tradition de l'Église*, Desclée, coll. Jésus et Jésus-Christ, vol. 17, 1982.

Tardieu Michel, *Le Manichéisme*, PUF, coll. Que sais-je ?, 1997.

Théron Michel, *Petit lexique des hérésies chrétiennes*, Albin Michel, 2005.

Vallery-Radot Maurice, *L'Église des premiers siècles*, Perrin, 1999.

Vermes Geza, *Dictionnaire des contemporains de Jésus*, Bayard, 2008.

TABLE

TROISIÈME PARTIE

DU MÊME AUTEUR
(ouvrages disponibles)

Fiction

- *Bonté divine !,* avec Louis-Michel Colla, théâtre, Albin Michel, 2009.
- *L'Élu, le fabuleux bilan des années Bush*, scénario d'une BD dessinée par Alexis Chabert, L'Écho des savanes, 2008.
- *L'Oracle della Luna*, roman, Albin Michel, 2006. Le Livre de poche, 2008.
- *La Promesse de l'ange*, avec Violette Cabesos, roman, Albin Michel, 2004. Prix des maisons de la presse 2004. Le Livre de poche, 2006.
- *La Prophétie des deux Mondes*, scénario d'une saga BD dessinée par Alexis Chabert.
  Tome 1 : « L'Étoile d'Ishâ », Albin Michel, 2003.
  Tome 2 : « Le Pays sans retour », Albin Michel, 2004.
  Tome 3 : « Solâna », Albin Michel, 2005.
  Tome 4 : « La Nuit du Serment », Vent des savanes, 2008.
- *Le Secret*, conte, Albin Michel, 2001. Le Livre de poche, 2003.

Essais et documents

- *La Saga des francs-maçons*, avec Marie-France Etchegoin, Robert Laffont, 2009.
- *Socrate, Jésus, Bouddha, trois maîtres de vie*, Fayard, 2009.
- *Petit Traité d'histoire des religions*, Plon, 2008.
- *Tibet. Le moment de vérité.* Plon, 2008. Prix « Livres et droits de l'homme » de la ville de Nancy. Points, 2010.
- *Le Christ philosophe*, Plon 2007. Points, 2009.
- *Code Da Vinci, l'enquête*, avec Marie-France Etchegoin, Robert Laffont, 2004. Points, 2006.
- *Les Métamorphoses de Dieu*, Plon, 2003. Prix européen des écrivains de langue française 2004. Hachette littérature, 2005.
- *L'Épopée des Tibétains,* avec Laurent Deshayes, Fayard, 2002.
- *La Rencontre du bouddhisme et de l'Occident*, Fayard, 1999. Albin Michel, « Spiritualités vivantes », 2001.
- *Le Bouddhisme en France*, Fayard, 1999.

– *Le Temps de la responsabilité.* Postface de Paul Ricœur, Fayard, 1991.

Entretiens

– *Mon Dieu… Pourquoi ?*, avec l'abbé Pierre, Plon, 2005.
– *L'Alliance oubliée. La Bible revisitée*, avec Annick de Souzenelle, Albin Michel, 2005.
– *Mal de Terre*, avec Hubert Reeves, Seuil, 2003. Points, 2005.
– *Le Moine et le Lama,* avec Dom Robert le Gall et Lama Jigmé Rinpoché, Fayard, 2001. Le Livre de poche, 2003.
– *Sommes-nous seuls dans l'univers ?*, avec J. Heidmann, A. Vidal-Madjar, N. Prantzos et H. Reeves, Fayard, 2000. Le Livre de poche, 2002.
– *Fraternité*, avec l'abbé Pierre, Fayard, 1999.
– *Entretiens sur la fin des temps*, avec J.-C. Carrière, J. Delumeau, U. Eco et S. J. Gould, Fayard, 1998. Pocket, 1999.
– *Mémoire d'un croyant,* avec l'abbé Pierre, Fayard, 1997. Le Livre de poche, 1999.
– *Toute personne est une histoire sacrée*, avec Jean Vanier, Plon, 1995.
– *Les Trois Sagesses*, avec M. D. Philippe, Fayard, 1994.
– *Les Risques de la solidarité*, avec Bernard Holzer, Fayard, 1989.

Direction d'ouvrages encyclopédiques

– *La Mort et l'Immortalité, encyclopédie des croyances et des savoirs*, avec Jean-Philippe de Tonnac, Bayard, 2004.
– *Le Livre des sagesses*, avec Ysé Tardan-Masquelier, Bayard, 2002 et 2005 (poche).
– *Encyclopédie des religions*, avec Ysé Tardan-Masquelier, 2 volumes, Bayard, 1997 et 2000 (poche).

Photocomposition Nord Compo
Villeneuve-d'Ascq

Pour l'éditeur, le principe est d'utiliser des papiers composés de fibres naturelles, renouvelables, recyclables et fabriquées à partir de bois issus de forêts qui adoptent un système d'aménagement durable.
En outre, l'éditeur attend de ses fournisseurs de papier qu'ils s'inscrivent dans une démarche de certification environnementale reconnue.

CET OUVRAGE
A ÉTÉ ACHEVÉ D'IMPRIMER
SUR ROTO-PAGE
PAR L'IMPRIMERIE FLOCH
À MAYENNE EN MAI 2010

Dépôt légal : avril 2010
N° d'imprimeur : 76727
35-57-3918-6/04
Imprimé en France